의지만 있으면 이제부터 나도 하이테크 교사다!

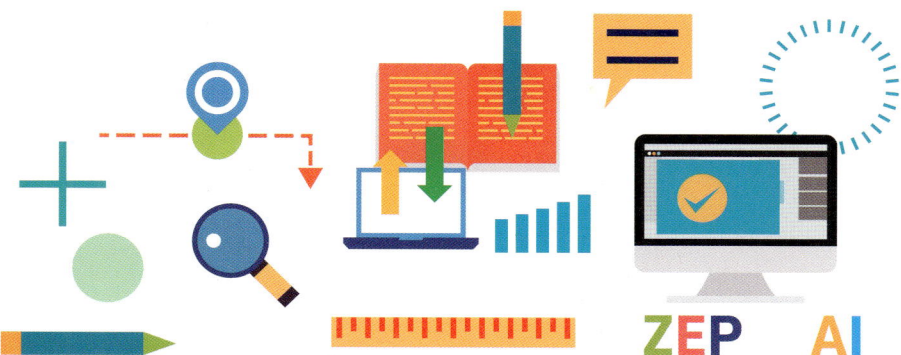

교실에서 바로 통하는
하이테크 에듀테크
미래교육 실전활용법

JAJAK
자작자작
무료사용
2개월

| 모두가 만족하는 | 교사를 위한 3가지 | 학생 참여형 3가지 | AI코스웨어 |
| 하이테크 프로그램 | 자동화 프로그램 | 수업도구 만들기 | 수업 실전 활용법 |

체험형, 참여형 수업도구 만들기부터 과목별 AI코스웨어 완벽 활용법까지!

교실에서 바로 통하는
하이테크 에듀테크
미래교육 실전활용법

초판 1쇄 발행 | 2024년 6월 10일
초판 2쇄 발행 | 2025년 1월 30일

지 은 이 | 김병남, 유경윤, 이종상, 박민, 박준원
발 행 인 | 김병성
발 행 처 | 앤써북
편 집 진 행 | 조주연
주   소 | 경기도 파주시 탄현면 방촌로 548번지
전   화 | (070)8877-4177
팩   스 | (031)942-9852
등   록 | 제382-2012-0007호
도 서 문 의 | answerbook.co.kr

I S B N | 979-11-93059-27-2 13000

이 책은 저작권법에 따라 보호받는 저작물이므로 무단 전재와 무단 복제를 금하며,
이 책 내용의 전부 또는 일부를 사용하려면 반드시 저작권자와 앤써북 발행인의
서면동의를 받아야 합니다.

※ 책값은 뒤표지에 있습니다.
※ 잘못된 책은 구입한 서점에서 바꿔 드립니다.

※ 자작자작 2개월 무료 사용 쿠폰 사용 방법은 책 290~292쪽을 참조합니다.
쿠폰 사용 중지 또는 변경이 책의 반품 및 환불 사유가 될 수 없음을 안내드립니다.

들어가는 글

여러분은 레고를 좋아하시나요? 저는 레고 블록 조립을 좋아하고, 실제 수업에도 적용해 볼 정도로 관심이 많습니다. 레고라는 회사 이름은 덴마크어로 "재미있게 놀다."에서 왔다고 합니다. 이번 책을 구성하고, 내용을 채워나가면서 우리의 학생들이 교실에서 재미있게 놀면서 수업을 함께 만들어 갈 수 있는 방법을 생각해봤습니다. 그러던 중 ZEP이라는 메타버스를 알게 되었습니다. 그리고 메타버스를 수업시간에 직접 활용하면 어떨까? 라는 생각이 들었습니다. 이번 책에서 메타버스를 "가상의 공간에서 만나 함께 의사소통을 한다."의 개념을 반대로 "함께있는 교실에서 가상의 공간으로 참여한다."로 바꿔보았습니다. 메타버스는 가상 공간의 놀이터가 되는 것입니다. 놀이터는 학생들이 즐겁게 뛰어놀고, 술래잡기, 보물찾기, 방탈 출 형태의 다양한 놀이를 할 수 있는 공간입니다. part 1에서는 교과수업에서 직접 활용할 수 있는 메타버스 공간을 만들고 실제 수업에 적용한 경험을 정리했습니다. 그리고 교사로서 대처해야 사례를 팁으로 제시하였습니다. 처음에 레고를 소재로 이야기를 시작하였습니다. ZEP의 스페이스는 여러 개의 스페이스를 하나로 연결하여 활용할 수 있습니다. part 1의 내용은 어렵지 않습니다. 한 번 따라해 보시고 새로운 자료를 공유해 봅시다.

김병남

교사는 매년 가르쳐야 할 대상인 학생이 바뀝니다. 그리고 매년 수행해야 할 행정업무도 바뀔 수 있습니다. 하지만 같은 학년을 여러번 할 수도 있고 같은 업무를 여러번 할 수도 있습니다. 또한 담임교사로서 매년 반복적으로 수행하는 업무도 있습니다. 저는 반복되는 일에서 규칙을 찾아 효율적으로 수행하는 것에 관심이 많습니다. 이러한 직업적인 특성과 저의 개인적인 특성에 잘 어울리는 것이 VBA라고 생각합니다.

들어가는 글

　　VBA는 학교에서 수행하는 많은 반복적인 업무의 효율성을 증가시킵니다. 단순한 설문조사 통계부터 시간표 작성, 학급운영에 많이 사용되는 학생의 상점제도, 학급일지 작성 등 반복적이며 복잡한 업무까지 VBA를 활용해 교사의 의도에 맞게 구성 할 수 있습니다.

박민

　　요즘 교육 현장에서 가장 많이 쓰이고 있는 프로그램 중 하나는 바로 구글 시트일 것입니다. 구글 시트는 온라인으로 접근하여 사용하는 스프레드시트 프로그램으로 여러 사용자가 동시에 작업할 수 있는 특징이 있어 데이터 취합 및 업무 공유에 많이 활용됩니다. 이 외에도 코딩을 통해 구글 시트의 데이터를 유연하게 처리할 수 있는데 이때 사용되는 언어는 구글 앱스크립트로 자바스크립트 기반의 스크립팅 언어입니다. 구글 시트의 함수나 기본 기능으로 해결할 수 없는 것들도 모두 해결할 수 있습니다. 그리고 웹 페이지 학습 도구를 만들어 학생들에게 배포하고 학습 결과를 저장하기 위해 구글 시트를 데이터베이스로 활용할 수도 있습니다. 이 외에도 다양한 장점이 많기 때문에 part3의 내용을 통해 구글 앱스크립트를 익히고 이것을 가지고 나만의 에듀테크 시스템을 만들어 보길 권합니다.

이종상

　　토드 로즈의 저서 "평균의 종말"에서는 교육과 학습 환경에 있어서 일관된 기준이나 평균적인 접근방식이 개개인의 잠재력을 제한한다고 지적합니다. 이 책에서 로즈는 각 개인의 독특한 특성을 고려한 맞춤형 접근 방식의 중요성을 강조합니다. 이러한 맥락에서 AI 코스웨어는 교육혁신의 새로운 전환점을 제시합니다. AI 기술을 활용함으로써, 우리는 모든 학생이 자신의 속도와 스타일에 맞춘 학습을 경험할 수 있는 환경을 조성할 수 있습니다. AI 코스웨어는 학생 각자의 학습 선호도와 필요를 파악하여 개별화된 학습 경로를 제공함으로써, 교육에서 '평균'을 넘어서 각 학생에게 최적화된 교육 경험을 제공할 수 있습니다.

이러한 맞춤형 교육 접근법은 학생들에게 더욱 깊이 있는 이해와 학습의 만족도를 높이는 데 기여하며, 교육의 본질적인 목표인 개인의 잠재력 최대화를 실현하는 데 중요한 역할을 합니다. 따라서 AI 코스웨어의 활용은 단순한 기술적 진보를 넘어서 교육의 패러다임 자체를 변화시키는 중대한 도구로 인식되어야 합니다. 이 책에서는 AI 코스웨어를 활용한 다양한 교육 혁신 사례를 소개하고 있습니다. 이를 통해 교사들은 AI를 교육에 어떻게 효과적으로 적용할 수 있는지, 그리고 학생들은 어떻게 더욱 풍부하고 개인화된 학습을 경험할 수 있는지를 배울 수 있습니다. 또한, AI가 만들어내는 새로운 교육 콘텐츠와 방법이 우리의 학습 환경을 어떻게 풍요롭게 할 수 있는지에 대한 통찰도 제공합니다. 인공지능은 교육 현장에서 점차 중요한 역할을 차지하게 될 것이며, 이 책은 그 변화를 이해하고 준비하는 데 있어 중요한 안내서가 될 것입니다.

유경윤

어떤 선생님은 인공지능 기술을 수업시간에 사용하겠지?
나는 지금 이대로 딱 좋다!!
나만 모르고 있는 것일까?

고민하시는 선생님들에게 하이테크 선생님으로 함께 한 계단 성장하자고 하는 책입니다. 책의 앞에서 또는 맨 마지막에서 어디든지 시작해서 따라하시면 어느새 하이테크 선생님이 되어있을 겁니다.

더불어, 빠르게 변화하고 발전하는 AI인공지능 지식과 기술을 교육현장에 접목시키고 동료 선생님들과 학생들에게 하이테크 기술을 전파하려는 선생님들의 지난 몇 달 동안의 작업에 감사드립니다.

박준원

책 소스 다운로드 및 체험단 이용하기

이 책의 실습에 필요한 책 소스 파일과 긴급 공지 사항 및 정오표와 같은 안내 사항은 앤써북 공식 카페의 책 전용 게시판을 이용하시면 됩니다.

[책 소스 다운로드 & 정오표]

이 책의 실습에 필요한 소스 파일은 [하이테크 에듀테크 미래교육] 책 소스 다운로드 전용게시판 주소 또는 QR코드로 접근한 후 안내에 따라 책소스 파일을 다운로드 받습니다.

▶ 책 소스 다운로드 전용게시판 바로가기 https://cafe.naver.com/answerbook/5939

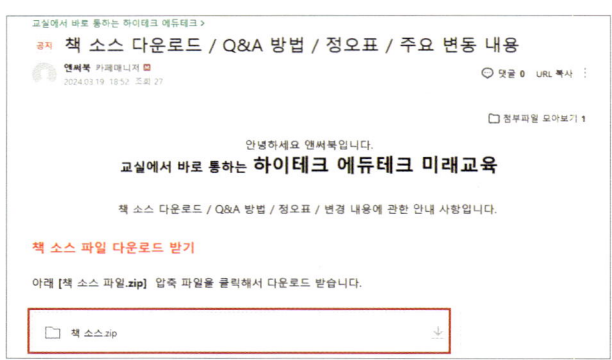

▶ 앤써북 공식 네이버 카페 https://cafe.naver.com/answerbook

※ 자작자작 2개월 무료 사용 쿠폰 사용 방법은 책 290~292쪽을 참조합니다.

- 전체 도서 목록 : 앤써북에서 출간된 전체 도서 목록을 확인할 수 있습니다.
- 종합 자료실 : 책소스, 정오표, 필독사항을 확인할 수 있는 도서별 전용게시판 링크 주소를 확인할 수 있습니다.
- 문의하기 : 책 내용 및 궁금한 사항을 문의할 수 있는 가이드를 제공합니다.
- 오탈자 제보 : 책을 보시면서 발견한 오탈자를 제보할 수 있는 공간이며, 오탈자를 제보하고 소정의 혜택이나 선물을 받을 수 있습니다.
- 견본도서/강의자료 : 교강사의 도서 채택에 필요한 견본도서 신청 방법과 PPT 강의자료를 요청할 수 있는 가이드를 제공합니다.
- 원고 투고 : 저자님의 소중한 원고나 기획안 투고 방법을 제공합니다.

[앤써북 공식 체험단 소식 받기]

앤써북에서 출간된 신간 책은 물론 책과 연관된 실습 키트 등 앤써북에서 진행하는 모든 체험 모집 안내글 소식을 편리하게 받아보실 수 있습니다.

체험단 모집 안내 게시글은 비정기적으로 등록되기 때문에 앤써북 카페 공식 체험단 모집 게시판에 접속한 후 "즐겨찾기" 버튼❶을 눌러 [채널 구독하기] 버튼❷을 눌러 즐겨찾기 설정해 놓거나 상단의 "새글 구독" 슬라이드❸를 우측으로 드래하여 ON으로 설정해 놓으면 체험단 게시판에 새로운 체험단 모집 글이 업로드되면 네이버 로그인 시 자동으로 안내보실 수 있습니다.

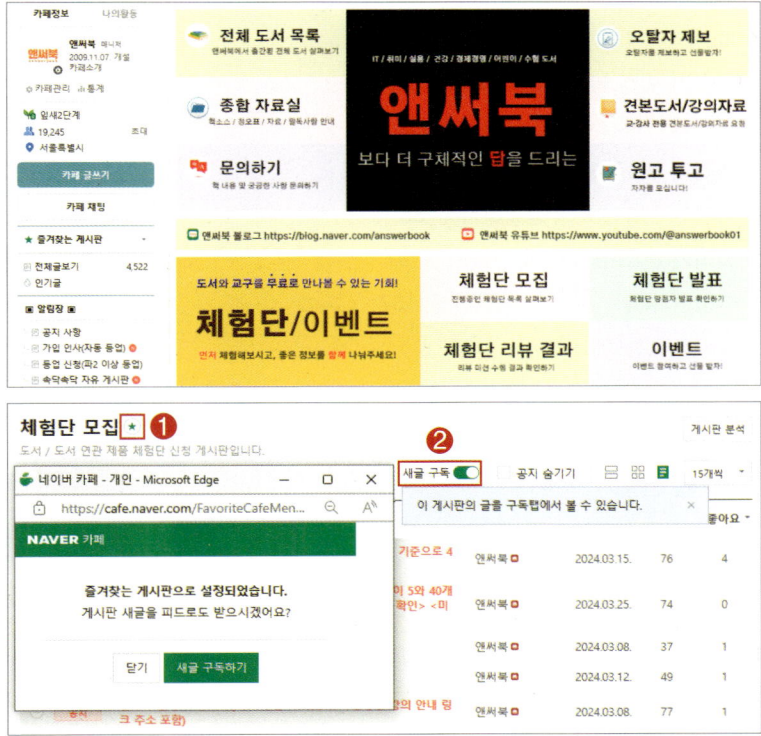

▶ 앤써북 카페 공식 체험단 모집 게시판 https://cafe.naver.com/answerbook/menu/150

Contents
목차

PART 01 메타버스를 활용한 놀이터 만들기

01 제작 동기 • 23
  01_1 사회과 교수·학습 과정안 • 24
  01_2 ZEP 알아보기 • 24

02 달리기 퀴즈 맵 만들기 • 27
  02_1 달리기 퀴즈 스페이스 만들기 • 27
    ZEP 스페이스 만들기 • 27
  02_2 달리기 퀴즈 놀이터 준비하기 • 32
    문제 준비하기 • 32
  02_3 달리기 퀴즈 놀이터 사용하기 • 35
    달리기 퀴즈 놀이터 점검하기 • 35
  02_4 달리기 퀴즈 놀이터 확장하기 • 37
    다양한 주제의 퀴즈로 확장하기 • 37
    호스트 명령어 이해하기 • 37
    스페이스 삭제하기 • 38
  02_5 마무리하기 • 40

03 보물찾기 맵 만들기 • 41
  03_1 보물찾기 스페이스 준비하기 • 41
    ZEP OFFICIAL 구분하기 • 41
    ZEP 스페이스 만들기 • 43
    ZEP 스페이스 커스터마이징 하기 • 43
    스탬프 앱 사용 방법 알아보기 • 44
  03_2 보물찾기 놀이터 준비하기 • 46
    맵 에디터 기능 살펴보기 • 46
    숨겨진 보물 만들기 • 47

03_3 보물찾기 놀이터 만들기 • 51
　　교실 사용 환경 만들기 • 51
　　보물찾기 전체 맵 살펴보기 • 51
　　보물찾기 맵 보물 배치하기 • 53
03_4 보물찾기 놀이터 사용하기 • 56
　　보물찾기 맵 확장하기 • 56
03_5 마무리하기 • 58

04 미로탈출 맵 만들기 • 59

04_1 미로탈출 스페이스 만들기 • 59
　　ZEP 공식 맵 알아보기 • 59
　　ZEP 스페이스 커스터마이징 하기 • 60
04_2 미로탈출 놀이터 준비하기 • 62
　　미로탈출 방 전체적인 모습 살펴보기 • 62
04_3 미로탈출 놀이터 만들기 • 67
　　문제 준비하기 • 67
　　오브젝트 비밀번호 입력 팝업 기능 활용하기 • 68
　　오브젝트 객관식 입력 팝업 기능 활용하기 • 69
　　맵 점검하기 • 70
04_4 미로탈출 놀이터 사용하기 • 71
　　미로탈출 맵 확장하기 • 71
04_5 마무리하기 • 71

05 방탈출 맵 만들기 • 72

05_1 방탈출 스페이스 만들기 • 72
　　스페이스 만들기 • 72
　　스페이스 설정하기 • 72
　　스탬프 앱 설치하기 • 73
　　공지사항 만들기 • 74

Contents
목차

　　05_2 방탈출 맵 만들기 • 75

　　　　학교 방탈출 맵에 새로운 오브젝트 추가하기 • 75

　　　　학교 방탈출 맵 스탬프 배치하기 • 80

　　05_3 방탈출 놀이터 사용하기 • 85

　　　　방탈출 맵을 활용한 미니게임 활동 • 84

　　05_4 마무리하기 • 89

PART 02　3가지 교수·학습 자료 자동화 프로그램 만들기

　　01　제작 동기 • 91

　　　　01_1 사회과 교수·학습 과정안 • 92

　　02　연산문제 제작 자동화 프로그램 만들기 • 93

　　　　02_1 프로그램 설명 • 93

　　　　02_2 프로그램 제작 준비하기 • 94

　　　　　　VBA 알아보기 • 94

　　　　　　엑셀 프로그램 실행하기 • 95

　　　　　　컴퓨터 설정하기 • 96

　　　　02_3 연산문제 제작 프로그램 코드 살펴보기 • 99

　　　　　　초기화면 시트 • 99

　　　　　　사용자 정의 폼 • 99

　　　　　　모듈 추가하기 • 102

　　　　　　문제 자동 생성 • 107

　　　　　　ppt 자동 생성 • 114

02_4 연산문제 제작 프로그램 사용하기 • 117
　　유저폼 실행화면 • 117
　　실행하기 • 117
　　ppt 만들기 버튼 • 118
02_5 프로그램 전체코드 한눈에 보기 • 118
　　사용자 정의 폼 코드 • 118
02_6 마무리하기 • 124

03　ppt 그림퀴즈 제작 자동화 프로그램 만들기 • 125

03_1 프로그램 설명 • 125
03_2 프로그램 제작 준비하기 • 126
　　파일 준비 • 126
　　사용한 예시 이미지 • 126
03_3 그림 맞추기 퀴즈 프로그램 코드 살펴보기 • 127
　　작동 원리 • 127
　　초기화면 • 127
　　그림 맞추기 퀴즈 프로그램의 구성 알아보기 • 128
　　변수선언 • 128
　　ppt 실행하기 • 129
　　경로 설정 • 129
　　파일명 반환 • 130
　　그림파일 개수 세기 • 130
　　PPT 이미지 자동 삽입 코드 • 131
03_4 사용하기 • 134
03_5 프로그램 전체 코드 한눈에 보기 • 135
　　ppt만들기_4등분 모듈 코드 • 135

Contents
목차

   ppt만들기_8등분 모듈 코드 • **136**

   ppt만들기_16등분 모듈 코드 • **137**

  03_6 마무리하기 • **138**

04 학생 발표자료 제작 자동화 프로그램 만들기 • 139

  04_1 프로그램 설명 • **139**

  04_2 프로그램 제작 준비하기 • **139**

   파일 준비 • **139**

   사용한 예시 이미지 • **140**

  04_3 학생 발표자료 제작 프로그램 살펴보기 • **141**

   작동 원리 • **141**

   초기화면 • **141**

   변수선언 • **142**

   ppt 실행하기 • **142**

   경로 설정 • **142**

   디렉토리 추가 • **143**

   그림파일 개수 세기 • **143**

   그림파일 삽입 • **143**

  04_4 학생 발표자료 제작 프로그램 사용하기 • **147**

  04_5 프로그램 전체 코드 한눈에 보기 • **148**

   전체 코드 • **148**

  04_6 마무리하기 • **149**

PART 03 구글 스프레드시트로 학생참여형 수업도구 만들기

01 제작 동기 · 151
  01_1 과학과 교수 · 학습 과정안 · 153
  01_2 준비물 · 154

02 스피드퀴즈 프로그램 만들기 · 155
  02_1 제작을 위한 사전 준비 · 155
    구글 스프레드시트 알아보기 · 156
  02_2 구글 스프레드시트 설정하기 · 156
    구글 계정으로 로그인하고 구글 스프레드시트 만들기 · 156
    구글 앱스크립트로 코드 작성하기 · 157
  02_3 배포하기 · 160
    결과 화면 · 162
  02_4 코드 분석하기 · 163
    Code.gs 코드 · 163
    student.html 코드 · 166
    teacher.html 코드 · 167
  02_5 마무리하기 · 176

03 한글 타자 연습으로 핵심문장 익히기 · 177
  03_1 구글 앱스크립트 알아보기 · 177
  03_2 구글 스프레드시트 설정하기 · 178
    구글 스프레드시트 만들기 · 178
    구글 앱스크립트 코드 작성하기 · 179

Contents
목차

03_3 배포하기 · 180
    학생들에게 배포한 화면 · 180
03_4 코드 분석하기 · 181
    Code.gs 코드 · 181
    index.html 코드 · 183
03_5 마무리하기 · 203

04 사칙연산 프로그램 만들기 · 204
04_1 자바스크립트 알아보기 · 204
04_2 구글 스프레드시트 설정하기 · 205
    구글 계정으로 로그인하고 구글 스프레드시트 만들기 · 205
04_3 배포하기 · 207
    배포방법 화면 · 207
04_4 코드 분석하기 · 208
    Code.gs 코드 · 208
    index.html 코드 · 209
4_5 마무리하기 · 227

PART 04 AI코스웨어로 개별화 맞춤형 수업 만들기

01 제작 동기 • 229

02 교사를 위한 AI코스웨어 알아보기 • 231

    02_1 AI코스웨어란? • 231

    02_2 7가지 AI코스웨어 기능 익히기와 실제 수업 활용 사례 • 22

        애스크 에듀테크 • 232

        뤼튼트레이닝 • 233

        라이팅젤 • 236

        키위티 • 240

        자작자작 • 250

        클래스팅AI • 257

        매쓰플랫 • 264

        디딤 • 279

03 AI코스웨어 맞춤형 수업 / 교수학습과정안 • 283

    03_1 AI코스웨어를 활용한 국어과 교수·학습 과정안 • 283

        평가 계획 • 284

    03_2 AI코스웨어를 활용한 수학과 교수·학습 과정안 • 285

        평가 계획 • 286

    03_3 AI코스웨어를 활용한 체육과 교수·학습 과정안 • 287

        평가 계획 • 288

    03_4 마무리하기 • 289

Intro
하이테크 에듀테크의 필요성과 단원 미리보기

우선 이 책을 읽어보기 전에 "수업에서 에듀테크는 필요한 것일까?"라는 질문을 던질 수 있습니다. 최근 교육부에서 에듀테크의 효과성에 대한 의문을 제기하였는데, 고등학교 학생 대상 조사에서 에듀테크를 활용한 수업이 강의식 수업보다 학생 참여도가 낮다는 결과를 보았습니다. 교사 대상 설문조사에서도 디지털 디바이스 활용 능력이 부족한 학생들에게는 오히려 에듀테크 활용 수업이 수업 참여도를 떨어뜨리는 부작용이 있다고 일부 응답하였습니다. 그렇다면 에듀테크는 정말 필요한 것인가에 대한 대답을 Bett show에서 찾게 되었습니다.

이번 책을 저술하는 과정 중, 런던에서 개최한 Bett show를 관람하게 되었습니다. Bett show는 마이크로소프트, 구글, 메타, 어도비, 캔바, 패들렛, 카훗 등등 글로벌 기업과 아이스크림 미디어 등 우리나라 기업까지 참여한 거대 교육 기술 글로벌 커뮤니티입니다. 본 저자는 Bett show의 수많은 부스 중에서 마이크로소프트에서 AI 기술을 classroom에 접목하여 학생들의 학습 성취도를 분석하고 그에 대한 맞춤형 자료 제작하여 교사를 지원하는 프로그램이 매우 인상 깊었습니다. 아래 두 번째 사진은 학생의 읽기 능력을 분석하여 올바르게 읽은 부분과 발음이 잘못된 부분을 분석하여 교사에게 피드백으로 제공하는 것을 예시로 제시했습니다.

그 이외에도 다양한 기업들이 학생들의 학습역량 강화를 위해서 교육 서비스를 제공하고 있음을 알 수 있습니다. 현재 교사들은 다양한 서비스를 선택하여 교실에 활용하면 됩니다. 글로벌 빅테크 기업들은 에듀테크를 넘어선 하이테크 기술을 교실에 적용하려고 도전하고 있습니다. 그리고 교사들은 하이테크 기술을 활용하여 학생 개인별 맞춤형 수업과 평가, 그리고 피드백을 제시할 수 있습니다.

이 정도면 "에듀테크는 꼭 필요한 것인가?"라는 질문에 대한 에듀테크(하이테크) 필요성에 대한 설명은 충분하다고 생각합니다.

하이테크의 필요성

우리는 초연결의 시대에 살고 있습니다. 우크라이나 전쟁에서 스타링크라는 거대한 위성망을 활용하여 인터넷 서비스를 제공하고 있습니다. 저자 역시 그동안 불가능하다고 생각했던 비행기 안에서 인터넷 서비스를 사용할 수 있었습니다. 우리는 시간과 장소를 극복한 초연결의 시대를 살고 있습니다. 그렇다면 초연결의 시대에 교사들은 어떤 준비를 해야 할까요? 단적으로 코로나 19 이전 스마트교육과 SW교육을 확대하기 위해서 노력하였지만, 일부 교사들만이 사용하였습니다. 그러나 코로나 19를 맞이하며, 원격수업을 해야하는 상황 속에서 대부분의 교사들은 e학습터, ebs온라인클래스, zoom, padlet, 구글클래스룸 등 다양한 에듀테크 기술을 활용하여 원격수업을 시작하였습니다. 교사들의 SW교육 역량을 높이기 위한 노력들이 코로나 19로 인해서 더욱 강제된 것입니다. 그리고 수많은 에듀테크 프로그램 중 교사들은 처음 접한 에듀테크 프로그램에 적응하며, 그 프로그램과 성취기준을 재구성하여 흥미롭게 사용하였습니다. 필자의 경우 띵커벨의 보드, 퀴즈 그리고 구글클래스룸 등을 사용하며 다양한 교과에 적용하고 있습니다.

이번에 출판하는 책은 누구나 사용하고 있는 메타버스, MS오피스, 구글 문서도구를 사용자가 원하는 맞춤형 형태로 사용할 수 있도록 구성하였습니다. 그리고 향후 학교에서 사용하게 될 AI코스웨어에 대한 설명을 담았습니다. 메타버스는 디지털 기반의 가상 세계로 확장하여 사람 간 연결을 만드는 플랫폼입니다. 이번 책에서는 가상 세계의 연결을 수업시간에 활용할 수 있는 방법을 안내합니다. 앤써북과 함께 작업하면서 교수학습과정안을 소개하는 내용을 넣기 시작하였습니다. "챗GPT와 함께 만드는 초등 수업 디자인 ++"에서 챗GPT와 함께 교수학습과정안을 만들어보는 방향으로 만들었다면, "교실에서 바로 통하는 하이테크 에듀테크 미래교육 실전활용법"에서는 자료를 직접 만들어 보는 커스터마이징(사용자화)에 초점을 두었습니다.

기업에서 제공하는 에듀테크 프로그램은 이미 사용 방법이 익숙하며, 수업의 활용 방법 사례도 많이 공유되어 있습니다. 이 책을 읽고 있는 독자 여러분들 역시 다양한 에듀테크 프로그램을 사용하고 있을 것입니다. 다만 아쉬운 점은 프로그램을 사용하는 우리는 프로그램 개발자가 아니기 때문에 서비스를 제공하는 회사에 종속되어 연간 구독이나 월간 구독의 형태로 사용료를 지불해야 합니다. 과거에는 특정 프로그램을 구입하면 영구적으로 사용할 수 있지만 최근에는 구독 형태로 사용하기 때문에 프로그램을 개발한 회사에 종속됩니다. 저자는 이 부분이 매우 아쉬웠습니다.

우리는 그 한계를 어느 정도 극복할 수 있는 방향을 제시하려고 합니다. 이 책에서 기본적으로 설명한 콘텐츠를 따라서 만들어 본다면 교수학습자료, 즉 하이테크 프로그램을 적용한 교수학습자료를 직접 만들 수 있을 것입니다. 기업에서 제공하는 서비스를 활용하여 수업을 재구성하는 것이 아니라 수업 맞춤형 프로그램을 직접 만들고, 다른 사람과 공유하면서 자료의 완성도와 질을 높일 수 있을 것입니다. 나만의 프로그램 만드는 것은 매우 어렵습니다. 기초가 없는 상태에서 책을 보게 된다면 도전할 엄두조차 생기지 않을 수 있습니다. 특히 2주제와 3주제인 VBA와 구글 앱스크립트라는 낯선 단어를 접하고, 텍스트 코딩으로 만든 코드를 접하면 도전하고 싶은 생각이 사라질 수도 있습니다. 저자 역시 텍스트 코딩을 설명하는 책을 구입하고 책장에 오랫동안 보관하였습니다. 프로그래밍 언어를 차근차근 공부하면서 책장에 책을 꺼내서 읽어보고, 연습해보는 과정을 반복하다보니 이제는 책의 내용 대부분을 이해할 수 있게 되었습니다. 이 책은 한 번에 완벽하게 이해하기 어려운 주제가 분명 있습니다. "첫 술에 배부르랴"라는 속담처럼 나만의 프로그램을 차근차근 만들다 보면 어느 순간 책의 내용을 이해할 수 있을 것입니다. 책에서 제공하는 내용을 차근차근 따라해 봅시다. 그리고 챗GPT와 같은 생성형 인공지능에게 질문해 봅시다. 그러면 어느 순간 실력이 향상된 나와 마주하게 될 것입니다.

메타버스로 놀이터 만들기

코로나 19 종식 후, 전면 등교가 되면서 메타버스 활용사례가 큰 폭으로 감소하였습니다. 메타버스를 원격수업의 형태로 사용하였기 때문에 활용도가 큰 폭으로 감소한 것입니다. 메타버스를 어떻게 활용할 수 있을지 많이 고민해 봤습니다. 그러던 중 ZEP이라는 사이트를 알게 되었습니다. 그리고 교사 커뮤니티에서 ZEP을 활용한 메타버스 교수학습자료를 발견하였습니다. 메타버스 교수학습자료는 학생들이 배운 내용을 확인할 수 있는 평가 영역이 될 수 있습니다. 또한, 방탈출, 골든벨 퀴즈, 보물찾기와 같은 놀이 공간이 될 수 있습니다. 학생들의 자신의 생각이나 감정을 표현할 수 있는 공유와 소통의 장이 될 수 있습니다. 1주제 "메타버스로 놀이터 만들기"는 교사가 만든 공간에 학생들이 참여하여 문제를 풀고 스페이스에 숨어있는 스탬프도 찾으며, 학생들의 배운 내용을 확인하는 체험형 교수학습자료를 만들 수 있는 하이테크 주제입니다. 그리고 더욱 매력적인 것은 학생들이 직접 스페이스를 만들 수 있다는 것입니다.

VBA로 만드는 교수학습자료 자동화 프로그램

전국의 많은 학교에서는 한글이나 MS오피스와 같은 프로그램을 사용할 것 입니다. 2주제는 MS오피스에서 제공하는 엑셀과 파워포인트, 그 중에 VBA(비주얼베이직언어)를 사용합니다. 이번 책에서는 VBA를 활용하여 교수학습자료를 만들 때 교사의 노력과 시간을 줄이기 위해서 초점을 두었습니다. 특히 엑셀의 입력한 데이터를 기반으로 새로운 시트가 만들어지는 놀라운 경험을 할 수 있습니다. 그리고 엑셀의 데이터로 파워포인트로 만들어지는 신기한 경험도 할 수 있습니다. 놀라운 경험을 실현하기 위해서는 VBA를 직접 다뤄야 합니다. VBA를 직접 다루는 것은 매우 어렵습니다. 하지만 매크로 버튼 클릭 한번으로 만들어지는 정확성, 신속성을 맛본다면, 자동화 프로그램의 매력에서 벗어나기 어려울 것입니다. 이번 책을 따라서 3가지 프로그램을 직접 만들어 본다면, 내가 만든 프로그램을 다양한 과목이나 주제에 적용할 수 있을 것입니다. 생소할 수 있습니다. 어려울 수 있습니다. 때로는 이해가 안 될 수 있습니다. 따라해 보면 시작 전과 시작 후는 완전히 다를 것입니다.

구글 스프레드시트로 만드는 학생 참여형 수업 만들기

안드로이드 스마트폰을 사용하는 사람이라면, 구글 계정은 하나 이상 있을 것입니다. 물론 아이폰 사용자라도 구글 계정 하나 쯤은 있습니다. 구글에서 제공하는 구글 문서도구 중 구글 스프레드시트는 누구나 한 번 쯤은 사용한 프로그램입니다. 간단한 설문조사를 만들면 구글 스프레드시트에 자료가 차곡차곡 정리될 정도로 편리하게 사용할 수 있습니다. 하지만 이번 책에서는 처음 볼 수 있는 구글 앱스크립트를 활용합니다. 구글 앱스크립트로 스프레드시트를 하나의 서버로 활용하여 학생들의 학습결과를 기록할 수도 있고, 학생들이 평가 결과, 학생들의 참여도를 기록할 수 있습니다. 또는 스피드 퀴즈 게임과 같은 교수학습자료를 만들고 HTML과 같은 하나의 웹페이지로 제공할 수 있습니다. 지금까지 구글 스프레드시트를 엑셀과 같이 데이터를 정리하는 용도로만 사용했던 고정관념이 깨질 것입니다. 물론 기본지식이 없는 상태로 접근하면 매우 어렵습니다. 책에서 제시하는 예제를 따라서 직접 만들어 보고, 활용해 보면서 차근차근 알아가는 과정이 되었으면 좋겠습니다. 저자는 학습에 지름길은 없다고 생각합니다. 조금씩 노력하는 과정이 쌓이면 전체 과정을 이해할 수 있는 지혜가 생길 것입니다.

AI코스웨어로 개별화 맞춤형 수업 만들기

교육부는 디지털 교육 혁신 방안의 핵심 내용 중 하나로 2025년부터 'AI 디지털교과서 플랫폼' 도입을 목표로 인공지능(AI) 기반 코스웨어를 운영하겠다는 계획을 발표했습니다. 이번 책에서는 다양한 업체에서 개발된 AI코스웨어에 대한 설명서가 될 것 입니다. AI코스웨어에 대한 무료 및 유료 기능을 설명하고, 실제 활용 방안에 대한 팁을 제시하려고 합니다. 그리고 실제 수업에 활용했던 내용과 함께 교수학습과정안을 제시하고자 합니다. 그리고 AI코스웨어를 실제 적용할 수 있는 교수학습모형에 대한 안내도 있습니다. 2025년 AI디지털교과서 도입과 함께 AI코스웨어를 학교에 적용하기 위한 다양한 시도가 있습니다. 이번 책을 통해서 AI디지털교과서 활용에 대한 시행착오를 줄이고, AI코스웨어가 학교현장에 적용될 수 있도록 도움을 드리고자 합니다.

PART 01

메타버스를 활용한 놀이터 만들기

01 제작 동기

　에듀테크 기술의 발전으로 수업시간에 활용하는 다양한 컴퓨터 기반 교수학습 자료가 개발되었습니다. 코로나 19를 경험하면서 가상의 공간에서 소통하는 메타버스 기술이 개발되었고, 다양한 프로그램을 제공하고 있습니다. 특히 비대면 수업시간은 원격 수업의 대안으로 활용되었습니다. 그리고 다양한 기관에서 ZEP을 활용한 콘텐츠를 아래와 같이 제작하여 활용하고 있습니다. 또한 교수학습활동을 할 수 있는 다양한 콘텐츠를 제공하고 있습니다.

부천시청 메타버스

기상청 지진화산아일랜드

　학교에서는 비대면 중심 수업에서 대면 수업 중심으로 변화함에 따라, 메타버스를 활용하는 사례가 줄어들었습니다. 이에 저자는 메타버스를 교수학습자료로 활용할 수 있는 방법을 생각해 보았습니다. 학생들이 좋아하는 보물찾기나 방탈출과 같은 놀이 활동은 사전에 준비가 필요하며, 참여하는 학생들은 규칙을 잘 지켜야 합니다. 그래서 이 두 활동을 메타버스 공간으로 옮겨서 시도해 보았습니다. 실제 적용해 본 결과 학생들의 뜨거운 반응을 느낄 수 있었습니다. 그리고 규칙을 철저히 감독하는 노력도 줄일 수 있었습니다.

이 장의 주제는 메타버스 프로그램을 활용하여 수업시간에 배운 내용을 학생들이 스스로 정리해 볼 수 있는 게임 형태의 교수학습자료를 만들어보는 것입니다. 다음 페이지에서 교수학습과정안을 사회 교과로 선택한 이유는 사회 교과가 다른 교과목과 비교했을 때 학습한 내용을 쉽게 잊어버리는 경향이 있기 때문입니다. 그래서 학습한 내용을 학생들이 오래 기억할 수 있는 활동을 만들기 위해서 사회 교과를 선택하였습니다. 본문에 제시된 과정을 따라해 보면서 사용자가 직접 메타버스 공간을 구성해 봅시다.

수업에 필요한 사전 준비
• ZEP 로그인을 위한 구글이나 웨일 스페이스 학생 계정 필요
• 학생 개인별 노트북 또는 컴퓨터

ZEP으로 만든 공간 둘러보기

• https://zep.us/home/explore

01_1 사회과 교수·학습 과정안

단원	2. 필요한 것의 생산과 교환	차시	15/15
학습 주제	필요한 것의 생산과 교환 단원 마무리	교과서	86~89쪽
학습 목표	2단원에서 학습한 내용을 다양한 방법으로 정리할 수 있다.	학습 자료	노트북, ppt
성취 기준	[4사04-03] 자원의 희소성으로 경제활동에서 선택의 문제가 발생함을 파악하고, 시장을 중심으로 이루어지는 생산, 소비 등 경제활동을 설명한다.		

수업의 흐름(시간)	수업단계 및 내용	교수 학습 활동	자료(▶) 및 유의점(※)
도입 (10분)	동기 유발	◨ 단어조합퀴즈 풀기 • ppt를 화면 속의 자음과 모음을 조합하여 단어를 만들어 봅시다. – 핵심 단어 찾고, 단어의 뜻을 이야기해 봅시다.	▶ ppt
	학습 활동 안내	◨ 학습 목표 확인하기 2단원에서 배운 내용을 정리해 봅시다. ◨ 학습 활동 안내하기 활동1) 미로탈출 활동2) 골든벨	
전개 (25분)	탐색하기	◨ 활동1) 미로탈출 • ZEP 용암지대 미로를 탈출하기 – 용암지대에는 7가지 문제가 있습니다. 각각의 문제는 이번 단원에서 학습한 내용과 관련된 문제입니다. – 미로탈출맵은 모둠이 함께 정보를 공유합니다. – 미로에는 숨겨진 장애물이 있습니다. – 미로를 탈출하여 골든벨 맵으로 이동합니다. ◨ 활동2) 도전, 골든벨 • 도전 골든벨 문제 풀기 – 2단원에서 핵심 내용을 정리하는 골든벨 퀴즈를 풀어봅시다. – 5문제를 풀고 나면 전원 부활합니다.	▶ 노트북 ▶ https://zep.us/play/2mr6VY

| 정리 및 평가 (5분) | 학습 정리 및 차시 안내 | ▣ 학습 정리 및 차시 안내
• 단원 정리하기
  - 이번 단원에서 가장 기억에 남는 것은 무엇인가요?
• 다음 시간에는 '사회 변화와 문화 다양성'에 대해 알아 봅시다. | |

✱ 평가 계획

평가 내용		평가 기준	평가 방법 및 도구
이번 단원에서 배운 내용을 다양한 방법으로 정리 할 수 있는가?	상	이번 단원에서 배운 내용을 바탕으로 골든벨 문제를 7개 이상 맞출 수 있다.	구술 및 발표
	중	이번 단원에서 배운 내용을 바탕으로 골든벨 문제를 5개 이상 맞출 수 있다.	
	하	이번 단원에서 배운 내용을 바탕으로 골든벨 문제를 3개 이하로 맞출 수 있다.	

01_2 ZEP 알아보기

ZEP은 실제 공간을 구현한 스페이스 혹은 사용자의 개성으로 만들어진 스페이스를 무료 또는 유료로 제공하는 플랫폼입니다. 아바타를 조작하여 여러 미디어(사진, 동영상, 글)와 직접 상호 작용할 수 있는 메타버스 공간을 만들 수 있습니다. 이번 장에서는 학습한 내용을 확인할 수 있는 수업 놀이터를 만들어 보겠습니다.

ZEP은 교육을 목적으로 하는 다양한 맵과 오브젝트 등을 무료로 제공하고 있습니다. 그리고 새로운 콘텐츠(오브젝트, 맵, 미니게임)를 꾸준히 업데이트하고 있습니다.

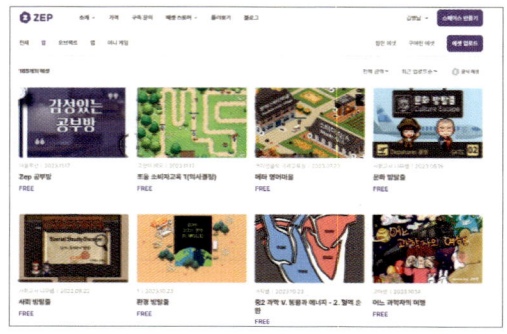

02 달리기 퀴즈 맵 만들기

02_1 달리기 퀴즈 스페이스 만들기

ZEP 스페이스 만들기

- 템플릿 고르기

이번 주제는 퀴즈 달리기 맵을 사용한 수학놀이 스페이스 만들기입니다. ZEP에서 기본으로 제공하는 용암 퀴즈 달리기와 숲속 퀴즈 달리기 스페이스 맵이 있습니다. 맵의 배경은 다르지만, 조작 방법이나 맵의 환경을 구성하는 방법은 같습니다. 용암 퀴즈 달리기 맵을 선택하였으며, 학생들이 활동할 수 있는 스페이스를 만들었습니다.

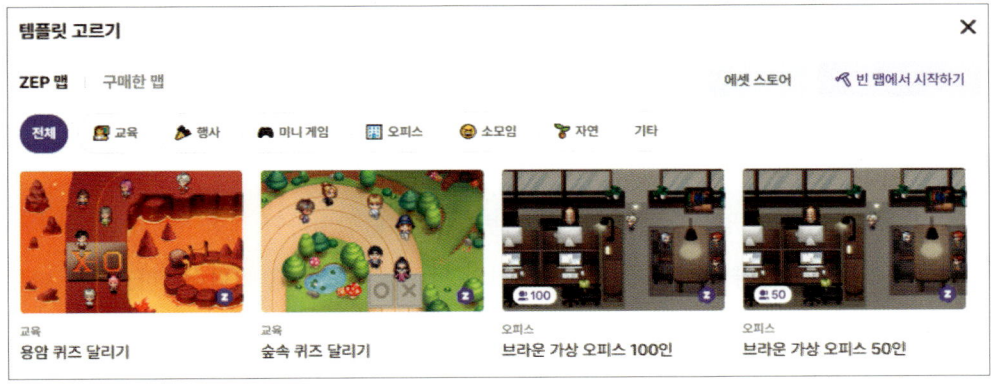

- 스페이스 설정 메뉴 알아보기

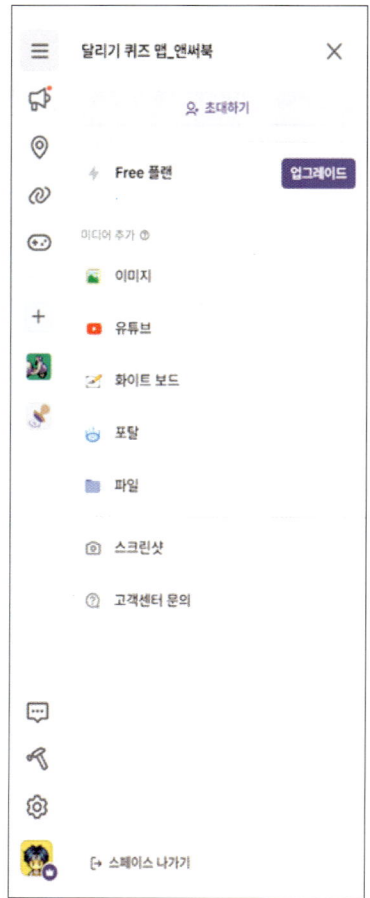

스페이스에서 기본적으로 제공하는 메뉴입니다. 미니게임, 맵 에디터, 도움말, 설정의 기본 메뉴가 있습니다.

공지, 이동, 링크, 미니 게임, 앱 추가와 같이 교사가 설정할 수 있는 메뉴가 있습니다. 이번 주제에서는 공지, 이동, 앱 메뉴 사용 방법을 설명하려고 합니다. 공지 메뉴의 경우 ZEP에 접속하는 참여자들에게 안내할 때 사용하며, 이동 메뉴는 접속하는 사람들이 맵을 이동하거나, 맵에서 특정 위치로 모일 수 있도록 미리 설정할 수 있는 메뉴입니다.

공지와 앱 기능은 보물찾기 맵에서 설명하고, 이동 기능은 미로탈출 맵에서 설명하겠습니다.

스페이스 나가기는 스페이스를 벗어나 ZEP 첫 화면으로 이동하는 버튼입니다.

- 스페이스 설정하기

이번 주제에서는 수업시간 학생들이 메타버스 공간에 참여하여 직접 사용하는 것이 목적입니다. 하지만 메타버스의 특성상 외부인의 참여를 제한하기 어렵습니다. 특히 다른 사람이 만든 스페이스는 외부인의 참여를 제한할 수 없습니다. 하지만 내가 만든 스페이스는 외부인의 참여를 제한하는 안전장치를 적용할 수 있습니다. ZEP을 교수학습활동 공간으로 사용하기 전에 온라인에서 유용한 기능을 미리 설정해야 합니다.

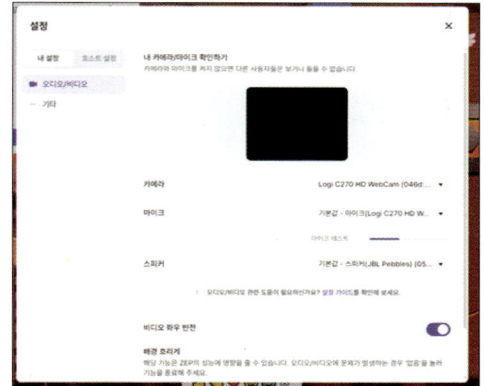

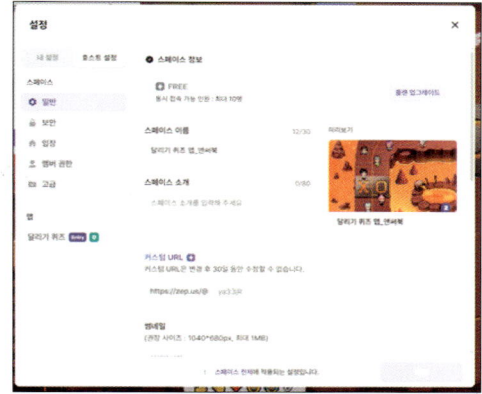

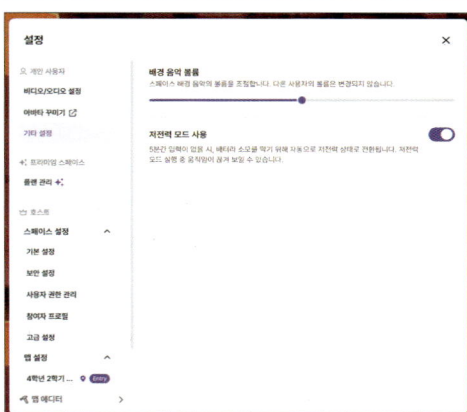

설정은 컴퓨터에서 사용하는 카메라, 마이크, 스피커를 세부 설정하는 '내 설정'과 스페이스 정보와 맵의 채팅 및 미디어 임베드를 설정하는 '호스트 설정'으로 구분합니다. ZEP의 메뉴는 직관적으로 설명되어 있습니다.

> 회원가입 하지 않으면 아바타의 이름과 외모를 매번 꾸며야 하는 단점이 있습니다. 구글 계정이나 웨일 계정을 활용하여 ZEP에 직접 로그인하면 단점을 해결할 수 있습니다.

설정 −호스트 설정 − 일반 메뉴는 ZEP에서 기본 제공하는 최대 10명 동시접속에 대한 무료 사용 기능을 정보를 제공합니다. 10명 초과 동시 접속을 원할 경우 플랜 업그레이드를 해야 합니다. 단, 참여자가 10명이 넘을 때 2인 1조를 만들어 짝 활동으로 운영하는 방법이 있습니다.

호스트 메뉴에서는 기본 설정, 보안 설정, 사용자 권한 관리, 참여자 프로필 등을 변경할 수 있습니다.

기본 설정에서는 첫 화면에 노출되는 스페이스의 이름, 소개, 섬네일 등을 변경할 수 있습니다.

보안 설정은 비밀번호 설정, 참여자 입장 제한 기능을 제공합니다.

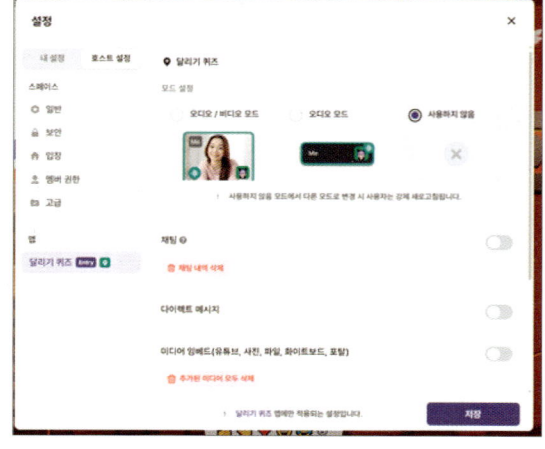

맵 설정은 교실에서 사용할 때 설정해야 하는 중요한 기능을 제공합니다.

ZEP을 수업시간에 사용하기 때문에 모드 설정 메뉴에서 컴퓨터의 웹캠 기능을 비활성화합니다. ZEP을 교실 공간 및 수업시간에서 사용하기 위해서 채팅, 비디오/오디오 기능 등을 제한할 수 있습니다.

　채팅 기능과 다이렉트 메시지 기능을 비활성화합니다. 또한, 채팅창 숨기기 기능을 활성화하며, 호스트 입장 시 알림 숨기기 기능은 선택적으로 사용하시면 됩니다.

　사용 권한 설정에서 임베드 기능을 비활성화합니다. 참여자가 스페이스에서 미니게임이나 미디어 공유를 제한할 수 있습니다. 그리고 가장 중요한 기능인 찌르기 기능을 비활성화합니다. 찌르기 기능은 아바타끼리의 상호작용하는 긍정적인 기능이지만, 때로는 공격적인 사용하기 하기 때문에 사용을 제한합니다.

02_2 달리기 퀴즈 놀이터 준비하기

문제 준비하기

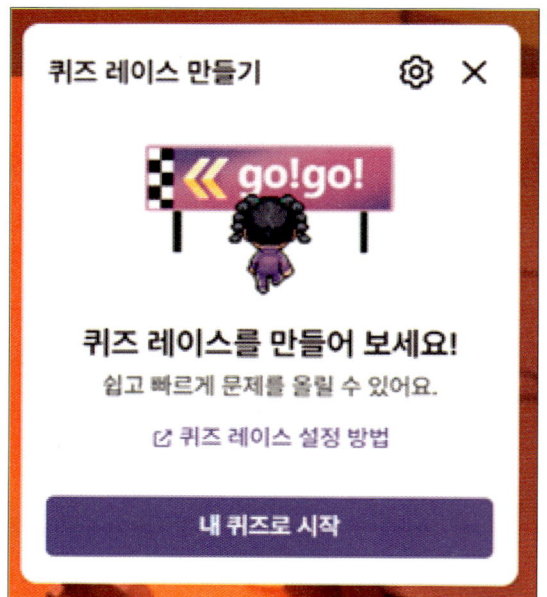

퀴즈 레이스 만들기를 위해서 퀴즈 업로드 메뉴를 사용할 수 있습니다.

※ 퀴즈 레이스 설정 방법 메뉴를 활용하여 호스트가 원하는 퀴즈 레이스 맵을 만들 수 있습니다.

"퀴즈 레이스 설정 방법"을 클릭하면 설정 방법이 설명된 웹 페이지로 이동합니다. 파일 효과와 지정 영역에 설명이 있습니다. ZEP에서 제공하는 기능만 활용할 경우 퀴즈 레이스 설정 방법은 넘어가셔도 됩니다.

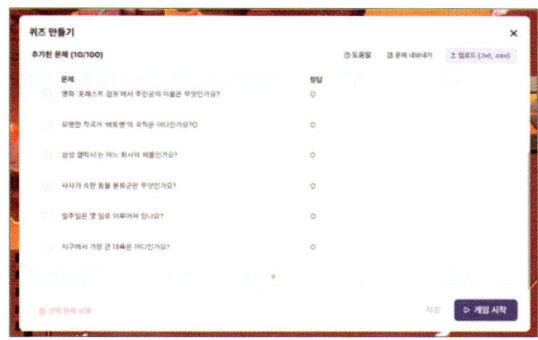

내 퀴즈로 시작 메뉴는 두가지 방법으로 활용할 수 있습니다. 문제와 정답을 직접 입력하는 방법으로 사용하거나, "업로드"메뉴를 이용하여 미리 작성한 문제를 불러올 수 있습니다. "도움말" 버튼을 클릭하면, 파일 설정 가이드 페이지로 이동합니다. 그리고 샘플 예제 파일을 다운받아서, 문제와 답의 구성 형태를 직접 확인해 봅시다.

퀴즈만들기 화면에서 문제와 정답을 확인할 수 있습니다. 또한 "선택 문제 삭제" 버튼으로 문항 편집도 가능합니다. 업로드한 문제에 오류가 없다면 "게임 시작" 버튼을 클릭합니다.

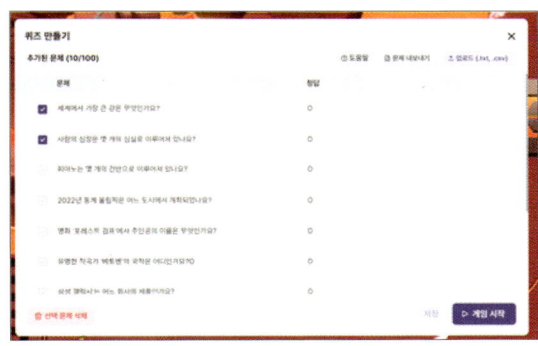

도움말 메뉴를 확인하면, ZEP에서 사용하는 파일 설정 가이드를 확인할 수 있습니다. 퀴즈 파일 만들기 TXT 파일 가이드(미니 게임 별 작성 방법), CSV 파일 가이드(미니 게임 별 작성 방법)를 확인할 수 있습니다.

Part 01_메타버스를 활용한 놀이터 만들기 33

엑셀을 활용하여 편집한 경우, 파일 형식을 CSV로 변경하여 저장해야 합니다.

ZEP에서 기본으로 제공하는 sample 파일의 데이터 문제 형식을 확인해 보면, 쉼표(,)를 기준으로 문제와 정답으로 구분됩니다. 첫 번째 문제는 "아인슈타인은 상대성 이론을 발견한 과학자이다.", 정답은 "O"입니다.

여기서 꼭 기억해야할 것은 문제 안에 쉼표(,)를 사용하면 오류가 생긴다는 점입니다.

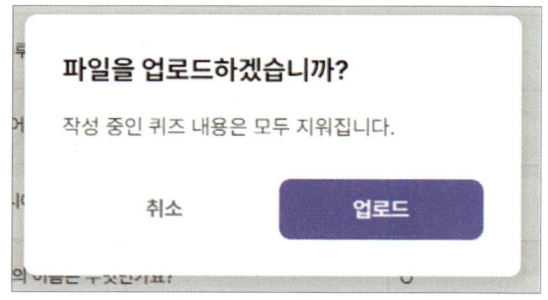

퀴즈 게임 문제가 준비되었다면 "파일 추가" 버튼을 활용하여 문제 파일을 업로드합니다.

ZEP을 무료로 사용하는 경우에도 문제를 100개까지 업로드할 수 있습니다.

> 💬 ZEP에서 제공하는 sample 데이터 파일을 변형하여 다양한 교과에 적용할 수 있습니다. 또한 데이터 파일을 교사와 공유할 수 있습니다. 이번 주제 달리기 맵에서 사용하는 데이터 파일은 미니게임(골든벨 퀴즈나 ox퀴즈)에서 사용할 수 있습니다.

02_3 달리기 퀴즈 놀이터 사용하기

달리기 퀴즈 놀이터 점검하기

교사가 만든 스페이스를 점검하기 위해서는 스페이스에 접속할 수 있는 링크를 확인해야 합니다. 그리고 새 시크릿 창(구글 크롬 기준)을 만든 후 링크에 접속하면, 하나의 컴퓨터를 활용하여 교사와 학생이 접속한 환경을 만들 수 있습니다. ZEP 스페이스의 공유 링크를 복사 하는 방법은 아래와 같습니다.

- 교사가 만든 스페이스의 링크 직접 복사하는 방법

  이 경우는 교사가 만든 스페이스에서 친구 초대 기능이 비활성화 되었을 때 사용합니다.

- 사이드바의 초대 링크 복사 메뉴를 활용하는 방법

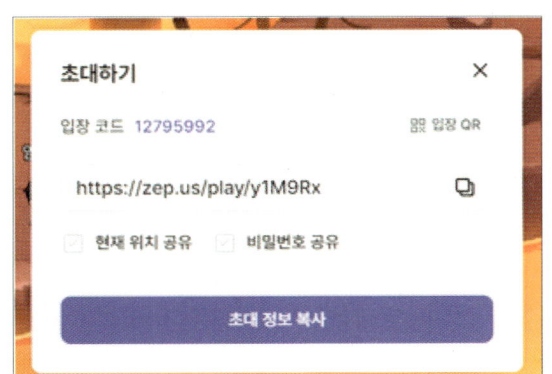

사이드 바 또는 우측 상단의 "초대하기" 버튼을 클릭하여 다른 사람을 초대할 수 있습니다. 이때 사용자의 위치와 ZEP 스페이스의 비밀번호까지 공유하는 URL을 생성할 수 있습니다. 이 때 유의할 점은 참여자가 불특정 다수에게 초대 정보를 전달할 수 있습니다.

새로운 아바타를 통해서 참여자(학생)의 입장으로 문제도 직접 풀어봅니다. 그리고 맵의 이곳저곳을 돌아다니면서 맵의 오류를 찾아봅니다.

- 달리기 퀴즈 맵 연습 경기하기

실제로 만든 데이터로 달리기를 하기 전에 sample 데이터로 연습 경기를 실행해 봅시다. 달리기 경기가 ZEP에서 제공하는 다른 미니게임과 다른 점은 프로그램을 실행한 사람(호스트)까지 결승점을 통과해야 경기가 종료되며, 경기 결과를 확인할 수 있습니다. 즉 달리기 경주에 참여한 모든 사람이 결승점을 통과해야만 게임이 종료됩니다.

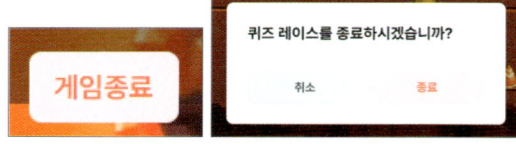

게임 실행 중 문제가 발생한 경우, 게임 종료 메뉴를 활용하여 게임을 다시 시작할 수 있습니다.

- 달리기 경기 실행하기

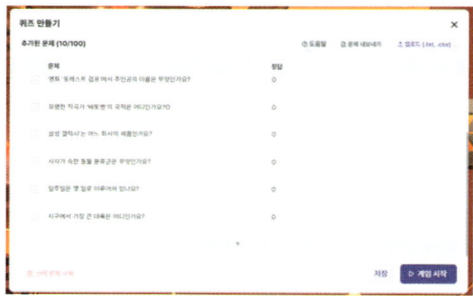

미리 준비한 문제 파일을 업로드 합니다.

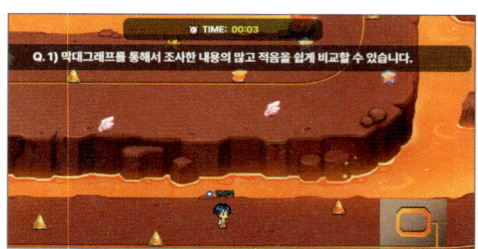

달리기 경기를 시작합니다.

02._4 달리기 퀴즈 놀이터 확장하기

다양한 주제의 퀴즈로 확장하기

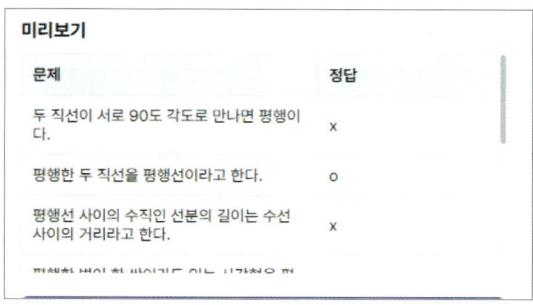

OX퀴즈 형식을 적용할 수 있는 다양한 과목이나 주제로 확장할 수 있습니다. 왼쪽의 사진은 4학년 수학의 사각형 단원을 복습할 수 있는 문제로 구성되어 있습니다.

호스트 명령어 이해하기

ZEP에서 호스트가 참여자들을 쉽고 간편하게 제어하여 안정적으로 행사를 진행하기 위한 기능을 제공합니다. 명령어를 채팅창에 입력하면 특정 기능이 실행됩니다.

- !help: 사용할 수 있는 모든 커맨드 목록을 보여줍니다.
- !destroymap: 모든 플레이어를 일시적으로 내쫓고 맵을 파괴합니다. 교실에서 사용하는 경우 채팅창을 사용하지 않도록 미리 설정할 수 있지만, 오프라인 공간에서 사용할 때 비상 상황의 경우 사용하도록 합니다.
- !destroyspace: 모든 플레이어를 일시적으로 내쫓고 맵보다 상위 개념인 스페이스를 파괴하게 됩니다.
- !kick NAME: 해당 참여자를 방에서 강제 퇴장시킵니다. 강제 퇴장을 당한 참가자는 24시간 동안 해당 스페이스에 접속하지 못합니다.
- !clear: 모든 대화 내용을 삭제합니다.
- !spawn NAME: 해당 사용자를 현재 자신의 위치로 소환합니다. ZEP에 로그인된 학생이 아닌 경우 종종 방탈출게임의 처음부터 리셋되어 새롭게 시작하는 경우가 있습니다. 이때 명령어를 사용하면 효율적입니다. 단, 같은 맵에서만 사용이 가능합니다.
- !chatinterval SECONDS: 채팅 슬로우 모드를 적용합니다. SECONDS(사용자가 설정한 시간)초 마다 채팅이 가능하여 도배를 방지할 수 있습니다.

스페이스 삭제하기

ZEP에 로그인하면, 첫 페이지에서는 교사가 최근에 방문한 스페이스와 직접 만든 스페이스가 나타납니다. 불필요한 스페이스를 삭제하는 방법은 다음과 같습니다.

- 방문한 스페이스 삭제하는 방법

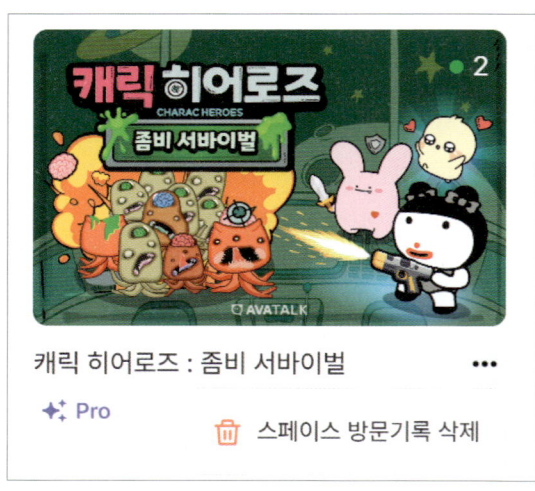

방문한 스페이스의 아랫부분에 있는 […] 버튼을 클릭하고 "스페이스 방문기록 삭제" 메뉴를 선택하면 됩니다.

- 교사가 직접 만든 스페이스 삭제하는 방법

[…] 버튼을 클릭하면 "맵 에디터" 메뉴가 보입니다. 교사가 직접 만든 스페이스는 ZEP의 대문 페이지에서 삭제할 수 없습니다.

교사가 직접 만든 스페이스 방문 – 설정 – 호스트 설정 – 보안 – 스페이스 삭제 메뉴를 확인할 수 있습니다.

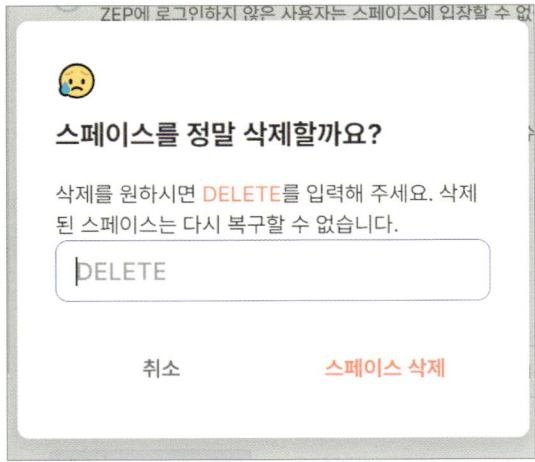

"DELETE"를 직접 입력하고 스페이스 삭제 메뉴를 클릭해야만 교사가 만든 스페이스를 지울 수 있습니다.

02_5 마무리하기

이번 장에서는 ZEP의 달리기 맵 사용 방법과 수업시간에 활용할 수 있는 방법에 대해서 알아보았습니다. 앞에서 설명한 방법을 차근차근 실행해 보면 메타버스 공간을 활용하여 실제 교실에서 학습한 내용을 바탕으로 방탈출, 보물찾기, 골든벨과 같은 게임형 교수학습자료를 만들 수 있습니다.

ZEP에서 스페이스를 만드는 방법을 배우셨다면, 실제 학생들에게 스페이스 만드는 방법을 설명할 수 있습니다. 초등학교 고학년의 경우 학생들이 직접 스페이스 맵을 만들고, 다른 친구들에게 공유할 수 있을 것입니다. 그리고 스페이스 만들기 공모전 활동을 통해서 다양한 주제의 스페이스 맵을 만들고 참여할 수 있을 것입니다.

ZEP에서 제공하는 다양한 미니게임은 온라인 공간에서 교사 간의 상호작용을 위해서 만들어졌지만, 저자는 실제 교실에서 사용하였을 때 학생들의 높은 관심과 참여, 그리고 재미를 느꼈습니다. 메타버스는 만남과 소통의 장 외에 실제 학생들 사이의 상호작용과 배움 그리고 재미를 느낄 수 있는 교수학습 공간도 될 수 있는 장점이 있습니다. 다음 장에서는 보물찾기 맵 만드는 방법을 알아보겠습니다.

03 보물찾기 맵 만들기

이번 주제는 ZEP에서 제공하는 다양한 기능 중 앱에 대해서 알아보고, 앱을 활용한 교실 속 보물찾기 맵을 만들어 보겠습니다. ZEP을 활용할 경우 준비물은 "달리기 퀴즈 맵 만들기" 주제와 같습니다.

03_1 보물찾기 스페이스 준비하기

ZEP OFFICIAL 구분하기

ZEP 에셋스토어에서는 공식자료와 개인 또는 기업이 만든 자료를 제공합니다. 공식자료는 섬네일의 오른쪽 아랫부분에 'z' 표시가 되어 있습니다.

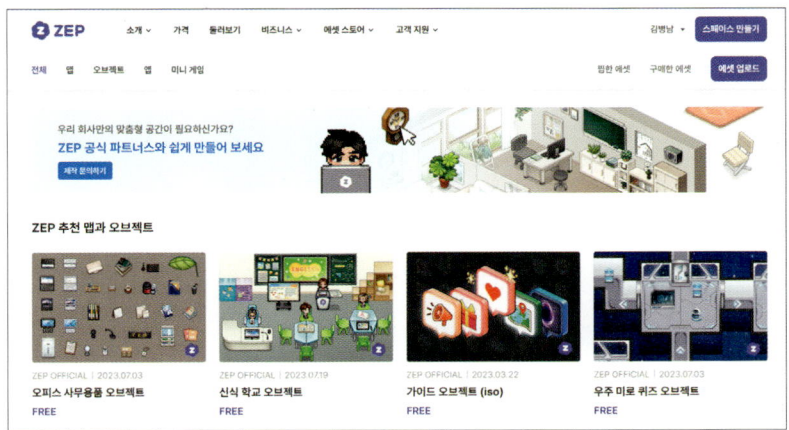

개인이 만든 자료 중 무료로 제공하는 자료도 있습니다. 무료로 제공하는 자료를 활용해 수준 높은 교수·학습 자료를 만들어 활용할 수 있습니다.

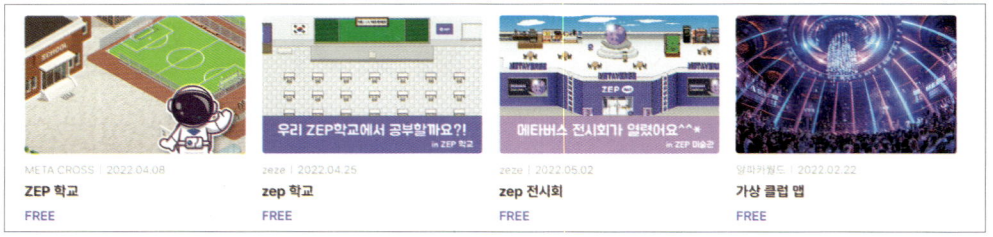

ZEP에서는 파트너쉽을 맺고 나만의 특색있는 공간을 만들 수 있습니다. 오른쪽 QR 코드를 접속하면 ZEP 스페이스 구축 문의 게시판으로 연결됩니다.

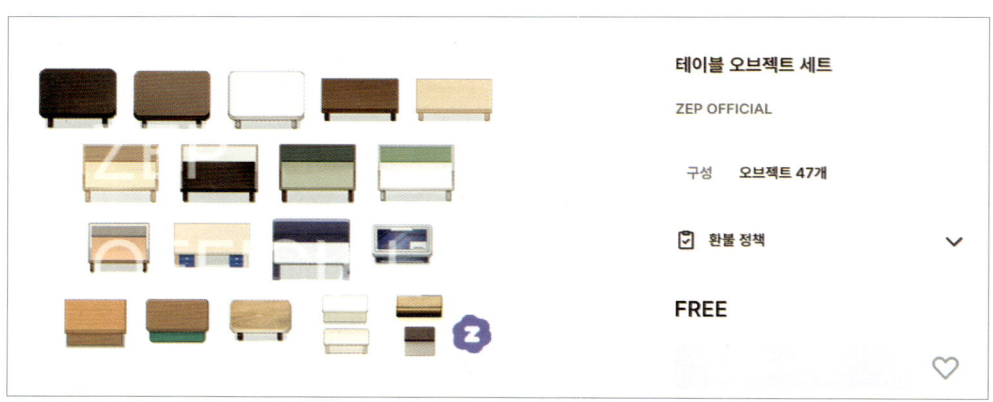

ZEP OFFICIAL 자료의 저작권을 확인하고 사용합니다.

ZEP 스페이스 만들기

보물찾기 공간으로 사용할 맵은 가을 캠핑장 맵으로 선택하였습니다. 스페이스 설정에서 이름과 비밀번호를 각각 설정합니다. 검색 허용 메뉴는 공용 스페이스로 제작하여 다양한 사용자들에게 공개할 수 있습니다. 즉, 검색 허용 메뉴는 교사가 만든 스페이스를 ZEP 및 외부 포털 사이트에서 공유할 수 있습니다. 누구나 접속할 수 있기 때문에 신중하게 사용해야 합니다.

ZEP 스페이스 커스터마이징 하기

커스터마이징 용어를 사용한 이유는 교사가 만든 스페이스의 메타버스 기능에 제한을 걸어, 교실에서 사용할 수 있도록 설정하기 위해서 입니다. "달리기 퀴즈 맵 만들기" 주제에서 스페이스 설정하는 과정을 따라서 설정하면 됩니다.

스탬프 앱 사용 방법 알아보기

ZEP에서 기본적으로 제공하는 공식 앱은 다음과 같습니다.

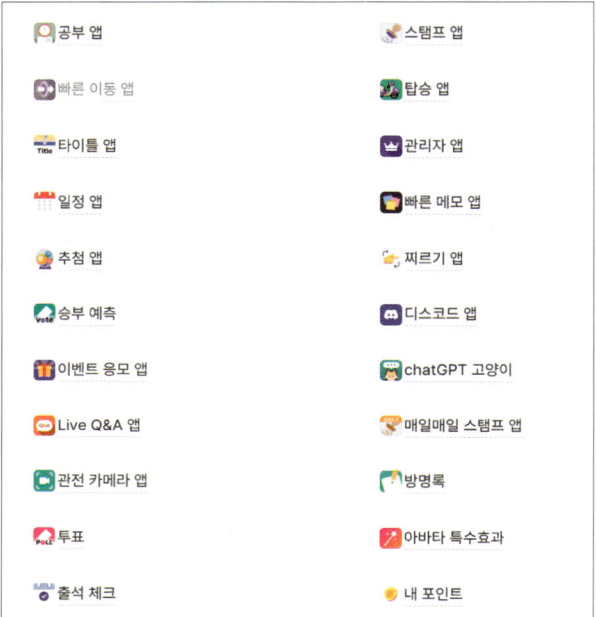

에셋스토어에서는 다양한 앱을 유료·무료로 제공합니다. ZEP에서는 교사가 직접 앱을 만들 수 있는 기능도 제공합니다.

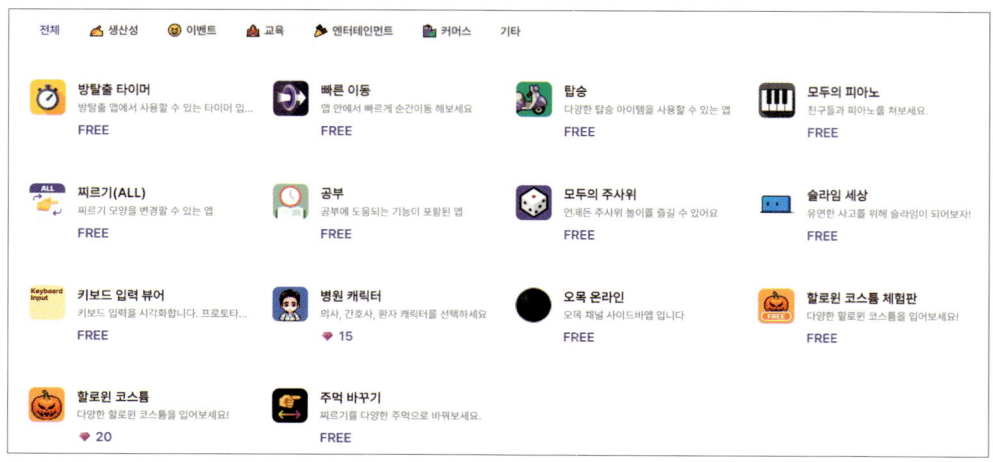

이번 주제에서 사용할 앱은 스탬프입니다. 스탬프 앱은 스페이스 참여자들이 맵 안에서 스탬프를 찍을 수 있도록 미리 스탬프를 설정할 수 있는 앱입니다. 참여자들은 스페이스에 미리 설정해둔 스탬프를 찍으며 맵을 탐색할 수 있습니다. 즉 스탬프가 보물이 되어 참여자들이 찾는 교수학습활동(보물찾기 놀이)을 만들 수 있습니다.

- **스탬프 앱 추가하기**

  [사이드바] > [앱] 앱 추가 > [앱 관리] 스탬프 앱 > 설치 메뉴를 클릭합니다.

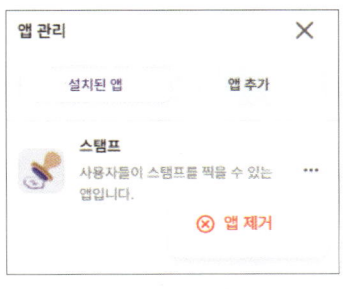

[…] 버튼을 클릭하면 앱을 지울 수 있습니다.

03_2 보물찾기 놀이터 준비하기

맵 에디터 기능 살펴보기

맵 에디터 메뉴를 활용하여 맵 관리자 모드로 이동합니다.

- 맵 에디터 상단 툴바 알아보기

맵 에디터에서 아래 메뉴를 상단 툴바라고 말합니다.

ZEP에서는 오브젝트와 상단 오브젝트가 있습니다. 두 오브젝트의 차이는 다음과 같습니다. 오브젝트의 경우 아바타에 가려 보이지 않지만, 상단 오브젝트는 반대로 아바타가 가려져서 보이지 않습니다. 이번 주제에서는 오브젝트를 주로 사용합니다.

오브젝트

상단 오브젝트

> 맵 에디터 상단 메뉴의 "바닥(1)", "벽(2)"과 같이 ()안의 숫자는 단축키입니다. 단축키를 활용하면 마우스의 사용을 줄이고, 맵 제작하는 시간을 줄일 수 있습니다. 되돌리기 단축키는 ctrl+"z"이며, 다시하기 단축키는 ctrl+shift+"z"입니다.

숨겨진 보물 만들기

- 오브젝트 설정 방법 알아보기

오브젝트의 톱니바퀴 모양을 클릭하면, 오브젝트 설정 메뉴가 보입니다.

- 표시 기능
- NPC 기능
- 웹사이트 기능
- 팝업 기능
- 개발자 기능

이번 주제에서는 표시 기능을 활용합니다.

- 표시 기능 알아보기

오브젝트의 이름을 "눈사람"으로 변경하고 실행 범위를 1로 설정합니다. "저장 후 플레이"를 클릭하여 결과를 확인해 봅시다.

오브젝트 이름이 "눈사람"으로 설정되었습니다. 그리고 실행 범위는 눈사람과 아바타 사이의 거리가 눈금 1칸 만큼의 가까워졌을 때 이름이 나타나는 것을 확인할 수 있습니다.

오브젝트 변경은 다음과 같은 4가지 경우가 있습니다.
- 오브젝트 사라지기
- 개인에게만 오브젝트 사라지기
- 오브젝트 교체
- 개인에게만 오브젝트 교체

오브젝트의 실행 범위까지 접근했을 때, 이벤트가 실행되는 조건입니다. 키보드 "F" 키를 눌러야만 실행되는 경우와 아바타가 접근하면 바로 실행되는 경우입니다.

오브젝트 사라지기는 아바타가 일정 거리 이내로 접근했을 때 사라집니다. 이때 개인에게만 오브젝트 사라지기 설정한 경우, 다른 참가자에게는 오브젝트가 계속 보입니다.

오브젝트 교체와 개인에게만 오브젝트 교체를 실행할 경우, 변경할 이미지 파일을 업로드해야 합니다.

대체할 이미지가 클라우드에 저장되었습니다. 휴지통 메뉴를 클릭하여 이미지를 삭제할 수 있습니다.

이미지가 변경된 것을 확인할 수 있습니다.

- 스탬프 체커 알아보기

　스탬프 기능이 설정된 오브젝트를 맵에 설치하면, 스페이스를 방문한 참여자가 맵을 탐험하는 중간 중간 모은 스탬프 수를 확인할 수 있습니다. 그리고 참여자가 모은 스탬프의 개수에 따라서 보상을 획득할 수 있는 다양한 이벤트를 만들 수 있습니다. 이때의 보상은 온·오프라인으로 다양하게 제시할 수 있습니다.

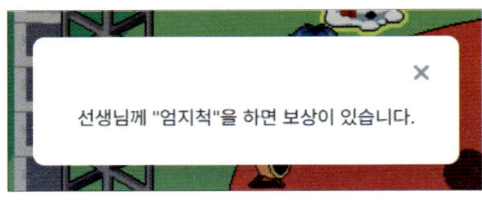

교사가 제시한 특정한 미션을 해결할 수 있도록 스탬프 체커가 전달할 수 있습니다.

참여자가 스탬프를 일정 개수 이상 모았다면 스탬프 체커 오브젝트를 사라지게 할 수 있습니다.

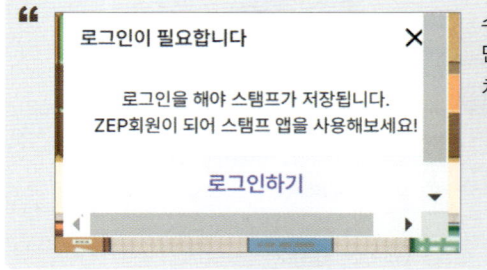

스탬프 기능은 모든 참여자에게 기본적으로 제공됩니다. 단, 비회원의 경우 스탬프가 저장되지 않습니다. 학생들이 처음 사용하기 전 회원가입 절차를 진행하면 좋습니다.

03_3 보물찾기 놀이터 만들기

교실 사용 환경 만들기

- 설정 메뉴에서 메타버스 기능 끄기

　"달리기 퀴즈 맵 만들기"에서 안내한 내용을 아래 표와 같이 간단하게 정리할 수 있습니다. 아래 설정은 예시자료이기 때문에 맵을 직접 사용하는 교사가 교실의 상황을 판단하여 변경할 수 있습니다.

- 모드 설정 기능 : 사용하지 않음
- 채팅 기능 : 비활성화
- 다이렉트 메시지 기능 : 비활성화
- 미디어 임베드 기능 : 비활성화
- 미니게임 기능: 비활성화
- 찌르기 기능 : 비활성화

왼쪽 이미지는 미디어 임베드 기능과 찌르기 기능을 비활성화한 모습입니다.

보물찾기 전체 맵 살펴보기

　맵 에디터 메뉴를 클릭하여 맵 관리자 모드로 변경합니다. 이때 맵의 일부분만 보입니다. 마우스의 휠을 사용하면 맵을 확대하거나 축소할 수 있습니다.

맵을 기본으로 보는 상태

맵을 최대로 축소한 상태

Part 01_메타버스를 활용한 놀이터 만들기　51

맵 에디터는 바닥 메뉴가 설정되어 있습니다. 그리고 화살표 메뉴가 설정되어 있어서 마우스 드래그를 통해서 맵의 위치를 상하좌우로 변경할 수 있습니다. 이번 주제는 새로운 맵을 만들거나 새로운 오브젝트를 추가하기보다는, ZEP에서 기본적으로 제공하는 맵과 오브젝트를 활용하는 데 중점을 두었습니다.

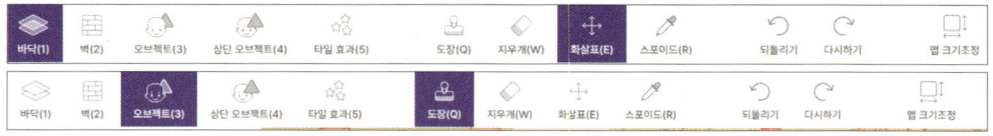

오브젝트(3) 메뉴를 선택하면 도장 메뉴가 선택됩니다. 오른쪽 패널을 살펴봅시다.

도장 메뉴의 경우, 오른쪽 패널에서 선택한 오브젝트를 맵에 도장을 찍듯이 호스트가 원하는 곳에 배치합니다.

여기서 오른쪽 패널에 대해서 간단하게 설명하면, 에셋스토어의 경우 ZEP에서 기본적으로 제공하는 오브젝트와 다른 사람이 만든 오브젝트를 구입할 수 있는 곳입니다.

텍스트 오브젝트의 경우, 추가하기 메뉴를 이용하여 글상자 형태의 오브젝트를 직접 추가할 수 있습니다.

나의 오브젝트 메뉴는 교사의 컴퓨터에 있는 이미지 데이터를 업로드하여 사용할 수 있습니다.

회전 및 반전의 경우 내가 선택한 오브젝트를 회전 및 좌우·상하 반전시키는 메뉴입니다. 이외에도 크기 조절, 위치 조정 등의 메뉴가 있습니다.

> 도장 기능은 마우스로 클릭한 오브젝트의 속성을 그대로 복사하여 오브젝트가 없는 공간에 붙여 넣을 수 있습니다. 같은 속성을 가진 오브젝트를 여러 곳에 배치한다면, 원본 오브젝트를 미리 만들고, 도장 기능을 활용하여 맵의 이곳저곳에 붙여넣기 하면 됩니다. 이번 주제의 경우 보물찾기로 보물이 되는 스탬프 오브젝트를 결정하고 맵의 여러 곳에 표시해 봅시다.

보물찾기 맵 보물 배치하기

캠핑장 주제의 맵에 보물을 숨기기 위해서 ZEP 에셋스토어에서 기본으로 제공하는 캠핑장 오브젝트를 추가해 봅시다.

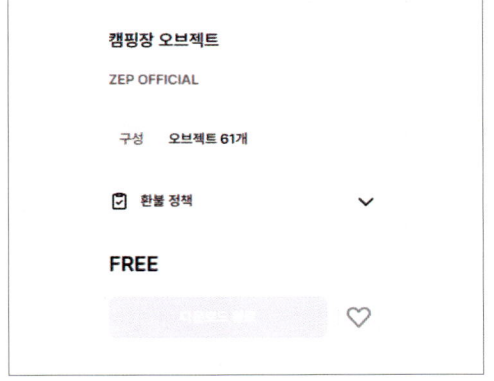

캠핑장 오브젝트에서 스테이크 오브젝트를 선택합니다.

크기 조절 메뉴를 이용하여 스테이크 오브젝트의 크기를 다양하게 조절할 수 있습니다. 왼쪽부터 가로와 너비가 각각 10, 50, 100입니다. 필자는 가로와 너비를 50으로 설정하였습니다.

> 오브젝트를 잘못 배치했다면, 도장 메뉴가 선택된 상태에서 오브젝트를 클릭하고 키보드의 Del 또는 Delete 키를 눌러서 지울 수 있습니다.

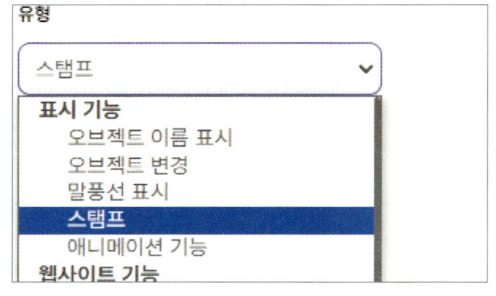

스테이크 오브젝트는 표시 기능 중 스탬프로 설정합니다. 종류는 스탬프로 설정합니다.

스탬프 이름을 생략해도 되지만, 이번 주제가 보물찾기이기 때문에 스탬프 이름을 보물로 설정하였습니다.

스탬프 번호는 1번으로 설정하고, 실행 범위 역시 1로 설정하였습니다. 이때 게임의 난이도를 쉽게 조절하고 싶다면 실행 범위를 3 이상으로 만들면 됩니다.

실행 방법 역시 난이도를 쉽게 만들고 싶다면 바로 실행으로 설정하면 됩니다.

"저장 후 플레이" 메뉴를 클릭하면, 맵 에디터를 종료하고 스페이스로 이동합니다. 그리고 만든 결과를 확인해 봅시다.

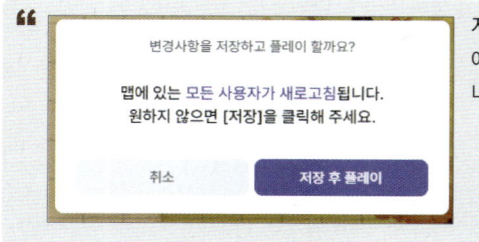

저장 메뉴와 다르게 저장 후 플레이를 선택하면, 스페이스에 참여하고 있는 모든 사용자에게 변경된 내용이 적용됩니다.

학생들은 스페이스를 탐험하면서 교사가 만든 보물을 찾습니다. 그리고 F키를 눌러서 스탬프 메뉴를 실행합니다. 그리고 스탬프 찍기 버튼을 클릭하여 스탬프를 획득합니다. 지금부터는 위의 과정을 반복하여 6개의 보물을 배치해 봅시다.

  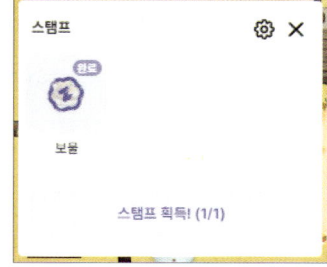

이때 문제가 발생합니다. 상단 툴바의 오브젝트, 도장 메뉴를 이용하여 6개의 스탬프를 만들게 되면 다음과 같은 문제 상황이 발생합니다.

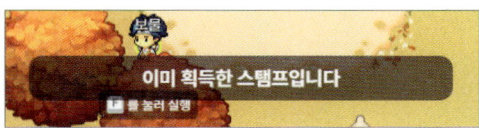

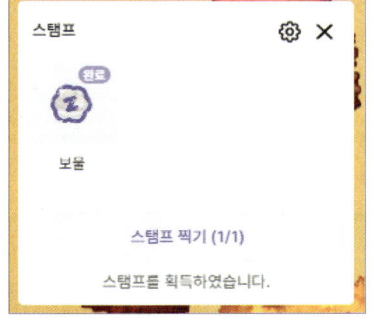

6개의 스탬프가 만들어졌지만, 모두 하나로 연결되어 있는 문제입니다. 이 문제를 해결하기 위해서 맵 에디터로 이동해 봅시다. 스탬프 중 하나를 선택한 후 번호를 2번으로 수정해 봅시다. 그 다음 저장 후 플레이 메뉴를 실행하여 스페이스로 이동합니다. 아래 그림처럼 2번째 스탬프가 만들어진 것을 확인할 수 있습니다. 3~6번 스탬프로 번호를 순서대로 적용합니다.

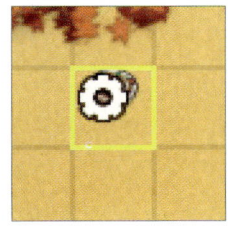 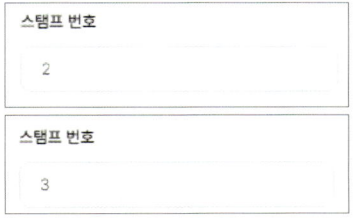 

03_4 보물찾기 놀이터 사용하기

달리기 퀴즈 맵에서 교사가 만든 스페이스 링크 공유 방법을 알아보았습니다. 저자의 경우 아이스크림의 띵커벨 보드를 주로 활용합니다. 띵커벨 보드에 새로운 게시물을 추가합니다. 그리고 제목은 보물찾기로 입력하고, 링크 버튼을 클릭하여 ZEP 초대링크를 붙여넣습니다. 확인 버튼을 클릭하여 학생들이 확인할 수 있도록 게시합니다.

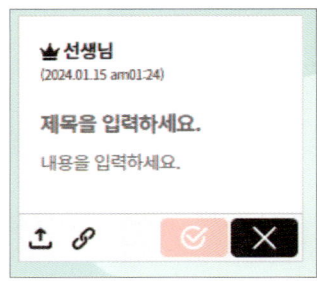  

보물찾기 맵 확장하기

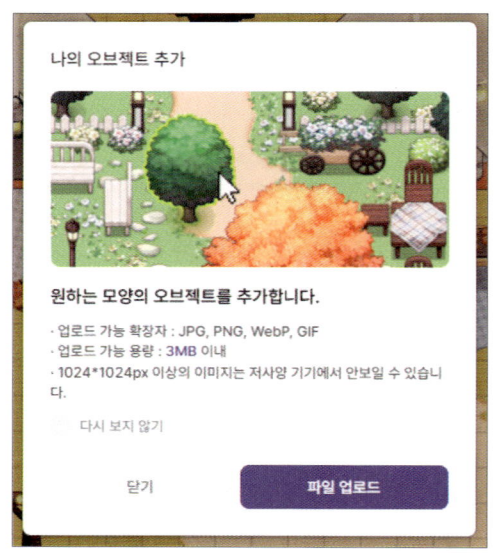

보물찾기 맵에서 학생들이 찾는 보물을 추가해 봅시다. 미술 시간 학생들이 그린 미술작품, 또는 현장체험학습에서 찍은 사진 등 다양한 이미지 자료를 활용할 수 있을 것입니다.

수학 시간 칠교놀이 스티커로 만든 작품을 활용할 수 있을 것입니다.

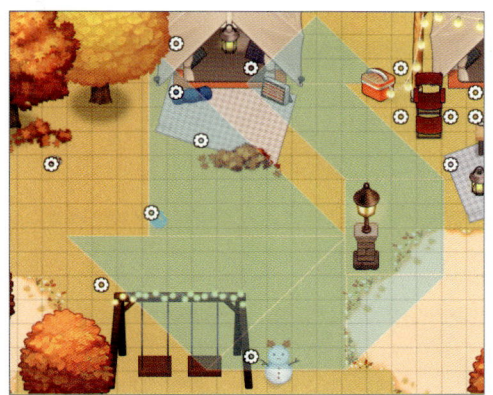

교사가 직접 업로드한 사진의 경우 다른 오브젝트에 비해 차지하는 공간이 매우 클 수 있습니다. 크기 조절 및 위치 조정 메뉴를 활용해 봅시다. 이번 주제에서는 크기 조절 메뉴의 설정을 가로 5, 너비 5로 설정하였습니다.

> 교사가 만든 스페이스가 학생들에게 어떻게 보이는 미리 확인해 보는 방법이 없을까요? 저자는 크롬의 시크릿 창을 주로 활용하여 학생들이 참여한 스페이스 환경을 점검합니다. 이를 통해서 수업에 사용하기 전 오류를 찾아서 해결할 수 있기 때문입니다.

3_5 마무리하기

이번 장에서는 ZEP에서 제공하는 스탬프 앱을 활용한 보물찾기 맵 만드는 방법을 알아보았습니다. 맵 에디터의 사용 방법을 설명하면서, 상단 툴바에 대한 설명과 함께, ZEP에서 제공하는 에셋스토어 활용도 알아보았습니다. 특히 에셋스토어에서 제공하는 맵에서 다양한 주제로 개발된 교수학습자료가 있으며 무료로 사용할 수 있습니다.

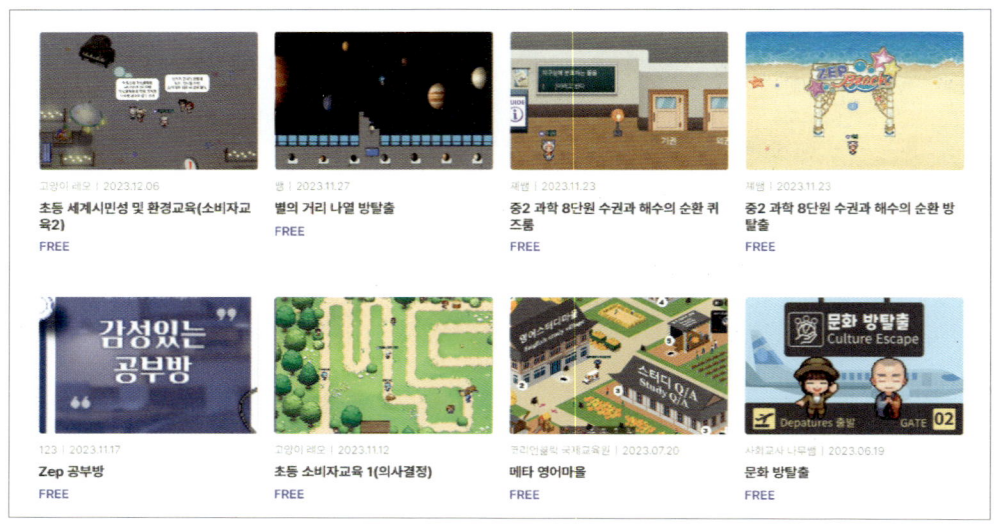

지금까지 다룬 내용을 바탕으로 ZEP에서 나만의 스페이스를 만들 수 있는 능력을 획득하였습니다. 다음 주제는 미로탈출 맵 만들기입니다.

04 미로탈출 맵 만들기

이번 주제는 ZEP의 오브젝트의 제공하는 다양한 기능을 활용하여 미로탈출 맵 만들기입니다. 미로탈출 맵을 만들 때 준비물은 수업주제와 관련된 핵심 주제, 핵심 단어와 같은 문제가 필요합니다. 여기서 한가지 팁을 드리면, 미로탈출의 난이도를 조절하기 위해서 넌센스 퀴즈나 속담퀴즈와 같은 다양한 문제를 미리 준비하면 좋습니다.

04_1 미로탈출 스페이스 만들기

ZEP 공식 맵 알아보기

ZEP의 첫 화면에서 스페이스 만들기 버튼을 클릭합니다. 아래 그림과 같이 템플릿을 선택하는 창이 활성화됩니다.

템플릿 고르기 창은 ZEP 공식 맵 탭과 구매한 맵 탭으로 구분되어 있습니다.

ZEP 공식 맵 탭에는 전체, 교육, 행사 등의 다양한 탭으로 구분되어 있습니다. 이번 주제에서는 교육 탭을 선택합니다.

미로탈출 맵을 만들 수 있는 다양한 ZEP 공식 맵이 있습니다. 이번 주제에서는 용암 미로 퀴즈 맵을 선택합니다.

> 에셋스토어를 활용하면, ZEP을 사용하는 다양한 사용자들이 만들어 놓은 유료· 무료 맵을 사용할 수 있습니다.

ZEP 스페이스 커스터마이징 하기

보물찾기 맵 만들기 주제에서 스페이스 만들고 세부 설정하는 방법은 이미 설명하였습니다. 이번 주제는 스페이스를 수업의 주제에 맞춰 사용자가 직접 만들어 봅시다.

• 공지사항 설정하기

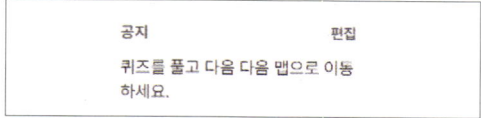

편집 버튼을 이용하여 학생들에게 전달할 내용을 설정합니다.

• 이동 메뉴로 주요 위치 설정하기

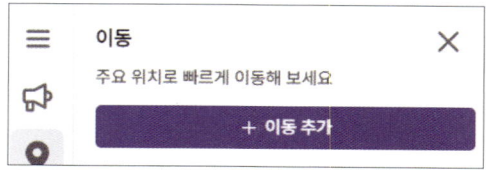

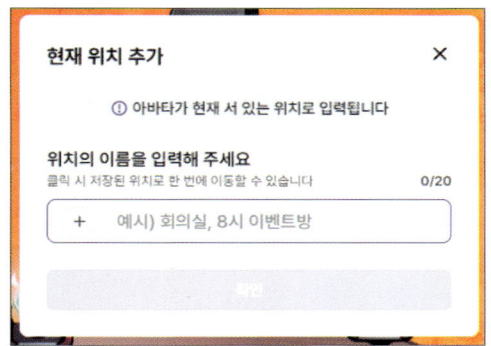

현재 위치 추가 버튼을 클릭하면, 다음과 같이 참여자들이 이동할 수 있는 위치를 추가할 수 있습니다.

'+' 버튼을 클릭하여 이모티콘을 추가할 수 있습니다.

위치 이름은 20글자 이내로 입력할 수 있습니다.

- 탑승 앱 설치 및 활용하기

앱 메뉴에서 앱 추가 선택 후, 탑승 앱을 설치하면 탑승 앱이 활성화됩니다.

탑승 앱을 활용하면 아바타가 모습이 변경됩니다.

탑승 앱에서는 젭쿠터, 클래식카 등과 같이 무료로 제공하는 기능이 있습니다. 탑승하기 버튼을 클릭하면 아바타의 모습이 변경됩니다.

호스트의 경우 "탑승 모드 사용" 토글 버튼을 활용하여 참여자의 탑승 상태를 강제로 변경할 수 있습니다.

04_2 미로탈출 놀이터 준비하기

미로탈출 방 전체적인 모습 살펴보기

- 상단 툴바 바닥 기준

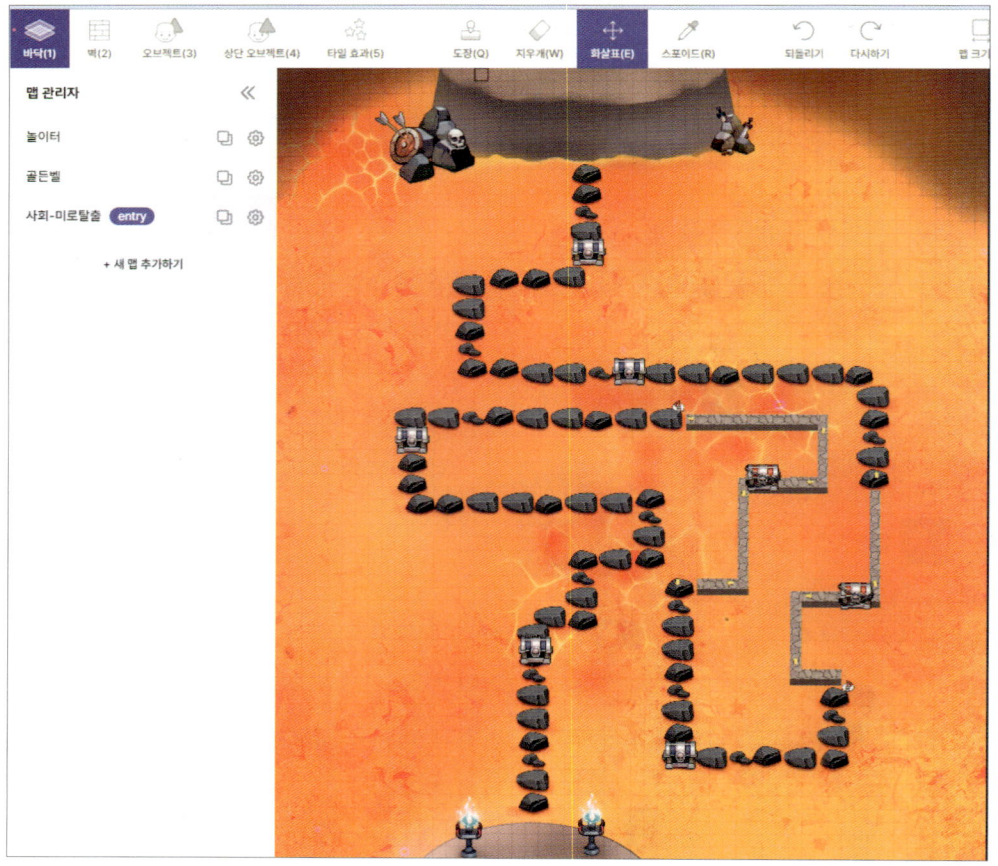

상단 툴바 바닥을 기준으로 보면, 시작 위치부터 돌다리로 이루어진 길이 보입니다. 그리고 중간중간 상자가 길을 막고 있습니다. ZEP 용암 미로 퀴즈의 경우 7개의 문제를 풀고 도착지점까지 가는 게임형 맵입니다. 상자 오브젝트의 경우, 학생들이 사용하는 오브젝트가 지나갈 수 없도록 길을 막는 기능으로 사용하였습니다. 미로의 난이도를 조절하는 방법은 문제의 개수를 조금 더 늘리면 됩니다.

• 상단 툴바 타일 효과 기준

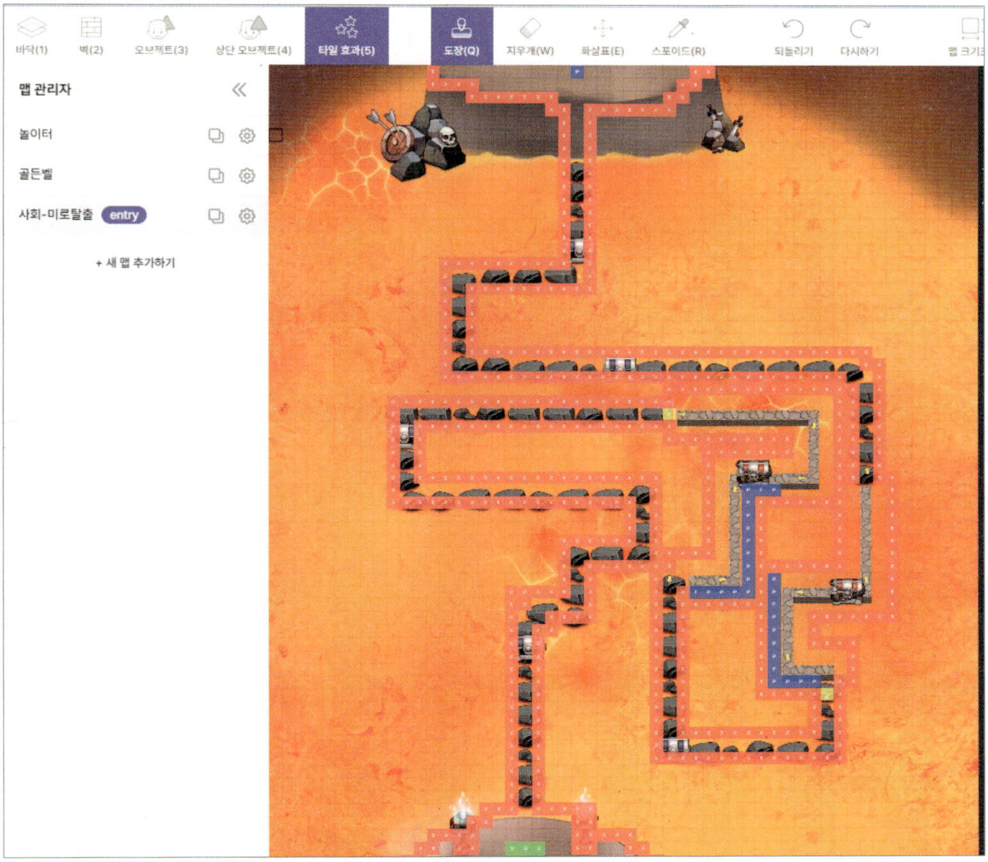

상단 툴바 타일 효과 기준으로 보면, 이번 주제에서 사용되는 중요한 타일 효과를 찾아볼 수 있습니다. 타일 효과는 다음과 같이 4가지로 구분됩니다. 이번 주제에서는 아바타 이동과 포털 효과를 중점으로 다룹니다.

통과 불가 바닥은 보이지 않는 투명 바닥을 만들어 아바타가 지나갈 수 없는 공간을 만듭니다.

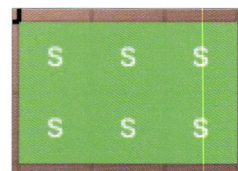

스폰 바닥은 아바타가 처음 생성되는 위치를 말합니다.

포털 바닥은 스페이스 내에 텔레포트를 만들 수 있습니다. 용암 미로 탈출 맵에서는 맵 내 지정 영역으로 이동하는 기능을 선택하였습니다. 이때 지정 영역의 이름은 '1'로 선택되어 있습니다. 즉 포털 바닥에 닿는 즉시 1번 위치로 이동하게 됩니다.

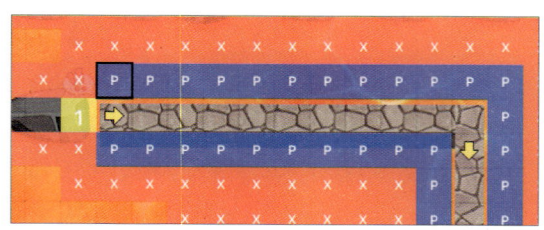

포털 오브젝트는 숨겨져 있어, 참여자는 볼 수 없습니다.

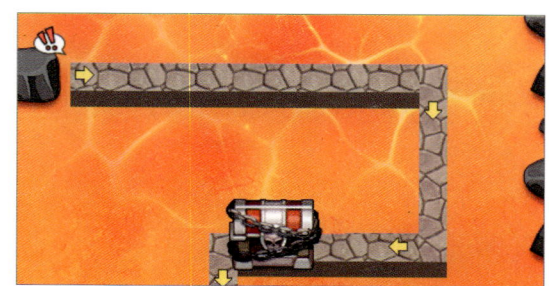

지정 영역 바닥은 포털 바닥과 연결되어 활용할 수 있습니다. 지정 영역 이름에 따라서 아바타의 텔레포트 위치가 결정되기 때문입니다. 너비 2, 높이 2로 속성을 변경하면 다음과 같이 지정 영역의 크기가 변경됩니다.

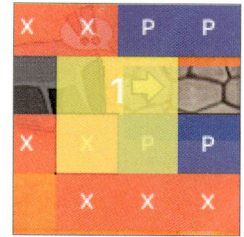

- 포털을 이용하여 난이도 조절하기

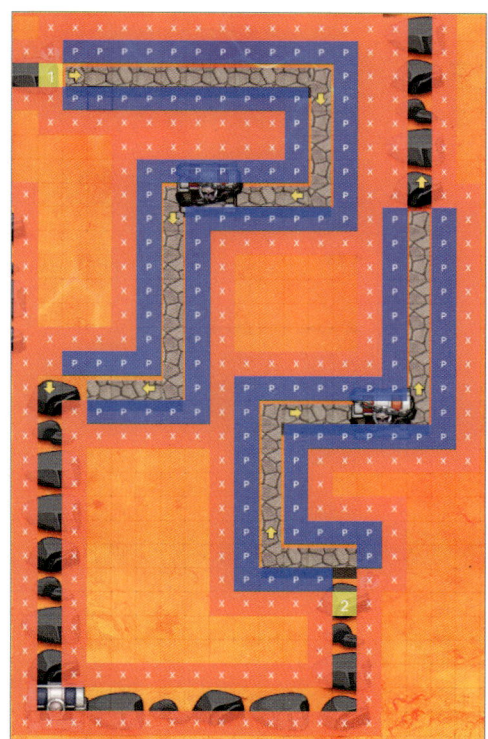
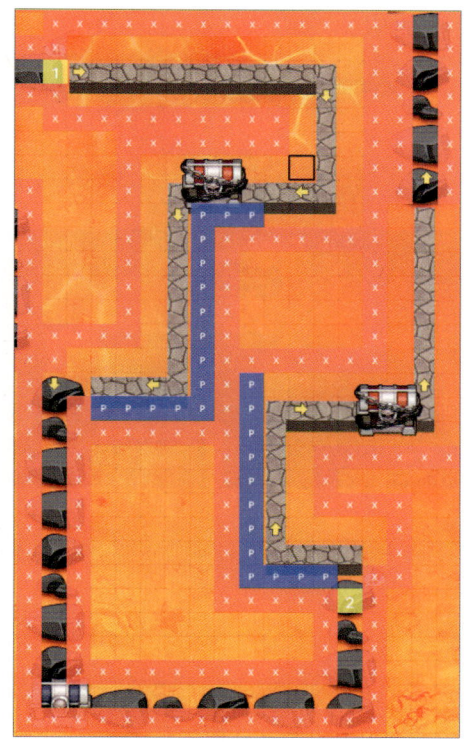

난이도 : 어려움   난이도 : 쉬움

용암 미로 탈출의 경우 아바타가 포털에 닿는 즉시 지정 영역으로 이동하게 설정되어 있습니다. 이 부분은 키보드 조작이 어려운 학생들에게는 매우 어려운 게임이 될 수 있습니다. 맵 에디터를 통해서 포털 일부를 지워서 게임의 난이도를 조절해 봅시다.

- 포털을 이용하여 맵과 맵 연결하기

맵과 맵을 연결하기 위해서는 스페이스 내 새로운 맵을 추가해야 합니다. 맵 관리자 "+ 새 맵 추가하기" 버튼을 이용하여 새로운 맵을 추가합니다. 이때 맵의 이름은 놀이터로 변경합니다. 저자의 경우 오피스 50인 맵을 주로 사용하며, 맵의 이름 역시 놀이터를 주로 사용합니다.

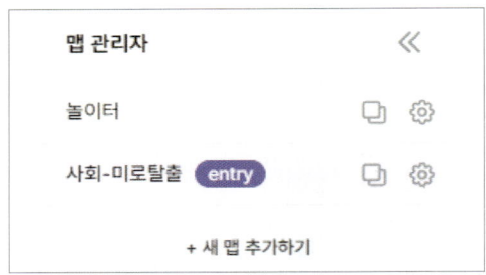

톱니바퀴 버튼을 클릭하면 추가한 맵을 삭제할 수 있습니다.

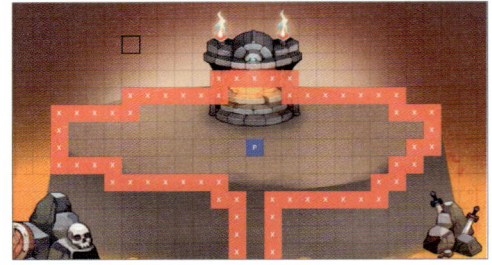
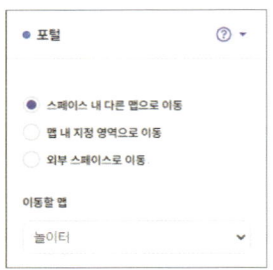

미로의 끝부분에 있는 포털은 스페이스 내 다른 맵(놀이터)으로 이동하도록 설정합니다.

04_3 미로탈출 놀이터 만들기

용암 미로 퀴즈 맵의 경우, 영어 퀴즈를 기본적으로 제공하고 있습니다. 미로를 따라 퀴즈를 풀어 살펴보면 선다형 문제, 서술형 문제가 있습니다. 퀴즈를 해결하면, 오브젝트가 사라지면서 앞으로 이동할 수 있습니다. ZEP에서 제공하는 맵과 오브젝트의 기능을 활용하면, 평가형 교수학습활동으로 활용할 수 있습니다.

 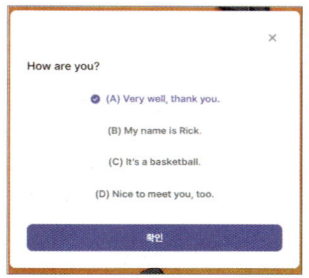 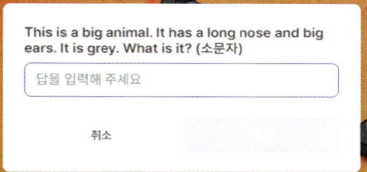

문제 준비하기

문제는 핵심 키워드, 영어 단어, 연산 문제 등을 활용할 수 있습니다. 이번 주제에서는 2022개정교육과정 초등학교 4학년 2학기 사회 영역의 핵심 성취기준에 사용된 단어를 중심으로 문제를 만들었습니다. 또한 출판사에서 제공하는 단어의 뜻은 저작권 등의 문제가 발생할 수 있으므로 국립국어원에서 제공하는 표준국어대사전을 참고했습니다.

경제활동 : 재화나 용역의 생산과 소비, 소득이나 부(富)의 분배 따위의 경제 분야에 관련된 모든 개별적인 행동
교류(하다) : 문화나 사상 따위를 서로 통하게 함
희소성 : 인간의 물질적 욕구에 비하여 그 충족 수단이 질적·양적으로 제한되어 있거나 부족한 상태
상호의존 : 서로 의지하여 존재함
　　　　- 상호 : 상대가 되는 이쪽과 저쪽 모두
　　　　- 의존 : 다른 것에 의지하여 존재함
선택 : 여럿 가운데서 필요한 것을 골라 뽑음
생산 : 인간이 생활하는 데 필요한 각종 물건을 만들어 냄
소비 : 돈이나 물자, 시간, 노력 따위를 들이거나 써서 없앰

오브젝트 비밀번호 입력 팝업 기능 활용하기

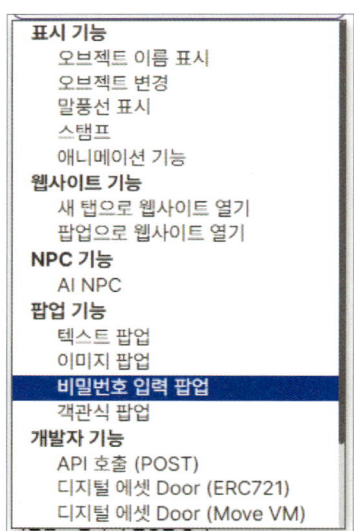

지난 주제에서 오브젝트의 기능 중 표시 기능을 활용해 보았습니다. 스탬프 기능을 활용하여 보물찾기 맵을 만들 수 있었습니다.

이번 미로탈출 맵에서는 팝업 기능 중 비밀번호 입력 팝업과 객관식 팝업을 주로 사용합니다.

오브젝트를 선택하고, 유형은 비밀번호 입력 팝업으로 선택합니다.

오브젝트의 이름은 선택사항으로 입력하지 않아도 됩니다.

비밀번호 설명은 참여자가 볼 수 있는 부분입니다. 바로 문제 형태로 제시되는 부분입니다. 준비한 문제를 이곳에 입력합니다.

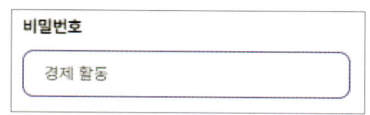

비밀번호는 참여자의 응답과 비교하는 정답을 입력합니다.

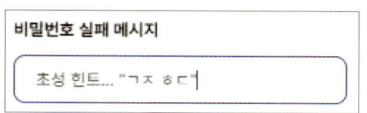

비밀번호 입력 시 실행할 동작으로 "개인에게만 오브젝트 사라지기"를 선택합니다. 문제를 해결한 학생만 지나갈 수 있도록 설정하는 방법입니다.

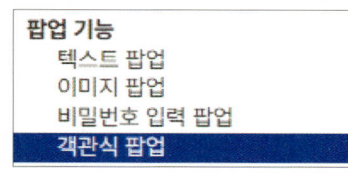

비밀번호 실패 메시지는 학생이 입력한 답이 틀린 경우, 안내하는 메시지입니다. 이때 저자의 경우 초성과 함께 빈칸을 제시하여 띄어쓰기를 수정할 수 있도록 안내합니다.

오브젝트 객관식 입력 팝업 기능 활용하기

객관식 팝업의 경우 최대 8개의 선택지 중 하나를 선택하는 문제를 만들 수 있습니다.

학생들에게 보이는 문제는 다음과 같습니다.

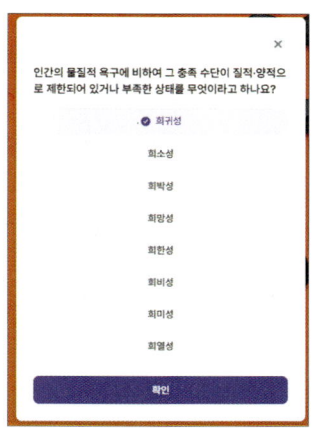

객관식 팝업의 경우 최대 8개의 선택지 중 하나를 선택하는 문제를 만들 수 있습니다.

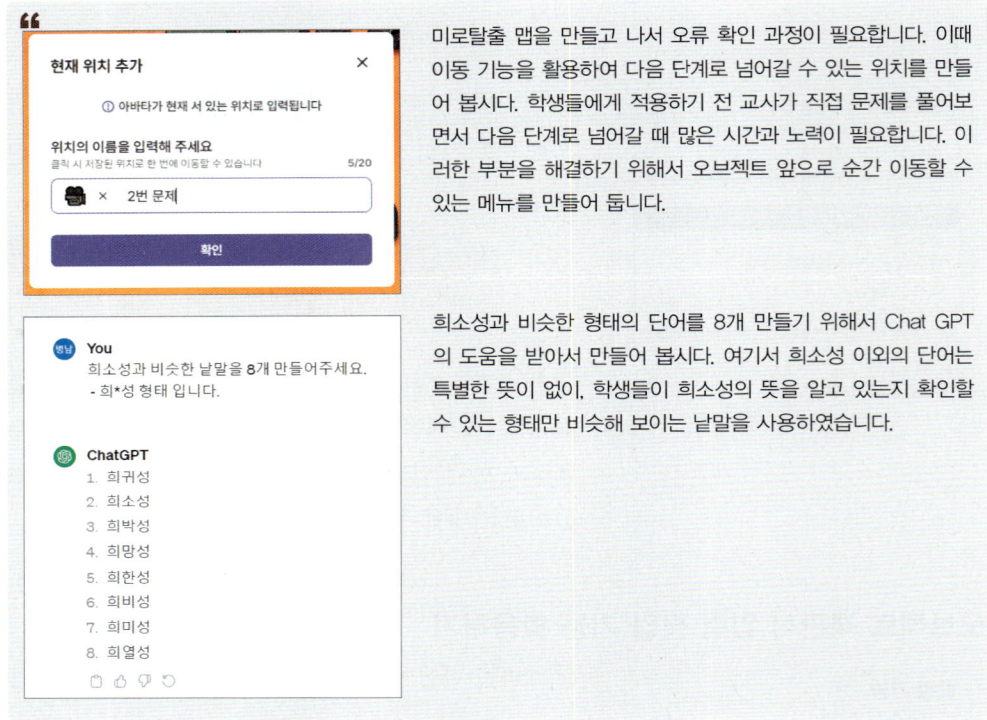

미로탈출 맵을 만들고 나서 오류 확인 과정이 필요합니다. 이때 이동 기능을 활용하여 다음 단계로 넘어갈 수 있는 위치를 만들어 봅시다. 학생들에게 적용하기 전 교사가 직접 문제를 풀어보면서 다음 단계로 넘어갈 때 많은 시간과 노력이 필요합니다. 이러한 부분을 해결하기 위해서 오브젝트 앞으로 순간 이동할 수 있는 메뉴를 만들어 둡니다.

희소성과 비슷한 형태의 단어를 8개 만들기 위해서 Chat GPT의 도움을 받아서 만들어 봅시다. 여기서 희소성 이외의 단어는 특별한 뜻이 없이, 학생들이 희소성의 뜻을 알고 있는지 확인할 수 있는 형태만 비슷해 보이는 낱말을 사용하였습니다.

맵 점검하기

아바타를 활용하여 맵의 문제를 직접 확인해 봅니다. 그리고 맵 점검이 끝났다면, 사이드바 - 이동 메뉴의 있는 아바타를 이동시키는 메뉴를 삭제합니다.

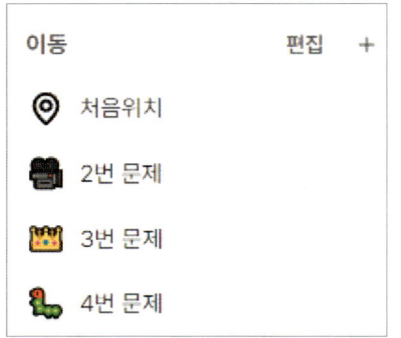
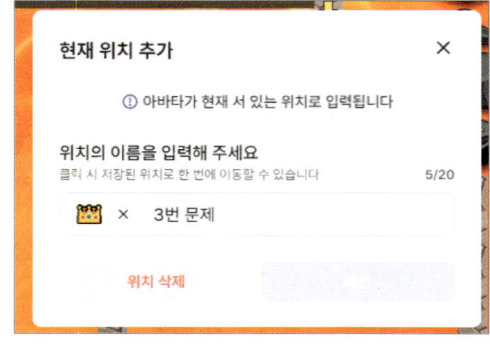

04_4 미로탈출 놀이터 사용하기

지금까지 만든 미로탈출 맵의 링크를 학급소통방을 이용하여 학생들에게 전달합니다. 그리고 문제를 차근차근 풀어보면서 수업시간에 배운 내용을 확인합니다. 이때 저자의 경우 교과서에서 답을 찾아볼 수 있도록 안내합니다.

미로탈출 맵 확장하기

미로탈출 맵의 확장은 아래 그림처럼 오브젝트의 비밀번호 설명 부분을 변경하면 됩니다. 지금까지 사회 과목의 문제를 만들었다면, 과학 과목의 핵심 단어나 개념을 알아보는 문제로 변경할 수 있습니다. 또는 사칙연산 문제 풀기를 귀찮아하는 학생들에게는 수학 연산 문제를 풀어보는 교수학습자료로 활용할 수 있습니다.

 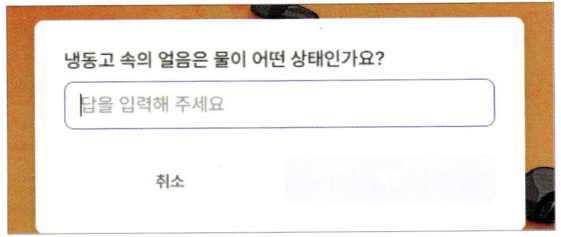

04_5 마무리하기

지금까지 미로탈출 맵을 만들어 보았습니다. 이번 주제에서는 오브젝트의 비밀번호 입력 팝업과 객관식 팝업을 활용하여 방해물을 사라지게 하는 방법을 알아보았습니다. 그리고 최종 목적지에 도착하면 새로운 맵으로 이동하는 포털의 개념에 대해서 알아보았습니다. 다음 장에서는 지금까지 배운 내용을 모두 적용한 방탈출 맵을 만들어 보겠습니다.

05 방탈출 맵 만들기

이번 주제는 지금까지 만들었던 보물찾기 맵과 미로탈출 맵 만드는 방법을 모두 적용한 방탈출 형태의 스페이스를 만들어 봅시다. 그리고 방탈출 맵으로 모든 문을 열었다면 ZEP의 미니게임을 활용하여 학생들과 상호작용하는 방법을 알아봅시다.

05_1 방탈출 스페이스 만들기

스페이스 만들기

❶ ZEP 첫 화면 ⇒ 스페이스 만들기 ⇒ 교육 탭 ⇒ 학교 방탈출까지 순서대로 클릭합니다.
❷ 스페이스 이름은 "방탈출"로 입력하고, 비밀번호 설정과 검색 허용은 사용하는 목적에 맞춰 자유롭게 설정합니다.

스페이스 설정하기

❶ 사이드바 ⇒ 설정 ⇒ 호스트 설정을 커스터마이징 합니다.
❷ 참여자 프로필 메뉴에서 닉네임 입력받기 기능을 활성화합니다.

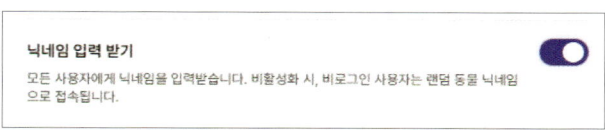

호스트 설정 중 참여자 프로필에서 닉네임 입력 받기 토글 버튼이 있습니다. 이 버튼을 활성화하면 참여자들이 스페이스에 접속할 때 닉네임을 입력하는 창으로 즉시 연결됩니다.

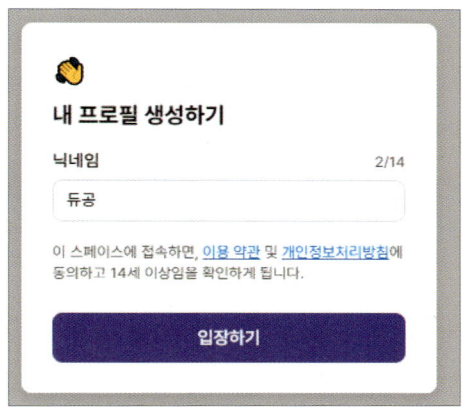

닉네임을 필요에 따라서 이름이나 학번 등으로 입력할 수 있습니다. 저자의 경우 학생들이 직접 ZEP에 회원가입을 하지 않고 수업 중 비회원으로 참여하게 합니다.

이때 학생 개인별 닉네임을 정하여 사용하며, 교수학습활동이 끝나면 스페이스를 종료시켜 사용하지 않습니다. 또한 스페이스의 경우 비밀번호를 적용하여 외부의 참여를 제한합니다.

스탬프 앱 설치하기

사이드바 ⇒ 앱 추가 ⇒ 스탬프 앱을 설치합니다.

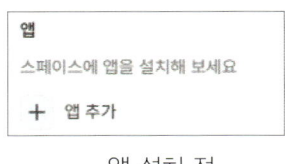
앱 설치 전

앱 설치 후

공지사항 만들기

사이드바 ⇒ 공지 추가 ⇒ 공지 내용을 입력합니다.

공지사항의 경우 수업시간에 학생들이 도달해야 하는 학습 목표를 제시하거나, 방탈출 문제의 유형이나 학생들이 수집해야 할 스탬프의 개수 등을 안내하면 됩니다.

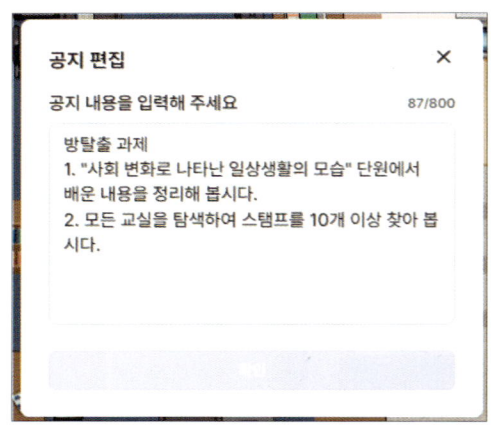 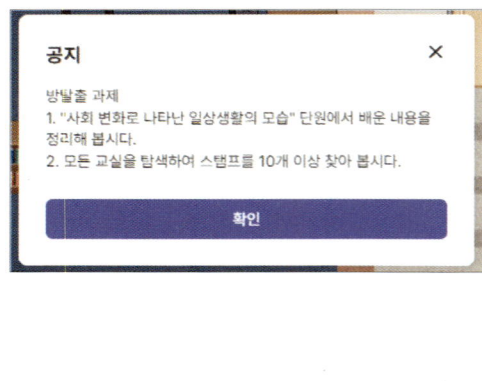

05_2 방탈출 맵 만들기

학교 방탈출 맵에 새로운 오브젝트 추가하기

방탈출 게임의 경우 각 각의 방은 문이 잠겨있어 자유롭게 이동할 수 없습니다. 하지만 우리가 사용하는 맵은 ZEP에서 제공하는 기본 맵으로 참여자의 움직임을 막을 수 없는 개방된 맵입니다.

개방된 형태의 맵을 방탈출 맵으로 만들기 위해서는 미로탈출 맵에서 사용했던 방법을 다시 한번 적용해 보겠습니다. 그 방법은 오브젝트의 팝업 기능을 적용하는 것입니다. 이번 주제에서 사용하는 학교 방탈출 맵에는 위의 그림과 같이 16개의 오브젝트를 새롭게 추가하면 됩니다. 17번의 경우 이미 오브젝트가 추가되어 있기 때문에 오브젝트의 표시 기능이나 팝업 기능을 추가하면 됩니다.

오브젝트를 배치하기 전 타일 효과가 적용된 맵을 살펴봅시다. 실제 교실과 복도를 구분하는 것은 벽이 아닌 통과 불가 바닥으로 공간이 구분되고 있음을 확인할 수 있습니다. 그리고 참여자의 아바타가 이동할 수 있는 공간은 2칸~4칸 정도밖에 되지 않는 것을 알 수 있습니다. 참여자의 아바타 제한을 막을 목적으로 추가하는 오브젝트의 크기를 2칸~4칸 정도 크기를 사용하면 됩니다.

새로운 오브젝트는 ZEP에서 제공하는 대학 강의실 세트, 교실 가구 세트를 사용합니다. 두 가지 오브젝트 세트는 에셋스토어에서 무료로 다운로드 받아서 사용할 수 있습니다.

새로운 오브젝트는 교사가 원하는 오브젝트 묶음으로 사용해도 됩니다. 저자의 경우 각각의 교실 출입구를 막는 용도로 사용하기 적당한 오브젝트를 포함하고 있기에 교실 가구 세트를 선택했습니다. 각각의 오브젝트는 이름이 없습니다. 그 이유는 오브젝트 이름을 호스트가 설정하기 때문입니다. 가로 형태의 출입구는 다음 오브젝트를 선택하였습니다.

 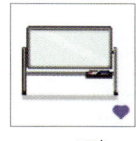

            3칸   4칸

　세로 형태의 출입구는 다음 모양을 선택하였습니다. 세로 형태로 사용하는 오브젝트는 2칸 크기의 오브젝트를 찾아서 사용하면 됩니다.

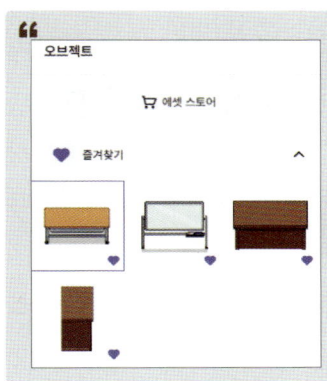

> 오브젝트 탭에서 아랫부분에 있는 하트 모양을 체크하면, 즐겨찾기 메뉴에 등록이 되어 새로운 맵에 적용할 때 쉽게 찾을 수 있습니다.

　오브젝트를 배치한 모습입니다. 이때 저자의 경우 가로형 오브젝트는 객관식 팝업 기능을 적용하였고, 세로형 오브젝트의 경우 비밀번호 입력 팝업을 적용하였습니다. 팝업 기능 구분하여 안내한 이유는 오브젝트를 추가할 때 도장 기능을 활용하는데, 처음 설정한 오브젝트의 기능 및 세부 내용(비밀번호 설명, 비밀번호, 비밀번호 입력 시 실행할 동작), 실행 범위, 실행 방법까지 그대로 복사되어 적용되기 때문입니다. 상단 툴바의 기능을 이해하면, 단순 반복되는 부분을 줄여 나만의 스페이스 만드는 속도를 높이고 오류를 줄일 수 있습니다.

• 문제 준비하기

　이번 방탈출 맵 만들기에서는 학생들이 수학 교과 연산 활동에 즐겁게 참여할 수 있도록 곱셈과 나눗셈 관련 문제를 준비하였습니다. 이 부분은 성취기준과 수업 목표에 따라 다양하게 적용할 수 있습니다. 방탈출 맵에서 문제는 총 15개를 준비합니다. 즉 17개 오브젝트 중 15개는 참여자에게 문제로 제시되며 2개의 오브젝트는 스탬프 개수로 오브젝트를 사라지게 만드는 이벤트로 사용할 수 있습니다.

- 세로형 오브젝트 만들기

보건실의 출입문으로 세로 형태의 가구를 배치하였습니다.

오브젝트 설정은 다음과 같습니다.

❶ 유형은 비밀번호 입력 팝업을 선택합니다.

❷ 이름은 선택사항입니다. 하지만 방탈출 맵에서 사용할 문제는 총 15개입니다. 그래서 문제의 번호를 입력하면, 오류를 수정할 때 편리합니다.

❸ 비밀번호 설명은 학생들이 직접 계산하는 문제를 입력합니다.

❹ 비밀번호는 정답을 입력합니다.

❺ 비밀번호 입력 시 실행할 동작으로는 개인에게만 오브젝트 사라지기 이벤트를 선택합니다.

❻ 비밀번호 실패 메시지는 학생들이 수학 문제를 풀어보는 과정이기 때문에 힌트는 생략합니다.

❼ 실행 범위는 기본값으로 설정합니다.

❽ 실행 방법 역시 기본값으로 설정합니다.

- 가로형 오브젝트 만들기

　가로형의 경우는 2가지 경우가 있습니다. 이런 경우 3칸 오브젝트는 객관식 팝업 기능을 사용하도록 설정하고, 4칸 오브젝트는 비밀번호 입력 팝업을 사용하는 형태로 구분하여 사용할 수 있습니다. 비밀번호 입력 팝업을 많이 사용하는 경우는 학생들이 객관식 팝업 오브젝트의 문제를 해결하지 않고 찍는 경우가 발생합니다.

　2가지 경우를 구분하여 사용할 필요는 없습니다. 만약 시간이 부족하다면 4칸 오브젝트만 사용해도 됩니다.

3칸 오브젝트

오브젝트 설정은 다음과 같습니다.

❶ 유형은 객관식 팝업을 선택합니다.

❷ 이름은 문제 번호를 입력합니다.

❸ 질문 내용을 입력합니다.

❹ "+선택지 추가" 버튼을 클릭하여 4개의 선택지를 만듭니다.

❺ 각각의 선택지에 내용을 입력합니다.

❻ 정답인 선택지에서 정답을 체크 합니다.

❼ 정답 선택 시 실행할 동작으로 개인에게만 오브젝트 사라지기를 선택합니다.

❽ 실행 범위, 실행 방법 역시 기본값으로 설정합니다.

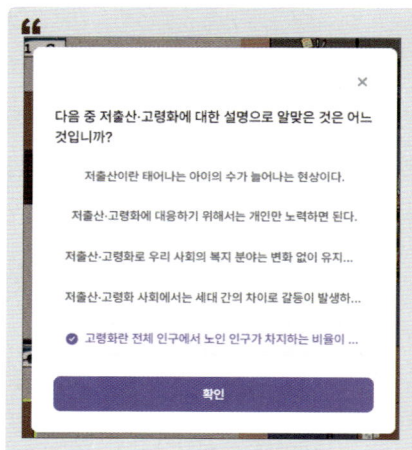

이번 주제에서는 수학 문제를 사용하기 때문에 왼쪽 그림과 같은 문제가 발생하지 않습니다.
사회 교과의 경우 선택지의 내용이 길어지면 전체 내용이 보이지 않습니다. 이러한 문제를 해결하기 위해서는 선택지에 사용하는 문장의 길이를 조절해야 합니다.

학교 방탈출 맵 스탬프 배치하기

스탬프 앱 사용 방법은 보물찾기 맵 만들기 주제에서 설명하였습니다. 이번 학교 방탈출 맵에서는 12개의 스탬프를 배치합니다. 그리고 호스트가 만든 12개의 스탬프는 13번과 17번 위치에 있는 오브젝트를 사라지게 만들어 참여자가 맵에서 자유롭게 이동할 수 있는 길을 제공합니다.

오른쪽 사진에서는 화이트보드 칠판 오브젝트에 말풍선 표시 기능을 설정합니다. 그리고 실행 방법을 "바로 실행"으로 설정하여, 참여자가 지나갈 때 말풍선을 표시하여 안내하는 기능으로 사용합니다.

저자의 경우 아래 사진과 같이 12개의 스탬프를 배치합니다.

보건실에서는 구급상자 오브젝트를 스탬프로 선택하려고 합니다. 스탬프 설정을 하기 전에 바닥 효과를 확인합니다. 그 이유는 교사가 스탬프로 만든 오브젝트에 참여자가 접근할 수 없는 상황이 발생하기 때문입니다. 만약 교사가 시력검사표를 스탬프로 선택했다면, 학생들은 1번 스탬프를 영원히 찾을 수 없을 것입니다.

이 문제를 해결하는 방법은 바닥 효과를 지우는 방법이 있습니다. 첫 번째 방법은 통과 불가 지역 일부분을 삭제하여 학생들이 접근하는 방법이 있습니다. 두 번째 방법은 실행 범위를 넓히는 방법이 있습니다.

1번 스탬프의 세부적인 내용은 다음과 같이 설정합니다.

❶ 스탬프 이름은 구급상자로 입력합니다.

❷ 스탬프 번호는 '1'을 입력합니다.

❸ 실행 범위는 '1'로 설정합니다.

❹ 실행 방법을 "F키를 눌러 실행" 기본값 설정으로 합니다.

2번 교실에서 오브젝트를 선택하고 스탬프 이름은 가정통신문으로 설정하였습니다.

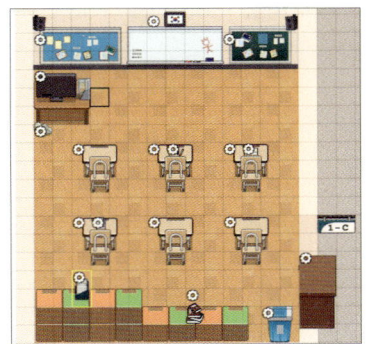

3번부터 12번까지 스탬프의 이름과 스탬프 번호를 설정합니다.

과학실의 경우도 통과 불가 타일 효과를 지워, 참여자가 지구본이나 삼각플라스크 오브젝트에 접근할 수 있도록 수정합니다.

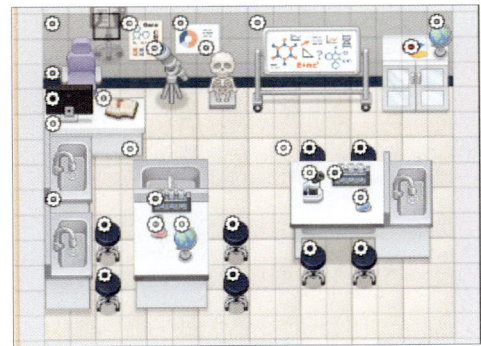
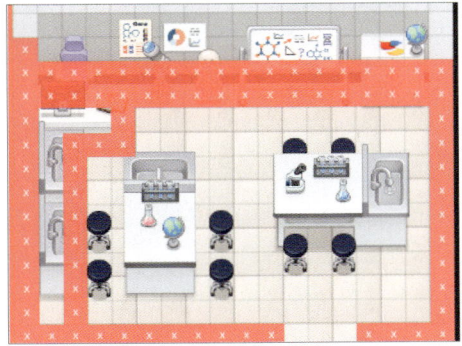

12개의 스탬프의 이름과 번호를 입력하고 나서 직접 확인해 봅시다.

❝ 이번 주제에서 사용하는 방 탈출 맵은 통과 불가 바닥 타일이 많이 사용되었습니다. 이런 부분은 오브젝트 선택이 안 되거나 오브젝트가 사라져도 지나갈 수 있는 문제가 생깁니다.

05_3 방탈출 놀이터 사용하기

참여자가 오브젝트를 만나면 아래 사진처럼 문제가 나타납니다. 그리고 문제를 해결하면 오브젝트가 사라집니다. 오브젝트가 사라지고 나면 교실과 교실을 자유롭게 이동할 수 있습니다.

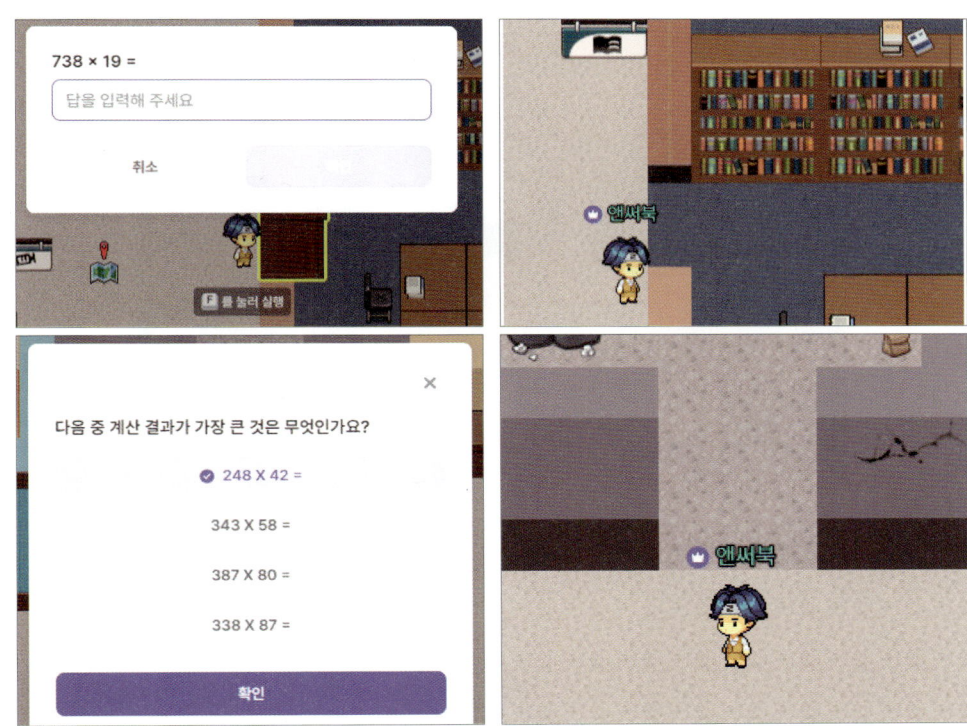

참여자가 맵을 탐험하다가 숨겨진 오브젝트를 찾으면서 스탬프를 모을 수 있습니다.

아래 사진은 학생들이 ZEP에서 제공하는 문어 축제 맵을 활용하여 실제 수학 시간에 방탈출 맵을 활용하는 모습입니다. 학생들은 노트북으로 ZEP 스페이스에 참여하고, 메타버스 공간의 퀴즈를 해결하지만, 교실 속에서 문제를 풀기 때문에 종이와 연필을 이용합니다. 그리고 친구들에게 스탬프 위치를 공유하면서 경쟁과 협동하는 모습을 관찰할 수 있었습니다.

방탈출 맵을 활용한 미니게임 활동

ZEP은 다양한 미니게임을 제공합니다. 미니게임 메뉴를 클릭해 봅시다. 이번 주제에서는 좀비 게임과 똥 피하기 게임을 활용해 보겠습니다.

미니게임은 최소한의 참여 인원이 필요합니다. 좀비 게임의 경우 최소 3인 이상이 참여해야 합니다. 참여 학생 수를 확인하고 나서 교사는 좀비 게임을 실행합니다.

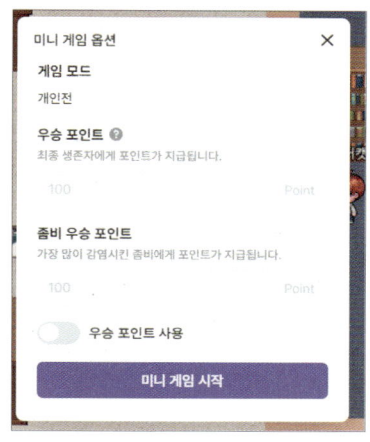

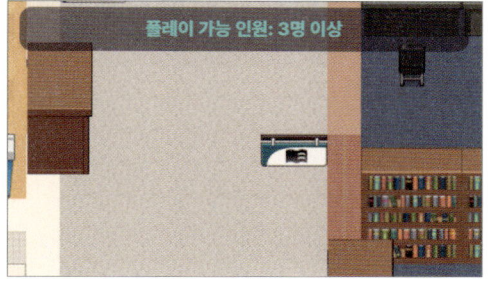

참여자가 3명 이하인 경우 왼쪽 사진과 같이 경고 메시지가 보입니다.

방 탈출 맵에서 좀비 게임을 하면, 왼쪽 사진처럼 오브젝트가 입구를 막기 때문에 다른 참여자를 잡을 수가 없습니다.

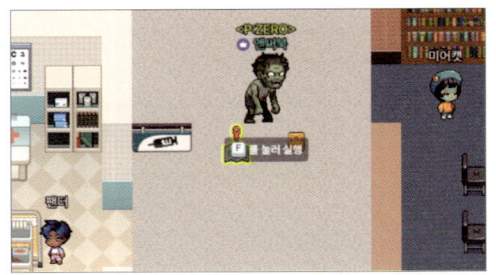

방 탈출 맵에 있는 모든 문제를 풀었다면, 교실과 교실을 자유롭게 이동할 수 있습니다. 지금부터 학생들과 함께 즐겁게 게임을 해 봅시다.

좀비 게임은 술래(좀비)가 생존자를 잡으면 생존자가 좀비로 변하는 게임입니다. 생존자가 1명 남을 때까지 좀비가 계속 늘어나는 술래잡기형 게임입니다. 이 게임의 경쟁요소는 최종 생존자로 남는 것도 있지만, 다른 참여자보다 더 많이 감염시키는 것도 있습니다. 이러한 경쟁 요소로 학생들은 즐겁게 참여합니다.

다음은 똥 피하기 게임입니다. 똥 피하기 게임은 90초 동안 위쪽에서 떨어지는 똥을 피하는 게임입니다. 게임을 시작하는 방법은 좀비 게임과 거의 같습니다.

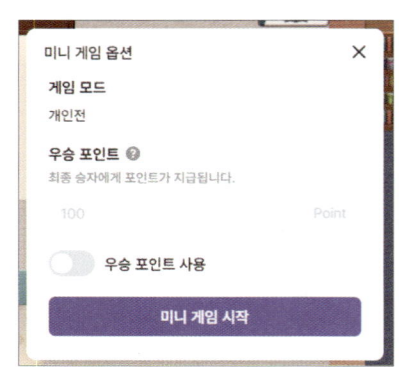

똥 피하기 게임은 시간이 지나갈수록 위에서 떨어지는 똥의 개수가 많아지고 속도 역시 빨라지는 게임입니다. 떨어지는 똥에 맞으면 아바타 모양이 변경되며, 이동 속도가 느려집니다. 이 게임 역시 최종 생존자가 되기 위해서 학생들이 집중해서 참여하는 게임입니다.

05_4 마무리하기

이번 주제는 방 탈출 맵 만들기로 그동안 만들었던 보물찾기 맵, 미로탈출 맵의 기능을 모두 적용한 복합적인 맵입니다. 방 탈출 맵은 단원의 마지막 차시, 단원 정리 시간에 활용하면 학생들이 배운 내용을 스스로 정리할 기회를 제공할 수 있습니다. 또한 같은 문제를 반복적으로 풀게 되지만 게임 형식으로 진행되기 때문에 학생들이 적극적으로 참여합니다. 교사들은 ZEP 스페이스를 만들기 위해서 많은 시간과 노력이 필요할 것입니다. 다행스럽게도 에셋스토어에서 다양한 주제의 맵을 제공하고 있습니다. 그리고 여러분은 ZEP 스페이스를 수정할 수 있는 능력을 가지고 있습니다. 조금의 시간만 투자하면 나만의 교수학습 활동이 가능한 메타버스 공간을 만들 수 있을 것입니다.

PART 02

3가지 교수·학습 자료 자동화 프로그램 만들기

01 제작 동기

본 주제에서 소개하는 3가지의 자동화 프로그램은 학교 현장에서 교사들이 교수·학습 자료를 만들 때, 단순 반복으로 인한 시간 낭비를 줄여보고자 개발했습니다.

첫째, 엑셀 VBA를 활용해 연산 문제를 자동 생성할 수 있는 프로그램입니다. 그리고 실제 교실에서 학생들과 함께 문제를 풀어볼 수 있는 파워포인트와 학습지 파일도 생성할 수 있습니다.

둘째, 엑셀 VBA를 활용해 그림 퀴즈를 자동 생성하는 프로그램입니다. 파워포인트의 애니메이션 기능을 활용하여 도형 뒤에 숨겨진 그림을 찾는 방식입니다. 퀴즈에 활용하는 데이터만 변경하면 다양한 수업에 활용할 수 있습니다.

셋째, 엑셀 VBA를 활용해 텍스트와 그림 파일을 파워포인트에 자동 삽입하는 프로그램입니다. 이번 프로그램을 이용한다면 졸업식에서 학생들을 소개하는데 필요한 파워포인트 자료를 한 번에 만들 수 있습니다. 또는 현장체험학습이나 행사의 사진을 함께 감상할 수 있는 자료를 만들 수 있을 것입니다.

프로그램의 작동 방식 이해를 위해 프로그래밍에 사용된 코드를 살펴보고 사용 절차를 따라가며 활용하는 방법으로 진행하겠습니다. 작동 방식과 필수 코드 문법을 이해한 뒤 기존 코드의 수정을 통해 학교 현장에서 다양하게 사용할 수 있습니다.

수업에 필요한 사전 준비

- Microsoft Office Excel(엑셀)
- Microsoft Office PowerPoint(파워포인트)

01_1 사회과 교수·학습 과정안

단원	1-3. 우리 국토의 인문 환경	차시	
학습 주제	우리나라 교통 발달 모습 살펴보기	교과서	73~76쪽
학습 목표	우리나라 교통 발달 모습과 변화된 생활 모습을 살펴볼 수 있다.	학습 자료	교과서, 필기도구
성취 기준	[6사01-06] 우리나라의 산업구조의 변화와 교통 발달 과정에서 나타난 특징을 탐구한다.		

수업의 흐름(시간)	수업단계 및 내용	교수 학습 활동	자료(▶) 및 유의점(※)
도입 (5분)	동기 유발	▣ 그림 퀴즈 • ppt에 나오는 사진 또는 그림 일부를 보고 무엇일지 맞히기 – 다양한 교통수단(마차, 가마, 비행기 등)	▶ PPT ※ 퀴즈의 재미에만 초점이 맞춰지지 않도록 주의한다.
	학습 활동 안내	▣ 학습 목표 확인하기 우리나라 교통 발달 모습과 변화된 생활 모습을 살펴볼 수 있다. ▣ 학습활동 안내하기 활동 1) 가설설정 활동 2) 탐색 및 증거제시 활동 3) 결론 및 일반화	
전개 (30분)	탐색하기	▣ 활동 1(가설설정) – 영상 속 인물이 놀란 이유 생각하기 – 가설 수립하기 ※ 가설 : 교통이 발달하면 생활 모습도 달라진다. ▣ 활동 2(탐색 및 증거제시) – 과거와 현재의 교통 비교하기(명절 영상) – 교통 발달에 따른 달라진 생활 모습 확인하기(회, 택배 등) ▣ 활동 3(결론 및 일반화) – 가설 확인 → 가설 검증 – 미래 교통 발달 영상(하이퍼루프)을 보고 미래의 생활 모습 예측하기	▶ PPT ▶ 이젤패드 ※ 수업의 전체적인 흐름이 탐구학습 모형을 유지하도록 주의한다.
정리 및 평가 (5분)	학습 정리 및 차시 안내	▣ 학습 정리 – 교통의 발달은 생활 모습을 변화시킨다. – O, X 퀴즈 ▣ 차시 예고 – 인문 환경의 변화에 따라 달라진 국토의 모습	▶ PPT

02 연산문제 제작 자동화 프로그램 만들기

02_1 프로그램 설명

"단순 반복 작업을 누가 대신 해줬으면 좋겠다."
"같은 주제로 매번 다르게 만들고 싶다."

평소 교직 생활을 하며 교수·학습 자료를 준비할 때 위와 같은 생각을 자주 했습니다. 인터넷의 발전과 함께 오프라인에서 공유되던 교수·학습 자료들이 온라인에서 공유되기 시작했습니다. 온라인 커뮤니티에 공유되는 교수·학습 자료를 현장 상황에 맞게 수정하면서 첫 번째 고민은 어느 정도 해결된 듯 보였습니다. 그리고 우수한 인공지능이 등장했습니다. 인공지능은 두 번째 고민을 해결할 수 있는 좋은 방법이었습니다. 특히 생성형 인공지능은 교사의 요구에 맞춰 빅데이터 기반의 교수·학습 자료를 만들어줬고, 그렇게 만들어진 교수·학습 자료들은 또 온라인을 통해 다음과 같이 공유되고 있습니다.

하지만 이런 발전에서도 저의 고민은 완전히 해결되지 못했습니다.
"조금 더 간단하게, 조금 더 쉽게, 조금 더 사소한 것도 만들어 주면 좋겠다."

이러한 생각을 바탕으로 만든 것이 이번 프로그램입니다. 이번 프로그램은 초등 1~2학년군 수학 교과에 나오는 연산 문제를 학습 요소에 따라 교사가 쉽게 자동으로 만들 수 있고, 만들어질 때마다 문제가 바뀌고, ppt와 연동하여 화면을 통해 교사가 문제를 풀이할 수도 있고, 골든벨 형식으로 학생들이 푼 문제의 정답을 확인 할 수 있습니다. 그리고 활용 범위를 넓히기 위해 간단한 퀴즈도 ppt로 쉽게 만들 수 있습니다.

02_2 프로그램 제작 준비하기

VBA 알아보기

> Visual Basic for application의 약어. 마이크로소프트 사의 윈도 오피스 응용 프로그램용 매크로 언어.
>
> ※ 출처 – 네이버 지식백과(컴퓨터인터넷IT용어대사전)

VBA는 프로그래밍 언어의 한 종류로 마이크로소프트사의 오피스 프로그램에서 사용되며 주로 엑셀에서 사용됩니다. 간단히 설명하자면 인간이 처리하기 힘든(또는 싫은) 많은 양의 데이터를 빠르게 처리해 주고 원하는 결과를 만들어 내는 매크로 프로그램을 만들 수 있는 도구라고 생각하시면 됩니다.

학교 현장에선 학생들의 성적처리, 개별 점수 관리, 출석 관리, 자료 취합 등에 주로 사용되며 최근에는 교사의 전보, 승진과 같은 인사업무에도 사용되고 있습니다. 저자는 학급일지 생성, 학생 개별 보상 점수 부여 및 계산 등에 사용하고 있습니다.

이번 주제는 성취기준과 관련된 학생 평가자료와 수업자료를 동시에 만들 수 있는 프로그램을 만들어 보려고 합니다. 처음에는 어려울 수 있지만 주어진 절차에 따라서 차근차근 만들어 봅시다.

엑셀 프로그램 실행하기

엑셀 프로그램을 실행하는 방법은 다양합니다. '모로 가도 서울만 가면 된다.'라는 속담이 있듯이 다음 방법 중 한 가지를 선택하면 됩니다.

방법 1.
바탕화면에 있는 엑셀 바로가기 파일을 더블 클릭합니다.

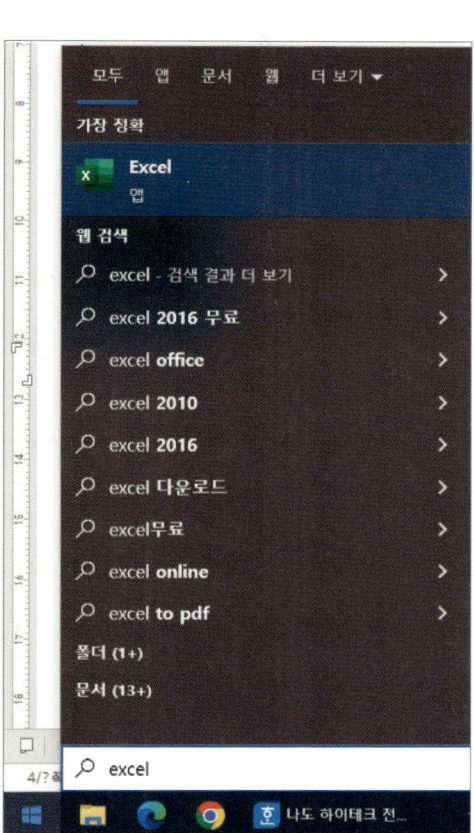

방법 2~3.
키보드의 윈도우 키를 누르거나, 모니터 화면의 윈도우 아이콘을 클릭합니다. 그리고 'excel'을 입력하면 엑셀 프로그램이 검색됩니다. Excel 아이콘을 클릭하면 프로그램이 실행됩니다.

컴퓨터 설정하기

엑셀 VBA를 처음 사용하는 경우, 엑셀 상단의 리본메뉴에는 개발도구라는 메뉴가 없습니다. 물론 단축키를 활용하여 개발도구에 접근할 수 있습니다. 하지만 리본메뉴에 새로운 메뉴를 추가하는 방법쯤은 하이테크 전문가라면 알고 있어야 합니다.

- 엑셀 VBA 리본메뉴 추가하기

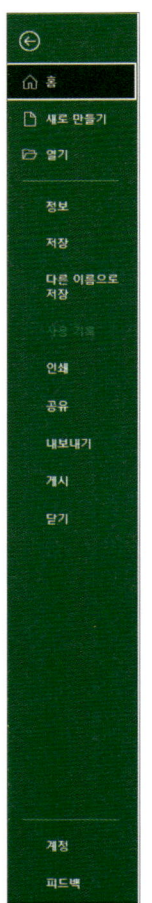

파일 메뉴를 선택하면 홈, 새로 만들기, 열기 ……, 계정, 피드백, 옵션의 다양한 메뉴가 보입니다. 여기서 옵션을 선택합니다. Excel 옵션이라는 새로운 창이 열립니다. 이 책은 Excel의 기본 기능을 설명하는 책이 아니기 때문에, 개발도구 메뉴를 추가하는 방법을 바로 설명하겠습니다. 순서는 리본 사용자 지정, 개발 도구의 체크박스 선택, 확인 버튼을 순서대로 클릭하면 됩니다.

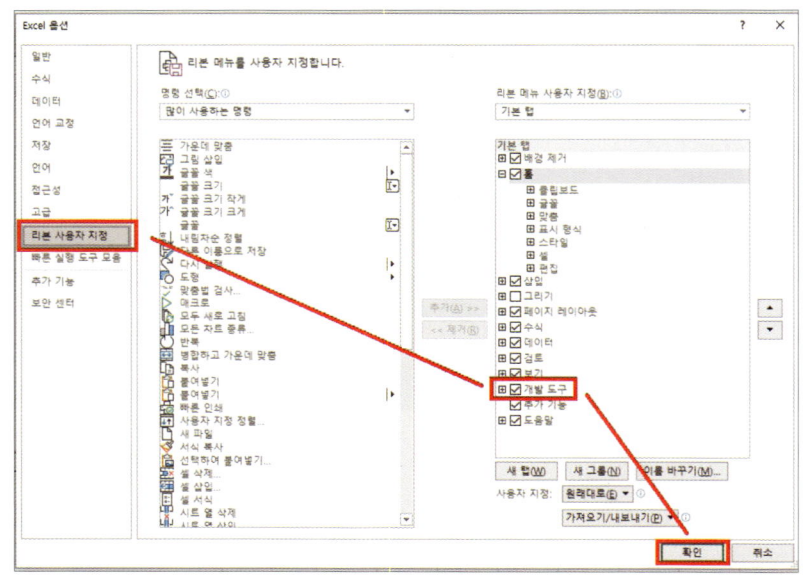

아래 그림처럼 개발도구 메뉴가 추가되었습니다.

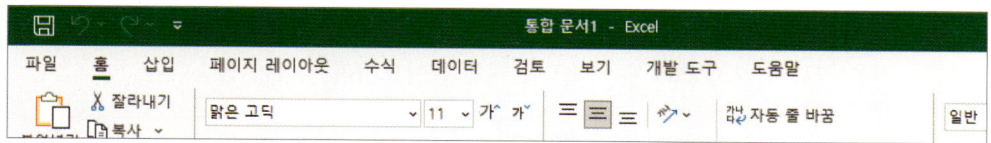

- 파워포인트 Office Library 설정

지금까지 엑셀과 파워포인트를 유기적으로 연결된 프로그램을 사용해 본 경험은 없을 것입니다. 엑셀의 데이터를 활용하여 파워포인트를 만들기 위해서는 Office Library를 추가해야 합니다. 우선 키보드의 ALT + F11키를 순서대로 눌러서 Microsoft Visual Basic for Applications 창을 열어 봅시다. 또는 개발도구 메뉴에서 Visual Basic 메뉴를 클릭합니다.

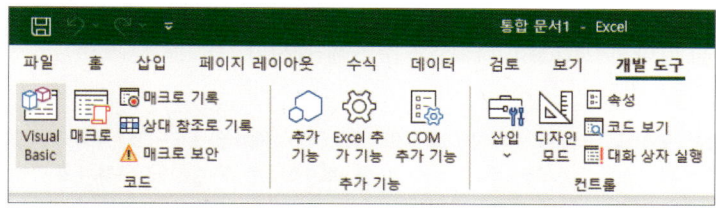

우리가 주로 사용할 편집기입니다. 이름이 길어서 앞으로는 VBA로 부르겠습니다.

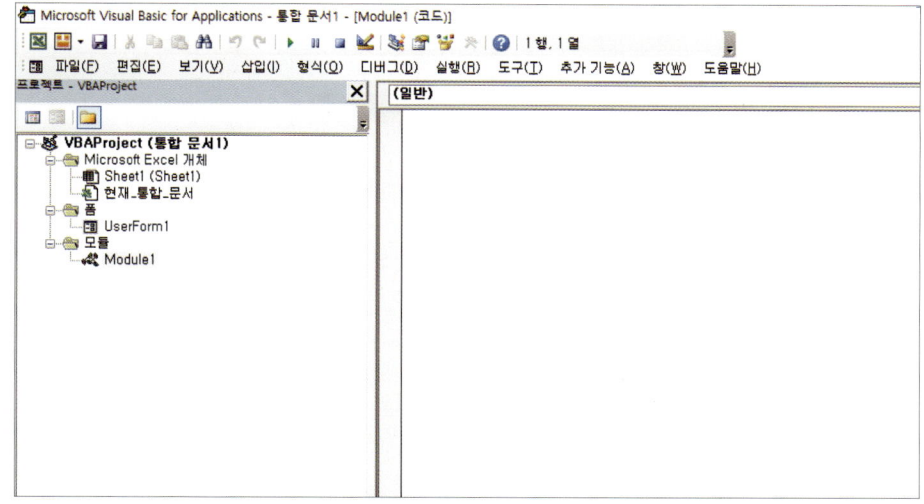

엑셀의 VBA로 파워포인트를 다루기 위해 Office Library를 추가합니다. 방법은 VBA의 도구 메뉴를 클릭합니다. 참조 메뉴를 클릭하면 사용 가능한 참조라는 이름의 탭이 열립니다. 사용 가능한 참조 탭에서는 다양한 개체 라이브러리 목록이 있습니다.

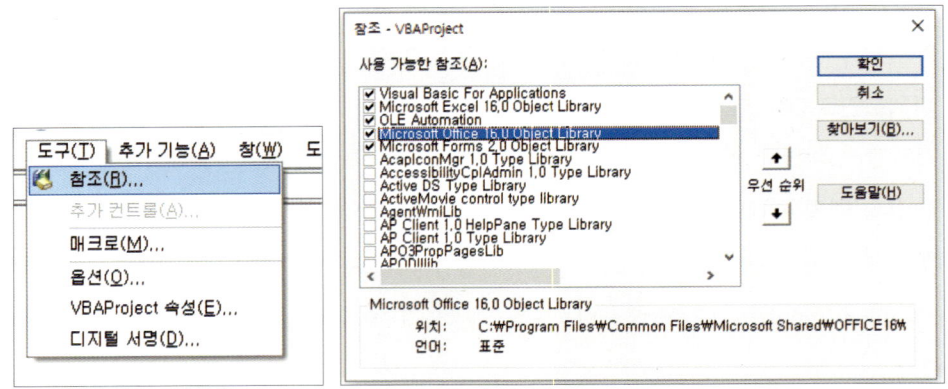

다음 그림을 따라서 Office Library를 추가해 봅시다.

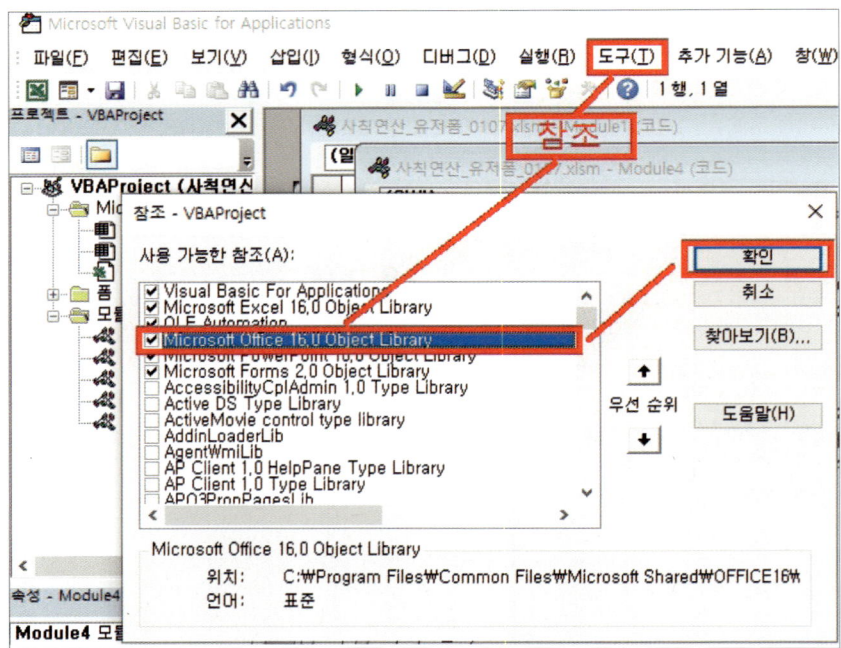

02_3 연산문제 제작 프로그램 코드 살펴보기

초기화면 시트

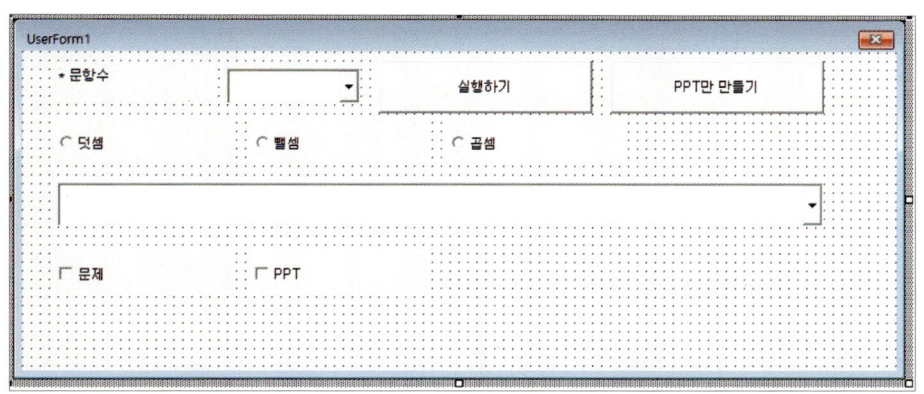

초기화면 시트의 모습입니다. 이곳에 입력된 내용이 사용자 정의 폼 ComboBox에 출력됩니다. 이번 프로그램은 2015 개정 교육과정을 참고해 제작했습니다.

사용자 정의 폼

아래 그림은 연산문제 제작 자동화 프로그램이 완성되었을 때 사용자 정의 폼입니다.

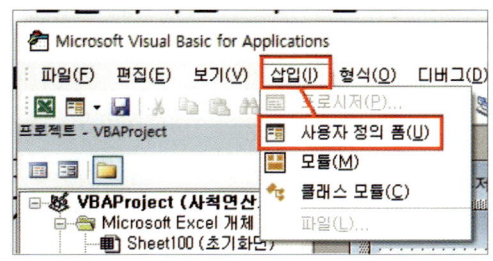

VBA를 실행(ALT+F11) 후 삽입 메뉴에서 사용자 정의 폼을 클릭합니다.

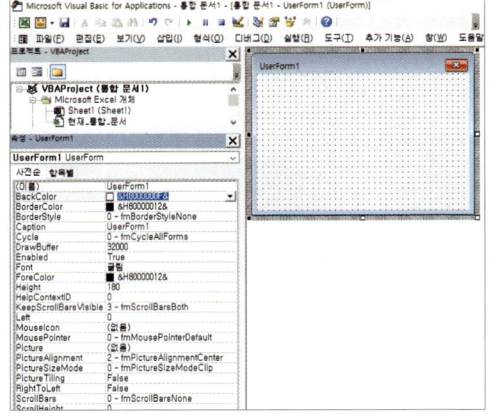

UserForm1이라는 '폼'이 생성되며, 모니터 화면에 도구 상자라는 메뉴 함께 보입니다. 도구 상자를 이용해서 UserForm1에 메뉴를 추가할 수 있음을 직관적으로 알 수 있습니다.

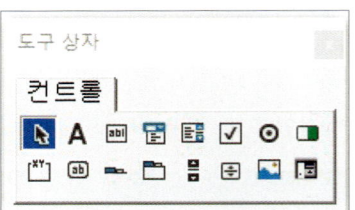

이번 프로그램에서 사용하는 도구 상자의 기능을 설명하겠습니다. 컨트롤을 추가해 사용자 정의 폼을 적절히 구성(위치, 크기 등)합니다. VBA창 왼쪽 아래에 있는 "속성"을 통해 각 컨트롤의 크기, 텍스트, 글꼴, 글꼴 크기, 글꼴 색상, 보이기 여부 등을 수정할 수 있습니다.

도구 상자가 보이지 않는다면 VBA 메뉴에서 보기, 도구 상자 메뉴를 순서대로 클릭해 봅시다.

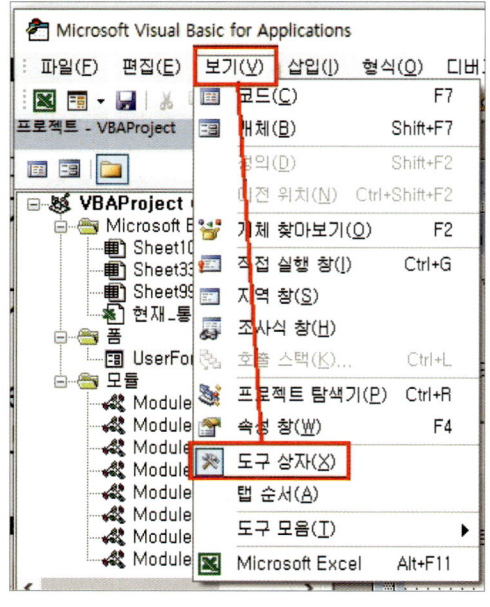

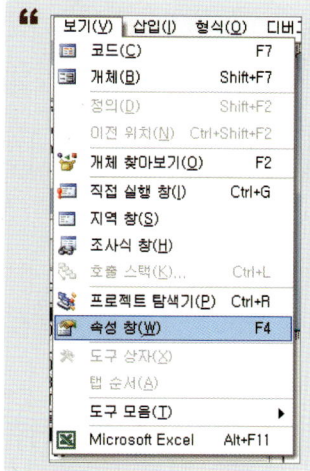

VBA 메뉴에서 보기 메뉴를 클릭하면 코드, 개체, ……, 속성 창, 도구 모음 등의 다양한 메뉴를 볼 수 있습니다. 이 중 속성 창은 매우 중요한 기능이 있습니다.

"속성"에서 "(이름)"의 값으로 코드를 실행합니다. 생성될 때의 값으로 코드를 진행하셔도 좋고 용도에 맞게 변경하셔서 사용하셔도 됩니다. "(이름)"의 값과 코드가 일치해야 한다는 점을 꼭 기억하시기를 바랍니다. 본 설명에서 사용하실 교사의 이해를 돕기 위해 기본값을 사용했습니다.

❝ VBA를 처음 접하시는 분을 위해서 연산문제 제작 자동화 프로그램 완성된 파일이 있는 위치입니다.
https://drive.google.com/drive/folders/1aQlzuOr2N-4IoPMDSM6lR8p_ZzXABoQS

• 도구 상자 메뉴

단추	사용 예	설명
abl	* 문항수	텍스트 상자 : 텍스트 표현
(콤보)		콤보 상자 : 화살표 버튼으로 목록을 확인, 선택
ab	실행하기	명령 단추 : 클릭으로 명령을 실행
◉	○ 덧셈	옵션 단추 : 한 가지를 선택할 때 사용
✓	□ 문제	확인란 : 한 가지 이상을 선택할 때 사용

모듈 추가하기

엑셀 VBA에서는 프로그램 코드를 모듈로 만들어 저장합니다. 모듈이란 프로젝트를 구성하는 기본 단위로 함수의 집합이라고 생각하면 됩니다. 모듈을 추가하는 방법입니다.

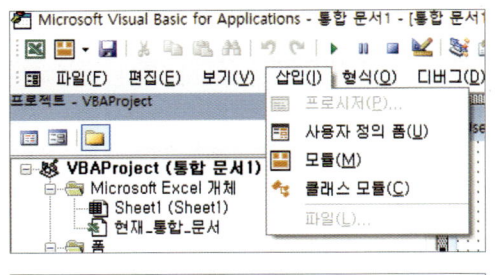

VBA를 실행(ALT+F11) 후 삽입 메뉴에서 모듈을 클릭합니다.

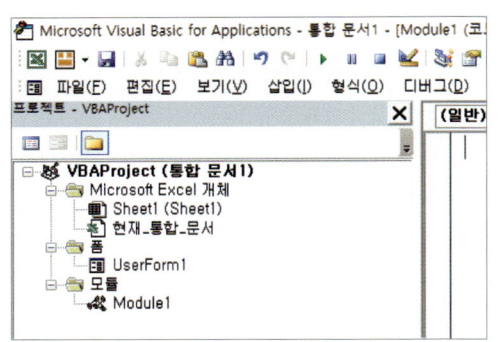

Module1을 만들었습니다. 그리고 다음 코드를 입력하고 실행해 봅시다.

```
Sub 입력하기()
    Range("c3").Value = "welcome to VBA"
End Sub
```

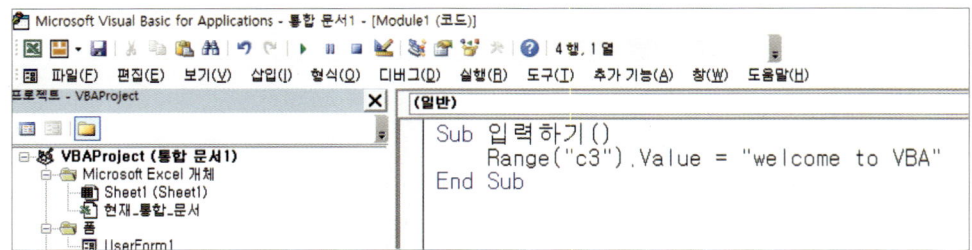

예시 내용을 코딩하고 나서 단축키 F5를 누르면 작성한 코드가 실행됩니다.

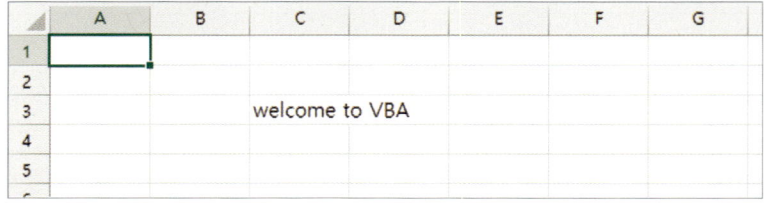

위의 코드는 C3셀에 "welcome to VBA" 값을 입력하는 명령을 실행한 것입니다.

• 초기 화면 및 문항수 입력하기

초기 화면 및 문항수 입력하기 코드는 프로젝트 탐색창 폼 – UserForm1에서 마우스 우클릭 코드보기 메뉴를 선택해야 볼 수 있습니다. 또는 UserForm1을 선택한 상태에서 단축키 F7을 누르면 코드를 볼 수 있습니다.

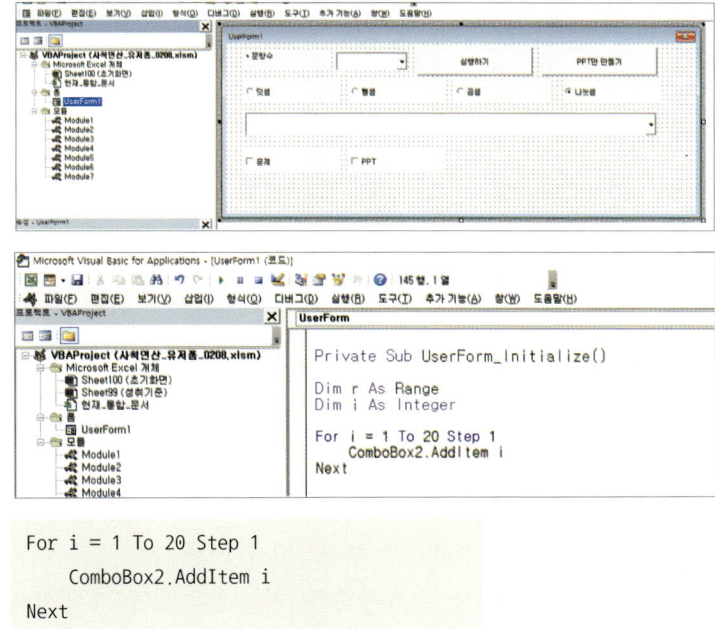

```
For i = 1 To 20 Step 1
    ComboBox2.AddItem i
Next
```

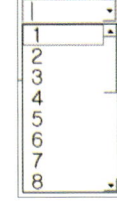

사용자 정의 폼을 시작했을 때 바로 실행되는 코드입니다.

For문을 이용해 ComboBox2(문항수)에 1부터 20까지 숫자를 입력하는 코드입니다. 이곳에 입력된 숫자가 교사에게 출력(우측 이미지)되고 교사가 선택한 숫자가 문제를 생성할 때 cnt변수로 작용합니다.

- For i = 1 To 20 Step 1

: i의 값을 1부터 20까지 1씩 증가시키며 반복하는 함수입니다.

: Step 1은 1씩 증가시키라는 의미입니다. 필요에 따라 값을 바꿀 수 있습니다. 생략하면 1씩 증가합니다.

- ComboBox2.AddItem i

: ComboBox2에 i값을 추가하는 함수입니다. For문을 이용해 i값에 1부터 20까지 입력하며 반복하므로 ComboBox2에 1~20의 값이 추가됩니다.

: ComboBox2 뒤에 있는 "."은 ComboBox2에서 실행할 수 있는 함수를 호출합니다.

• 연산 및 학습 요소 고르기

문항수 선택 단추를 만드는 코드는 프로젝트 탐색창 폼 - UserForm1에서 볼 수 있습니다.

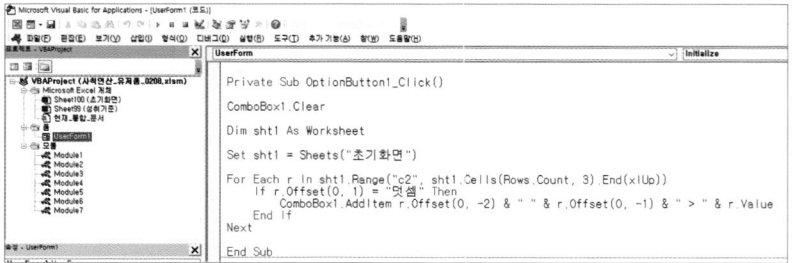

```
Private Sub OptionButton1_Click()
ComboBox1.Clear
Dim sht1 As Worksheet
Set sht1 = Sheets("초기화면")
For Each r In sht1.Range("c2", sht1.Cells(Rows.Count, 3).End(xlUp))
    If r.Offset(0, 1) = "덧셈" Then
        ComboBox1.AddItem r.Offset(0, -2) & " " & r.Offset(0, -1) & " > " & r.Value
    End If
Next
End Sub
```

옵션 단추를 클릭했을 때 실행되는 코드입니다. 실행되는 코드는 같기에 "덧셈", "뺄셈", "곱셈"의 단추 중 "덧셈" 단추의 코드만 보여드립니다.

"초기화면" 시트의 C2부터 값이 있는 끝까지 순환하며 오른쪽 셀에 "덧셈"이라고 적혀있는 행의 A열~C열까지의 값을 합쳐 ComboBox1에 추가하라는 코드입니다. 이렇게 추가된 값은 ComboBox1에 출력되어 교사가 학습 요소를 선택할 수 있게 하고 뒤에서 shtname변수에 입력되어 문제를 생성할 때 시트명, 제목 그리고 실행되어야 할 코드를 선택하는 중요한 값이 됩니다.

〈For Each ~ Next문〉

: 앞에서 살펴본 For ~ Next문이 일정한 횟수, 조건을 반복할 때 사용한다면 For Each ~ Next문은 범위를 순환하며 반복하는 의미로 이해하시면 좋습니다. 위 코드는 C2셀부터 C열에 있는 마지막 값까지를 범위로 지정해 C2셀부터 아래로 하나씩 내려가며 If문을 반복하라는 의미입니다.

```
sht1.Range("c2", sht1.Cells(Rows.Count, 3).End(xlUp))
```

- sht1.Range() : sht1("초기화면" 시트)의 Range(범위)

- sht1.Cells(Rows.Count, 3).End(xlUp)

: Cells(행, 열)로 특정 셀을 참조할 수 있는데 여기서 Rows.Count는 엑셀 시트의 행의 총 개수를 의미합니다. 즉, Rows.Count의 값은 1048576입니다. 그러므로 Cells(Rows.Count, 3)은 Cells(1048576, 3)과 같으므로 C1048576입니다. 여기서 End(xlUp)이라는 함수는 값이 있는 셀까지 이동하라는 함수입니다. Ctrl + ↑와 같은 기능이라고 생각하시면 됩니다.

정리하자면 위 코드는 C1048576에서 값이 있는 셀까지 위로 올라와서 만나는 셀의 위치를 찾고, C2부터 방금 찾은 셀까지를 범위로 정한다는 의미입니다.

이렇게 코드를 만드는 이유는 C열에 입력된 학습 요소를 목록 단추에 AddItem을 이용해 추가하는데 새로운 학습 요소를 C열에 추가하거나, 중간에 빠지는 행이 있어도 코드가 작동하도록 하기 위함입니다.

〈Offset〉

Offset함수는 특정 범위를 참조해 다른 범위를 찾는 함수입니다.

좌측 이미지와 같이 Offset(행, 열)로 표현합니다. "기본"셀의 위치를 (0, 0)으로 보고 행과 열의 값이 증가하면 + 값으로 표현, 감소하면 - 값으로 표현합니다.

위 코드에서는 r의 값이 For Each문으로 바뀔 때마다 적절한 값을 찾기 위해 Offset함수를 사용했습니다.

• 실행하기

실행하기 코드는 프로젝트 탐색창 폼 – UserForm1에서 볼 수 있습니다.

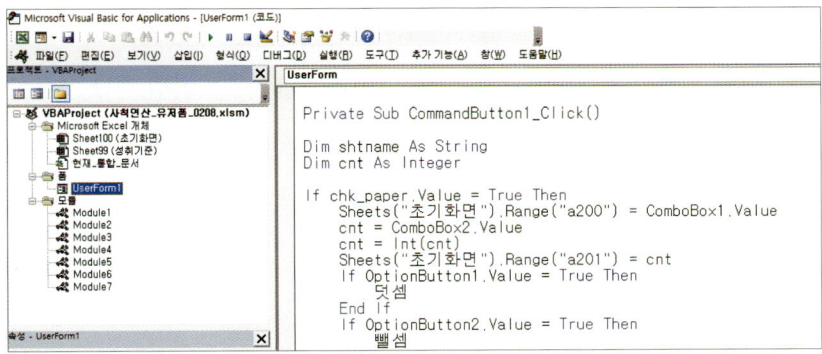

```
Private Sub CommandButton1_Click()

Dim shtname As String
Dim cnt As Integer
If chk_paper.Value = True Then
    Sheets("초기화면").Range("a200") = ComboBox1.Value
    cnt = ComboBox2.Value
    cnt = Int(cnt)
    Sheets("초기화면").Range("a201") = cnt
    If OptionButton1.Value = True Then
        덧셈
    End If
    If OptionButton2.Value = True Then
        뺄셈
    End If
    If OptionButton3.Value = True Then
        곱셈
    End If
End If

If chk_ppt.Value = True Then
    Sheets("초기화면").Range("a200") = ComboBox1.Value
    cnt = ComboBox2.Value
    cnt = Int(cnt)
    Sheets("초기화면").Range("a201") = cnt
    ppt만들기
End If

Sheets("초기화면").Range("a200:a201").ClearContents
Sheets(1).Columns("i:j").Delete

End Sub
```

"실행하기" 명령 단추를 클릭했을 때 실행되는 코드입니다.

ComboBox1에 입력된 값과 Combobox2에 입력된 값을 "초기화면" 시트 보이지 않는 곳에 입력해 둡니다. 여기서는 셀 A200부터 A201까지 범위에 데이터를 잠시 저장해 두었습니다. 이렇게 하는 이유는 문제를 생성하는 코드에서 값을 불러오기 위함입니다. 그리고 프로그램이 정상적으로 실행된 뒤 삭제됩니다.

이후 "문제" 확인란에 표시되어 있으면 위에서 선택한 옵션 단추에 따라 모듈이 실행되도록 했고 "ppt" 확인란에 표시되어 있으면 "ppt만들기" 모듈도 실행되도록 했습니다.

문제 자동 생성

- 변수선언

변수 선언 코드는 프로젝트 탐색창 모듈 – Module1에서 확인할 수 있습니다.

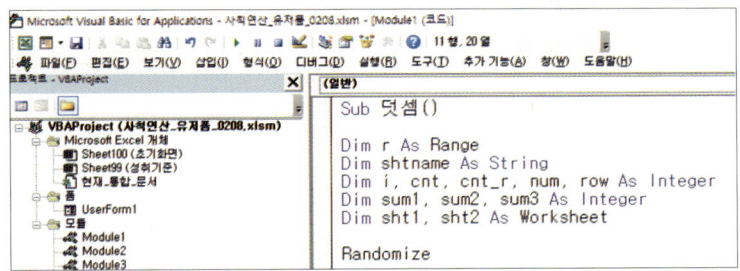

```
Dim r As Range
Dim shtname As String
Dim i, cnt, sum1, sum2, sum3 As Integer
Dim sht1 As Worksheet

Randomize
```

VBA는 파이썬과 같은 프로그래밍 언어와 다르게 변수를 먼저 선언해야 합니다

〈Dim 변수 As 변수형〉

: (변수)를 (변수형)으로 선언한다는 의미입니다. 우리가 살고 있는 집을 생각하면 이해하기 쉽습니다. 집을 거실, 화장실, 안방 등으로 정하는 것과 같은 작업(변수선언)입니다. 이후 거실에 TV를 두거나, 소파를 두거나, 책장을 두는 것(할당)은 Set 함수를 사용합니다.

예		
	Dim r As Range	r이라는 변수를 지금부터 범위를 정하는데 사용합니다.
	Set r = Range("A1")	r이라는 변수는 지금부터 A1셀

〈자주 사용하는 변수형〉

- Range : 범위
- String : 문자열
- Integer : 정수
- Worksheet : 워크시트

Randomize를 먼저 실행하여 난수 생성기를 초기화해야 Rnd 함수를 통해 매번 다른 랜덤값을 생성할 수 있습니다.

❝ 선언한 변수형에 적절하지 않은 변수가 할당되면 오류가 발생합니다. 위에서 r이라는 변수는 범위로 정했는데 정수인 1을 할당하면 안 됩니다. 정수는 Integer 변수형을 사용해야 하므로 Dim r as Integer로 수정하거나 r에 범위를 할당해야 합니다. 변수형 Variant를 사용하거나 변수형을 생략하면 모든 형태의 값을 변수에 할당할 수 있습니다. 다만 많은 메모리를 사용하고 프로그램의 속도를 느리게 만드는 단점이 있습니다.

- 불필요한 시트 삭제

불필요한 시트 삭제 코드는 프로젝트 탐색창 모듈 – Module1에서 확인할 수 있습니다.

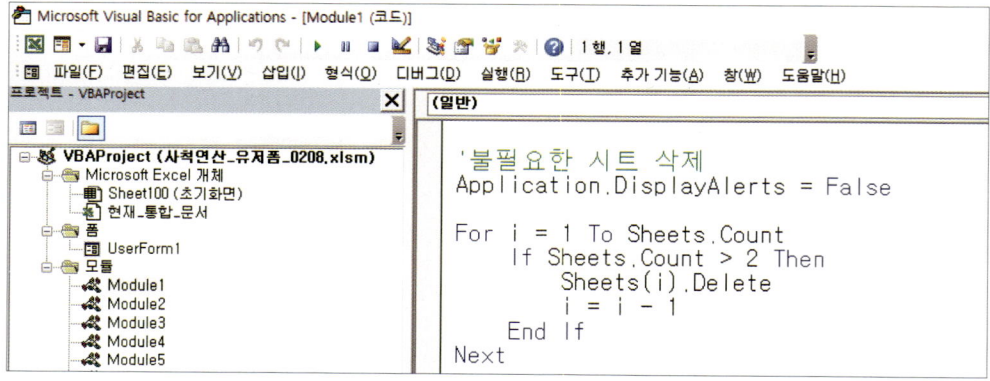

```
Application.DisplayAlerts = False
For i = 1 To Sheets.Count
    If Sheets.Count > 2 Then
        Sheets(i).Delete
        i = i - 1
    End If
Next
Application.DisplayAlerts = True
```

문제를 생성할 때 새로운 시트를 추가해서 문제를 입력합니다. 이때 기존에 만들어진 시트가 있으면 오류가 생기므로 기존 시트를 삭제해 줍니다. For문을 이용해 전체 시트의 개수가 2개 초과이면 첫 번째 시트를 삭제하라는 코드입니다. 그리고 Application.DisplayAlerts = False는 시트를 삭제할 때 나오는 경고창을 끄는 코드입니다. 반대로 Application.DisplayAlerts = True는 경고창을 다시 켜는 코드입니다.

- 새로운 시트 생성

새로운 시트 생성 코드는 프로젝트 탐색창 모듈 - Module1에서 확인할 수 있습니다.

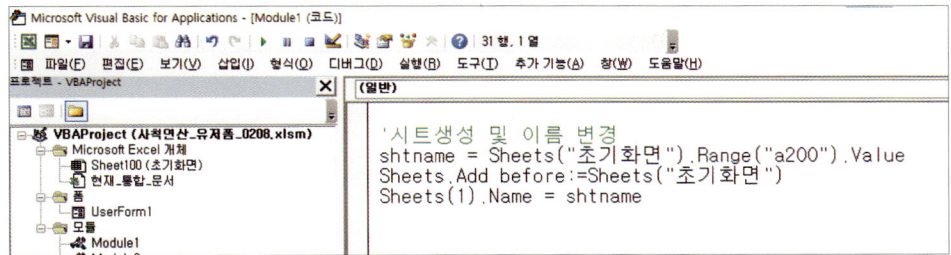

```
shtname = Sheets("초기화면").Range("a200").Value
Sheets.Add before:=Sheets("초기화면")
Sheets(1).Name = shtname
```

사용자 정의 폼 "실행하기" 명령 단추를 통해 입력해 두었던 학습 요소를 shtname이라는 변수에 저장하고 새로운 시트를 추가한 후 시트 이름을 shtname 변숫값으로 변경하는 코드입니다.

- 프로그램에서 자주 사용하는 문법 설명

〈Instr〉
- Instr([start], string1, string2, [compare])
- Instr함수는 A문자열에서 B문자열을 찾을 때 주로 사용합니다.
- A문자열에서 B문자열이 시작하는 위치를 반환합니다.
- [start] : B문자열을 찾기 시작할 A문자열의 위치, 생략 시 왼쪽 첫 문자열부터 시작
- string1 : A문자열
- string2 : B문자열
- [compare] : 문자열을 비교하는 방법, 생략 시 기본값 0 적용
- 사용 방법

a = instr("가나다라마바사", "가")	a = 1
b = instr("가나다라마바사", "라")	b = 4
c = instr("가나다라마바사", "마바")	c = 5

- 이번 프로그램에선 교사가 선택한 학습 요소에서 받아올림(내림)의 유무와 생성할 문제의 자릿수(한 자릿수+한 자릿수 등)를 파악해 적절한 코드를 실행할 수 있도록 학습 요소에서 특정 문자열을 찾기 위해 사용했습니다.

〈rnd, int〉
- rnd : 0 ~ 1 사이의 난수를 생성하는 VBA에서 기본적으로 제공하는 함수입니다.
- int : 소수점 이하의 숫자를 버려 정수로 만들어 주는 함수입니다.
- rnd와 int를 적절히 사용하면 원하는 범위의 불규칙한 정수를 생성할 수 있습니다.
- 사용 방법

0 ≤ rnd() < 1	0보다 크거나 같고 1보다 작은 난수
0 ≤ rnd() * 10 < 10	0보다 크거나 같고 10보다 작은 난수
0 ≤ int(rnd() * 10) ≤ 9	0보다 크거나 같고 9보다 작거나 같은 불규칙한 정수
1 ≤ int(rnd() * 10 + 1) ≤ 10	1보다 크거나 같고 10보다 작거나 같은 불규칙한 정수

- int(rnd * A + B)에서 B는 시작할 정수, A는 B부터 표시될 정수의 개수입니다. 예를 들어, int(rnd * 13 + 2)이면 정수 2부터 13개의 정수(2~14)가 불규칙하게 출력됩니다.
- 이번 프로그램에선 이를 활용해 문제에 사용되는 숫자의 범위를 설정했고, 받아올림(내림)이 있는 문제를 만들었습니다.

• 문제 생성 초기설정

문제 생성 초기설정 코드는 프로젝트 탐색창 모듈 - Module1에서 확인할 수 있습니다.

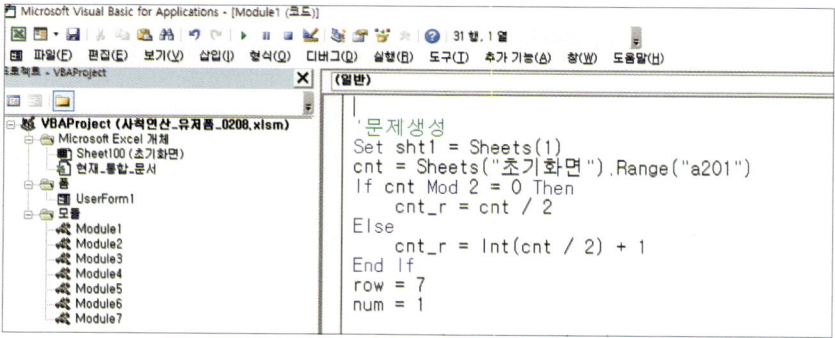

```
Set sht1 = Sheets(1)
cnt = Sheets("초기화면").Range("a201")
If cnt Mod 2 = 0 Then
    cnt_r = cnt / 2
Else
    cnt_r = Int(cnt / 2) + 1
End If
row = 7
num = 1
```

sht1 변수를 Sheets(1)로 설정합니다. cnt 변수를 앞에서 입력해 두었던 문항 수로 설정합니다. 두 개의 열로 문제를 출력하기 위해 cnt 값을 활용합니다. 이를 해결하기 위해 mod 함수를 이용했습니다. mod 함수는 나머지를 구하는 명령입니다. 문항 수를 2로 나누었을 때, 나머지가 0이면 짝수이므로 cnt_r에 cnt를 2로 나눈 값을 넣고, 나머지가 0이 아닌 경우엔 cnt를 2로 나눈 소수에서 정수 부분만 가져온 후 1을 더했습니다. 이것은 다음에 나올 문제입력에서 문제를 좌측 열과 우측 열에 고르게 입력하기 위한 부분입니다. row 변수에는 문제를 처음 입력할 행의 위치를 넣었습니다. num 변수는 문제의 번호를 입력할 때 사용하고 추후 ppt로 만들 때도 한 번 더 사용합니다.

> VBA의 모듈 카테고리에는 Module1, ……, Module7까지 여러 개의 모듈이 있습니다. 그중 Module1은 덧셈 계산과 관련된 코드가 있습니다. Module2는 뺄셈, Module3은 곱셈, Module4 나눗셈 연산과 관련된 코드가 있습니다.

• 문제 생성 조건판단

```
If InStr(shtname, "없는") > 0 Then
    If InStr(shtname, "(몇)+(몇)") > 0 Then
```

본격적으로 문제를 생성하기 위해 생성할 문제의 조건을 판단합니다. Instr을 이용해 받아올림(내림)이 있는지 판단합니다. 그리고 또 Instr을 이용해 학습 요소를 판단합니다. 여기서 판단한 학습 요소는 문제에 사용되는 숫자의 자릿수를 의미합니다. 이러한 판단 과정을 통해 학습 요소에 맞는 적절한 코드가 실행되도록 합니다.

• 문제 생성 〉 문제입력(좌측) 〉 (몇)+(몇)

```
For i = 1 To cnt_r
    sum1 = Int(Rnd() * 9 + 1)
    sum2 = Int(Rnd() * 10-sum1
    sht1.Cells(row, 1) = num & ". " & sum1 & " + " & sum2 & " = "
    sht1.Cells(num, 9) = sum1 & " + " & sum2 & " = "
    sht1.Cells(num, 10) = sum1 + sum2
    row = row + 2
    num = num + 1
Next
```

실행되는 부분입니다. 참고로 이 부분은 "받아올림이 없는 (몇)+(몇)" 조건입니다. 우선 문제를 입력하기 위해 for문을 사용합니다. int와 rnd를 이용해 1부터 9까지 불규칙한 정수를 생성해 sum1에 넣습니다. 받아올림이 없어야 하므로 sum2는 0부터 (10-sum1-1)개만큼의 정수 중에서 불규칙하게 생성해야 합니다. 예를 들어 sum1이 7인 경우에 sum2는 0~2의 정수 중에서 생성되어야 합니다. 이후 문제번호와 생성한 sum1, sum2 등을 합쳐 입력합니다. num변수를 활용해 시트 한쪽에 생성한 문제와 정답을 순서대로 입력합니다. 이 부분은 ppt만들기에서 사용될 부분이고 코드가 전부 실행된 후에는 삭제됩니다.

마지막으로 다음 입력을 위해 입력될 행(row)을 바꿔주고 문제 번호(num)도 바꿉니다.

여기서 sum1과 sum2를 생성하는 코드를 제외한 나머지 부분은 자릿수가 바뀌어도 같이 작동하므로 다음엔 자릿수가 바뀌었을 때 계산하는 부분만 살펴보겠습니다.

- 문제 생성 〉 문제입력(좌측) 〉 (몇십몇)+(몇)

```
sum1 = Int(Rnd() * 89 + 10)
sum2 = Int(Rnd() * (10 - Right(sum1, 1) - 1))
```

sum1에 10부터 99까지의 정수를 불규칙하게 생성해 넣어줍니다.
sum2는 받아올림이 없어야 하므로 sum1의 일의 자리의 수를 Right 함수로 찾고 계산합니다.

- 문제 생성 〉 문제입력(좌측) 〉 (몇십)+(몇십)

```
sum1 = Int(Rnd() * 8 + 1) * 10
sum2 = Int(Rnd() * (10 - Left(sum1, 1) - 1) + 1) * 10
```

sum1은 1~8까지의 정수를 불규칙하게 생성하고 10을 곱해 (몇십)을 만들어 줍니다. 8까지인 이유는 90을 생성하면 sum2가 최소 10이므로 받아올림이 일어나기 때문입니다.

이후 sum2는 Left 함수를 이용해 십의 자리의 숫자를 찾고 계산합니다.

- 문제 생성 〉 문제입력(좌측) 〉 (몇십몇)+(몇십몇)

```
sum1 = Int(Rnd() * 79 + 10)
sum2 = (Int(Rnd() * (10 - Left(sum1, 1) - 1) + 1) * 10) + (Int(Rnd() * (10 - Right(sum1, 1) - 1)))
```

sum1은 10부터 89까지의 숫자를 불규칙하게 생성해 넣어줍니다.

sum2는 Left 함수를 이용해 십의 자리 숫자를, Right 함수를 이용해 일의 자리 숫자를 찾아 계산합니다.

- 문제 생성 〉 문제입력(우측)

```
row = 7
For i = 1 To (cnt - cnt_r)
    sum1 = Int(Rnd() * 9 + 1)
    sum2 = Int(Rnd() * (10 - sum1 - 1))
    sht1.Cells(row, 3) = num & ". " & sum1 & " + " & sum2 & " = "
    sht1.Cells(num, 9) = sum1 & " + " & sum2 & " = "
    sht1.Cells(num, 10) = sum1 + sum2
    row = row + 2
    num = num + 1
Next
```

우측 열에 문제를 다시 입력해 주기 위해 문제가 입력되는 행(row)을 7로 초기화합니다. 이후 반복하는 횟수는 좌측에 입력된 cnt_r을 cnt에서 뺀 만큼입니다. sum1 이후의 코드는 좌측에 문제가 입력되는 코드와 문제가 입력되는 열의 값만 다르고 나머지는 동일합니다.

- 문제 생성 〉 서식

```
Columns("A").ColumnWidth = 30
Rows("4").RowHeight = 26
Rows("7:50").RowHeight = 30
Rows("7:50").Font.Size = 28
Range("a1:f2").Merge
Range("a1") = Right(shtname, Len(shtname) - InStr(shtname, "(") + 1)
Range("a1").Font.Size = 28
Range("a1").HorizontalAlignment = xlCenter
Range("d4") = "(      )학년 (      )반 이름 :"
Range("d4").HorizontalAlignment = xlRight
Range("d4").Font.Size = 16
```

입력된 문제의 서식을 변경하는 부분입니다. 출력하기 위해 조작하는 부분이고 사용하는 컴퓨터, 모니터, 프린터 설정에 따라 출력했을 때 틀에 맞지 않을 수 있으니 이 부분을 적절히 수정해 주면 됩니다. 코드만 간단히 설명하겠습니다.

- ColumnWidth : 열 너비
- RowHeight : 행 높이
- Font.Size : 글꼴 크기
- Merge : 셀 병합
- HorizontalAlignment = xlCenter : 가운데 정렬(xlLeft, xlRight)

ppt 자동 생성

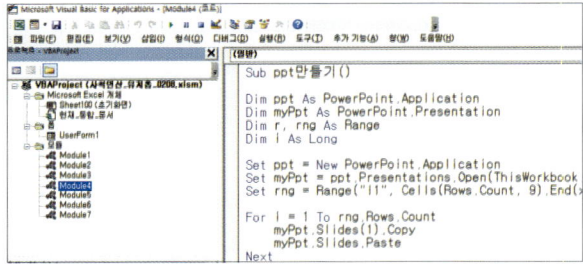

ppt 자동 생성과 관련된 모든 코드는 VBA - 모듈 - Module5 에서 확인할 수 있습니다.

- 변수선언

```
Dim ppt As PowerPoint.Application
Dim myPpt As PowerPoint.Presentation
Dim r, rng As Range
Dim i As Long
```

ppt만들기에 사용할 변수를 위와 같이 선언합니다.

- 초기설정

```
Set ppt = New PowerPoint.Application
Set myPpt = ppt.Presentations.Open(ThisWorkbook.Path & "\default.pptx", msoFalse)
Set rng = Range("I1", Cells(Rows.Count, 9).End(xlUp))
```

위에서 선언한 변수를 설정합니다. 이번 프로그램 파일과 같은 경로의 폴더에 있는 default.pptx 파일을 이용합니다. 같이 제공된 default.pptx 파일을 교사가 원하는 디자인의 파일로 교체해서 사용해도 됩니다. 주의 사항은 아래에서 자세히 설명하겠습니다. rng 변수에 I1셀부터 아래로 연속된 데이터를 넣습니다. 이 데이터는 앞에서 문제를 입력할 때 같이 입력해 둔 데이터이고 모든 코드가 실행된 후 삭제되는 데이터입니다.

- 슬라이드 복사하기

```
For i = 1 To rng.Rows.Count
    myPpt.Slides(1).Copy
    myPpt.Slides.Paste
Next
```

For문을 이용해 슬라이드를 복사합니다. 반복 횟수를 rng 변수에 들어있는 데이터의 끝 행 값으로 합니다. default.pptx의 첫 번째 슬라이드를 복사하고 붙여넣기를 반복 횟수만큼 합니다.

> 〈범위.Rows.Count〉
: 범위에 있는 행의 개수를 반환하는 함수입니다.
예 Range("A1:A3").Rows.Count → 3
　Range("A1:B3").Rows.Count → 3

- 문제입력

```
i = 2

For Each r In rng
    myPpt.Slides(i).Shapes(Sheets("초기화면").Range("J4").Value).TextEffect.Text = r.Value
    myPpt.Slides(i).Shapes(Sheets("초기화면").Range("J5").Value).TextEffect.Text = r.Offset(, 1).Value
    i = i + 1
Next
```

rng 변수의 첫 번째 데이터부터 두 번째 슬라이드(Slides(2))에 입력합니다.

각 슬라이드엔 2개의 TextBox가 있습니다.

"TextBox 4"는 문제가 입력되는 곳이고 "TextBox 5"는 정답이 입력되는 곳입니다.

여기엔 For Each문이 사용되었는데 For문과 다른 점은 범위를 순환하며 반복한다는 것입니다. For문이 정해진 횟수만큼 반복하는 것이라면 For Each문은 정해진 범위에 있는 각 셀을 순환하면 반복하는 것입니다. 즉 이번 프로그램에선 I열에 입력된 문제 전체를 범위로 설정(rng)하고 첫 번째인 I1셀부터 마지막 데이터까지 차례대로 순환하는 것입니다.

Offset은 특정범위(r)를 기준으로 다른 범위를 선택할 때 사용합니다. 위에서 r.Offset(, 1)의 의미는 r(문제)에서 오른쪽으로 1칸 움직인 범위(정답)를 나타냅니다.

- 슬라이드 삭제하기 및 저장

```
myPpt.Slides(1).Delete
```

슬라이드 복사를 위해 사용했던 첫 번째 슬라이드를 삭제합니다.

이후 다른 이름으로 저장을 선택해 원하는 곳에 저장합니다.

- 슬라이드 교체

프로그램의 장점은 교사가 원하는 ppt의 디자인, 애니메이션 효과, 서식 등으로 간단히 수정할 수 있다는 점입니다.

첫째, 새로운 ppt 파일을 열고 디자인을 선택합니다.

둘째, 텍스트 상자 2개를 추가합니다.

셋째, 각 텍스트 상자에 예문을 넣은 후 글꼴, 글꼴 크기, 텍스트 상자 위치 등을 조정합니다.

넷째, 텍스트 상자 이름을 확인합니다.

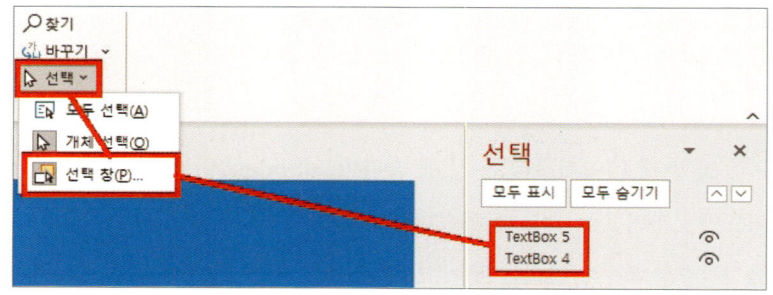

다섯째, 이번 프로그램 파일 "초기화면" 시트의 J4셀과 J5셀에 위에서 확인한 텍스트 상자 이름을 그대로 적어줍니다.

여섯째, 새로 만든 ppt를 이번 프로그램 파일과 같은 폴더에 default.pptx로 저장합니다.

02_4 연산문제 제작 프로그램 사용하기

유저폼 실행화면

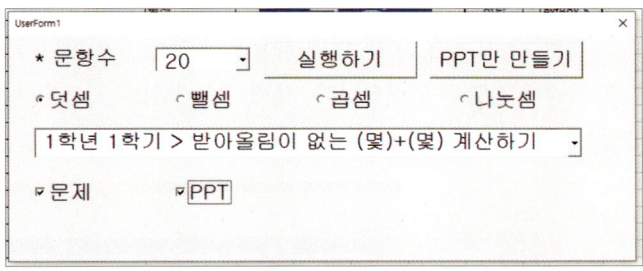

실행하기

문항수, 연산, 학습 요소, 문제, ppt 등을 선택하고 〈실행하기〉 버튼을 클릭합니다. 우측과 같이 엑셀 파일에 문제가 생성되고 ppt에 입력됩니다. 이후 출력, 다른 이름으로 저장하여 사용합니다.

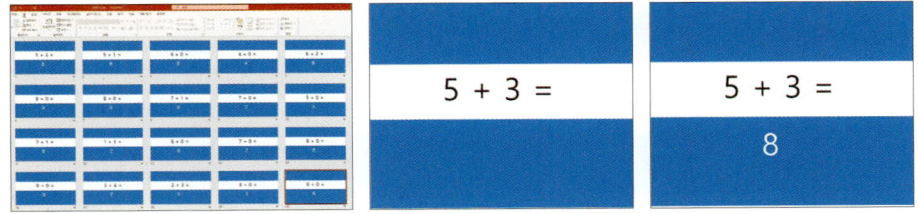

ppt 만들기 버튼

사칙연산이 아닌 간단한 퀴즈를 만들 때 사용하는 기능입니다. 사용 방법은 다음과 같습니다.

첫째, 이번 프로그램의 "초기화면" 시트 앞에 새로운 시트를 추가합니다. 둘째, 새로 만든 시트 A열에 문제, B열에 정답을 입력합니다. 셋째, "초기화면" 시트의 〈실행하기〉 버튼 클릭 후 〈ppt만 만들기〉 버튼을 클릭합니다.

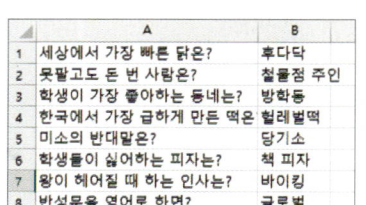
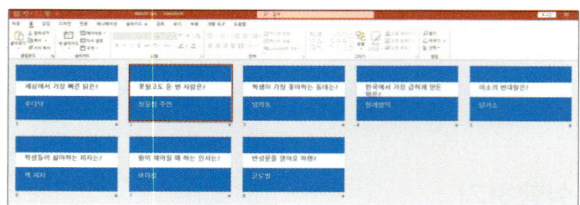

2_5 프로그램 전체코드 한눈에 보기

사용자 정의 폼 코드

- UserForm_Initialize 프로시저 코드

```
Private Sub UserForm_Initialize()
Dim r As Range
Dim i As Integer
For i = 1 To 20
    ComboBox2.AddItem i
Next
Label1.Font.Size = 20
CommandButton1.Font.Size = 20
CommandButton2.Font.Size = 20
ComboBox1.Font.Size = 20
ComboBox2.Font.Size = 20
OptionButton1.Font.Size = 20
OptionButton2.Font.Size = 20
OptionButton3.Font.Size = 20
OptionButton4.Font.Size = 20
chk_paper.Font.Size = 20
chk_ppt.Font.Size = 20
문제및ppt보이기
End Sub
```

- OptionButton1_Click 프로시저 코드

```
Private Sub OptionButton1_Click()
ComboBox1.Clear
Dim sht1 As Worksheet
Set sht1 = Sheets("초기화면")
For Each r In sht1.Range("c2", sht1.Cells(Rows.Count, 3).End(xlUp))
    If r.Offset(0, 1) = "덧셈" Then
        ComboBox1.AddItem r.Offset(0, -2) & " " & r.Offset(0, -1) & " > " & r.Value
    End If
Next
End Sub
```

- OptionButton2_Click 프로시저 코드

```
Private Sub OptionButton2_Click()
ComboBox1.Clear
Dim sht1 As Worksheet
Set sht1 = Sheets("초기화면")
For Each r In sht1.Range("c2", sht1.Cells(Rows.Count, 3).End(xlUp))
    If r.Offset(0, 1) = "뺄셈" Then
        ComboBox1.AddItem r.Offset(0, -2) & " " & r.Offset(0, -1) & " > " & r.Value
    End If
Next
End Sub
```

- OptionButton3_Click 프로시저 코드

```
Private Sub OptionButton3_Click()
ComboBox1.Clear
Dim sht1 As Worksheet
Set sht1 = Sheets("초기화면")
For Each r In sht1.Range("c2", sht1.Cells(Rows.Count, 3).End(xlUp))
    If r.Offset(0, 1) = "곱셈" Then
        ComboBox1.AddItem r.Offset(0, -2) & " " & r.Offset(0, -1) & " > " & r.Value
    End If
Next
End Sub
```

- OptionButton4_Click 프로시저 코드

```
Private Sub OptionButton4_Click()
ComboBox1.Clear
Dim sht1 As Worksheet
Set sht1 = Sheets("초기화면")
For Each r In sht1.Range("c2", sht1.Cells(Rows.Count, 3).End(xlUp))
    If r.Offset(0, 1) = "나눗셈" Then
        ComboBox1.AddItem r.Offset(0, -2) & " " & r.Offset(0, -1) & " > " & r.Value
    End If
Next
End Sub
```

- CommandButton1_Click 프로시저 코드

```
Private Sub CommandButton1_Click()
Dim shtname As String
Dim cnt As Integer
If chk_paper.Value = True Then
    Sheets("초기화면").Range("a200") = ComboBox1.Value
    cnt = ComboBox2.Value
    cnt = Int(cnt)
    Sheets("초기화면").Range("a201") = cnt
    If OptionButton1.Value = True Then
        덧셈
    End If
    If OptionButton2.Value = True Then
        뺄셈
    End If
    If OptionButton3.Value = True Then
        곱셈
    End If
    If OptionButton4.Value = True Then
        나눗셈
    End If
End If
If chk_ppt.Value = True Then
    Sheets("초기화면").Range("a200") = ComboBox1.Value
    cnt = ComboBox2.Value
    cnt = Int(cnt)
    Sheets("초기화면").Range("a201") = cnt
    덧셈
    ppt만들기
End If
Sheets("초기화면").Range("a200:a201").ClearContents
Sheets(1).Columns("i:j").Delete
End Sub
```

- CommandButton2_Click 프로시저 코드

```
Private Sub CommandButton2_Click()
    ppt만만들기
End Sub
```

- 문제및ppt보이기 프로시저 코드

VBA의 프로시저에서는 띄어쓰기를 사용할 수 없습니다. 프로시저 이름은 띄어쓰기 없이 연결해서 사용하거나 '_'와 같은 특수 기호를 연결하여 사용합니다.

```
Sub 문제및ppt보이기()
chk_paper.Visible = True
chk_ppt.Visible = True
End Sub
```

- 문제및ppt숨기기 프로시저 코드

```
Sub 문제및ppt숨기기()
chk_paper = False
chk_ppt.Visible = False
End Sub
```

- 덧셈 프로시저 코드

```
Sub 덧셈()
Dim r As Range
Dim shtname As String
Dim i, cnt, cnt_r, num, row As Integer
Dim sum1, sum2, sum3 As Integer
Dim sht1, sht2 As Worksheet
Randomize
Application.DisplayAlerts = False
For i = 1 To Sheets.Count
    If Sheets.Count > 2 Then
        Sheets(i).Delete
        i = i - 1
    End If
```

```
Next
Application.DisplayAlerts = True
shtname = Sheets("초기화면").Range("a200").Value
Sheets.Add before:=Sheets("초기화면")
Sheets(1).Name = shtname
Set sht1 = Sheets(1)
cnt = Sheets("초기화면").Range("a201")
If cnt Mod 2 = 0 Then
    cnt_r = cnt / 2
Else
    cnt_r = Int(cnt / 2) + 1
End If
row = 7
num = 1
If InStr(shtname, "없는") > 0 Then
    If InStr(shtname, "(몇)+(몇)") > 0 Then
        For i = 1 To cnt_r
            sum1 = Int(Rnd() * 9 + 1)
            sum2 = Int(Rnd() * (10 - sum1 - 1))
            sht1.Cells(row, 1) = num & ". " & sum1 & " + " & sum2 & " = "
            sht1.Cells(num, 9) = sum1 & " + " & sum2 & " = "
            sht1.Cells(num, 10) = sum1 + sum2
            row = row + 2
            num = num + 1
        Next
        row = 7
        For i = 1 To (cnt - cnt_r)
            sum1 = Int(Rnd() * 9 + 1)
            sum2 = Int(Rnd() * (10 - sum1 - 1))
            sht1.Cells(row, 3) = num & ". " & sum1 & " + " & sum2 & " = "
            sht1.Cells(num, 9) = sum1 & " + " & sum2 & " = "
            sht1.Cells(num, 10) = sum1 + sum2
            row = row + 2
            num = num + 1
        Next
    End If
Columns("A").ColumnWidth = 30
Rows("4").RowHeight = 26
Rows("7:50").RowHeight = 30
Rows("7:50").Font.Size = 28
```

```
    Range("a1:f2").Merge
    Range("a1") = Right(shtname, Len(shtname) - InStr(shtname, "(") + 1)
    Range("a1").Font.Size = 28
    Range("a1").HorizontalAlignment = xlCenter
    Range("d4") = "(      )학년 (      )반 이름 :"
    Range("d4").HorizontalAlignment = xlRight
    Range("d4").Font.Size = 16
End If
End Sub
```

- ppt만들기(파워포인트 생성 코드) 프로시저 코드

```
Sub ppt만들기()
Dim ppt As PowerPoint.Application
Dim myPpt As PowerPoint.Presentation
Dim r, rng As Range
Dim i As Long
Set ppt = New PowerPoint.Application
Set myPpt = ppt.Presentations.Open(ThisWorkbook.Path & "\default.pptx", msoFalse)
Set rng = Range("I1", Cells(Rows.Count, 9).End(xlUp))
For i = 1 To rng.Rows.Count
    myPpt.Slides(1).Copy
    myPpt.Slides.Paste
Next
i = 2
For Each r In rng
    myPpt.Slides(i).Shapes(Sheets("초기화면").Range("J4").Value).TextEffect.Text = r.Value
    myPpt.Slides(i).Shapes(Sheets("초기화면").Range("J5").Value).TextEffect.Text = r.Offset(, 1).Value
    i = i + 1
Next
myPpt.Slides(1).Delete
End Sub
```

- ppt만만들기(ppt만 만들기 버튼과 연결된 코드) 프로시저 코드

```
Sub ppt만만들기()
Dim ppt As PowerPoint.Application
Dim myPpt As PowerPoint.Presentation
Dim r, rng As Range
Dim i As Long
Set ppt = New PowerPoint.Application
Set myPpt = ppt.Presentations.Open(ThisWorkbook.Path & "\default1.pptx", msoFalse)
Set rng = Sheets(1).Range(Sheets(1).Range("a1"), Sheets(1).Cells(Rows.Count, 1).End(xlUp))
For i = 1 To rng.Rows.Count
    myPpt.Slides(1).Copy
    myPpt.Slides.Paste
Next
i = 2
For Each r In rng
    myPpt.Slides(i).Shapes(Sheets("초기화면").Range("J4").Value).TextEffect.Text = r.Value
    myPpt.Slides(i).Shapes(Sheets("초기화면").Range("J5").Value).TextEffect.Text = r.Offset(, 1).Value
    i = i + 1
Next
myPpt.Slides(1).Delete
End Sub
```

❝ VBA에서 사용하는 프로시저의 이름은 영어뿐만 아니라 한글도 사용할 수 있습니다.

02_6 마무리하기

　지금까지 엑셀의 VBA를 활용하여, 학생들에게 제공하는 학습지 형태의 교수학습자료와 수업시간에 골든벨 형식으로 사용할 수 있는 파워포인트 교수학습자료를 생성할 수 있는 프로그램을 살펴보았습니다. 프로그램을 만드는 과정을 완벽하게 이해하기 위해서는 전문적 수준의 지식이 필요하지만, 이번 책에서 제시된 내용을 차례대로 따라하다 보면, 엑셀 시트의 데이터만 조금씩 변경하여 사용자가 필요로 하는 교수 학습 자료를 생성할 수 있을 것입니다.

03
ppt 그림퀴즈 제작 자동화 프로그램 만들기

03_1 프로그램 설명

그림파일의 부분을 조금씩 공개하며 전체 그림파일이 무엇인지 맞히는 놀이 형식의 학습 도구를 자동으로 제작해 주는 프로그램입니다. 학습이 시작될 때 학생들의 흥미를 유발하는 도구로 사용하거나 학습을 정리할 때 사용할 수 있습니다. 교사의 단순 반복 노동을 줄이고, 수동으로 제작할 때 생길 수 있는 오류를 예방하기 위해 만들었습니다.

03_2 프로그램 제작 준비하기

파일 준비

※ 아래 파일의 다운로드 방법은 책 4~5쪽 "독자지원센터–책 소스 다운로드" 방법을 참고합니다.

그림퀴즈 – image

좌측에 있는 폴더와 파일이 하나의 폴더에 들어있어야 합니다. "images" 폴더의 폴더명을 변경하면 이번 프로그램에서 E7 셀의 값을 변경한 폴더명으로 수정해야 합니다.

"default_4(8, 16)" 파일의 파일명을 변경하면 이번 프로그램의 코드를 수정해야 합니다.

사용한 예시 이미지

03_3 그림 맞추기 퀴즈 프로그램 코드 살펴보기

작동 원리

　미리 만들어 둔 "default_4(8, 16).pptx" 파일의 슬라이드 1은 슬라이드 전체를 흰색의 직사각형 4칸(8, 16칸)으로 나누어 둔 슬라이드입니다. 여기서 각 칸은 애니메이션 효과를 넣어 클릭했을 때 사라지도록 했습니다. 슬라이드 1에 그림파일을 삽입하고 그림파일을 맨 뒤로 정렬하면 슬라이드쇼에서 각 칸을 클릭할 때 앞에 있는 흰색의 직사각형이 사라지면서 뒤에 있는 그림파일이 공개되는 방식입니다. 그리고 슬라이드 2는 정답 공개를 위한 빈 슬라이드입니다. 이를 구현하기 위해 "default_4(8, 16).pptx" 파일의 슬라이드 1을 복사하고 그림파일을 삽입하고, 슬라이드 2를 복사하고 그림파일을 삽입하는 과정을 코드로 반복했습니다. 그리고 복사에 사용된 슬라이드 1과 슬라이드 2를 삭제하며 마무리됩니다.

　4칸, 8칸, 16칸은 사용하는 pptx 파일만 다를 뿐 코드는 99.9% 같으므로 4칸 파일을 만드는 코드로 설명하겠습니다.

초기화면

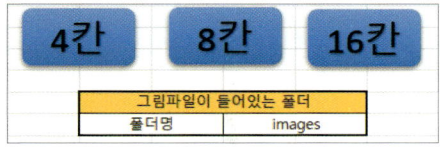

　교사가 쉽게 사용할 수 있도록 4칸, 8칸, 16칸으로 나누는 버튼을 만들었고, 만들 때마다 그림파일이 있는 폴더가 바뀔 수 있기에 코드 수정 없이 변경된 폴더명을 입력해 작동할 수 있도록 구성했습니다.

> 그림 맞추기 퀴즈 엑셀 프로그램 코드 다운로드는 책 4~5쪽 "독자지원센터-책 소스 다운로드" 방법 또는 아래 링크에서 확인할 수 있습니다.
> https://drive.google.com/drive/folders/1bHEGnnd3U8_MyRVPM2CEB4crk_WI_tbl?usp=sharing

그림 맞추기 퀴즈 프로그램의 구성 알아보기

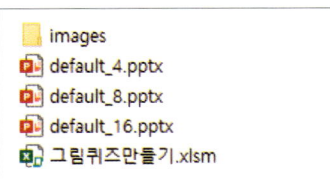

- images 폴더는 퀴즈형태로 제공되는 이미지 파일을 저장하는 곳입니다.
- default_4.pptx, default_8.pptx, default_16.pptx 파일은 4분할, 8분할, 16분할을 나타내며 퀴즈의 난이도를 선택할 수 있습니다. 그림퀴즈만들기.xlsm파일이 이번 주제에서 다룰 프로그램 파일입니다.

변수선언

그림퀴즈만들기.xlsm파일을 열고, VBA 창을 실행합니다.(단축키 ALT + F11을 사용하면 됩니다.) 그리고 모듈-Module1을 선택합니다.

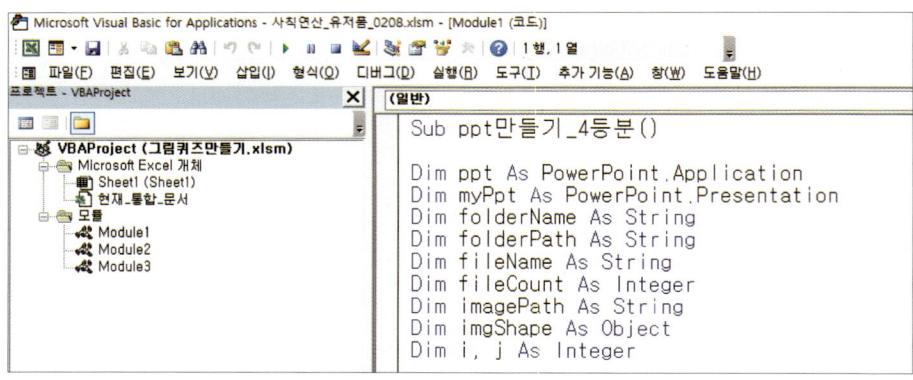

```
Dim ppt As PowerPoint.Application
Dim myPpt As PowerPoint.Presentation
Dim folderName As String
Dim folderPath As String
Dim fileName As String
Dim fileCount As Integer
Dim imagePath As String
Dim imgShape As Object
Dim i, j As Integer
```

코드에 필요한 변수를 선언합니다.

- ppt : 파워포인트 프로그램을 실행하기 위한 변수

- myPpt : 프로그램에서 사용할 ppt

- folderName : 그림파일이 들어있는 폴더명을 넣기 위한 변수

- folderPath : 그림파일이 들어있는 폴더의 경로

- fileName : 그림파일명

- fileCount : 그림파일의 개수

- imagePath : 그림파일의 경로

- imgShape : 그림파일을 삽입하고 서식 등을 변경하기 위한 변수

- i, j : 반복을 위한 변수

ppt 실행하기

```
Set ppt = New PowerPoint.Application
Set myPpt = ppt.Presentations.Open(ThisWorkbook.Path & "\default_4.pptx", msoFalse)
```

엑셀로 ppt를 조작하기 위해 설정하는 코드입니다. 위 코드는 4칸으로 나누어진 ppt를 사용하는 코드이고 default_4.pptx 파일을 실행하라는 코드입니다.

경로 설정

```
folderName = Range("e7")
folderPath = myPpt.Path & "\" & folderName & "\"
```

삽입할 그림파일을 불러오기 위해 그림파일의 경로를 설정하는 코드입니다. 현재 실행되고 있는 ppt의 경로(myPpt.Path)와 \, 그림파일 폴더명(folderName) 등을 &를 이용해 문자열로 합쳐 경로를 설정합니다.

Path는 해당 파일의 경로를 반환하고 \는 폴더를 들어갈 때 사용합니다. 즉, 〈myPpt. Path & "\" & folderName & "\"〉코드는 "myPpt가 있는 폴더 안에 있는 folderName의 폴더 안"이라는 의미입니다.

파일명 반환

```
fileName = Dir(folderPath & "*.*")
```

Dir 함수는 특정 조건을 만족하는 폴더나 파일의 이름을 반환합니다. 여기서는 "*.*" 조건을 이용하여 folderPath 경로 내의 모든 파일 중 첫 번째 파일명을 fileName 변수에 할당합니다.

> 하나의 폴더에 jpg, png, bmp 등의 여러 확장자의 파일이 있을 때 특정 확장자의 파일만을 디렉토리에 추가하고 싶다면 "*.jpg" 와 같이 변경합니다. 이를 활용하면 하나의 폴더에 다양한 이름의 파일이 있고 이 중에서 특정 단어가 들어간 이름의 파일만 디렉토리에 추가 할 수 있습니다. 예를 들어, 6학년 학생들의 사진이 "6학년 1반 박앤써", "6학년 1반 김앤써", "6학년 2반 이앤써", "6학년 3반 유앤써"와 같이 일정한 규칙(학년, 반, 이름)을 갖고 저장되어 있을 때 1반 학생의 사진들만 디렉토리에 추가하고 싶다면 "*1반**"와 같이 할 수 있습니다.

그림파일 개수 세기

```
Do While Len(fileName) > 0
    fileCount = fileCount + 1
    fileName = Dir
Loop
```

fileName 변수에 있는 각각의 fileName을 순환하며 개수를 세는 코드입니다. 이렇게 센 개수는 뒤에서 ppt에 그림파일을 삽입할 때 반복 횟수를 정하는 것에 사용됩니다.

여기선 특정 조건을 만족할 때 반복하는 Do ~ Loop문을 사용했습니다. VBA에서 반복문은 크게 Do~Loop문과 For~Next문으로 나눌 수 있습니다.

Do~Loop문은 특정 조건을 만족할 때(참) 일 때만 실행이 필요할 때 사용하며 조건을 잘못 설정했을 때 무한반복에 빠지는 것을 주의해야 합니다.

For~Next문은 반복 횟수를 지정할 수 있으므로 무한반복에 빠지는 위험은 적지만 반복횟수를 모르거나, 반복의 범위가 넓을 때 속도가 느린 단점이 있습니다.

Len은 특정 문자열의 길이를 정수로 반환하는 함수입니다. 예를 들면 Len("VBA")는 정수 3을 반환합니다. Do ~ Loop문에 Len 함수를 활용하여 파일이 있는 경우만 반복되게 조건을 추가 할 수 있습니다.

즉 디렉토리 안에 있는 데이터를 순환하면서 파일의 존재 여부를 확인합니다. 즉, fileName의 값이 있다면 fileCount 변수를 1씩 증가시키고 Dir 함수를 다시 호출하여 다음 파일을 탐색하고 fileName에 다음 파일명을 할당합니다. 더 이상 탐색할 파일이 없다면 Do~Loop문을 빠져나옵니다.

PPT 이미지 자동 삽입 코드

images 폴더 안에 있는 여러 이미지를 파워포인트 슬라이드에 각각 한 장씩 삽입하는 코드를 살펴봅시다.

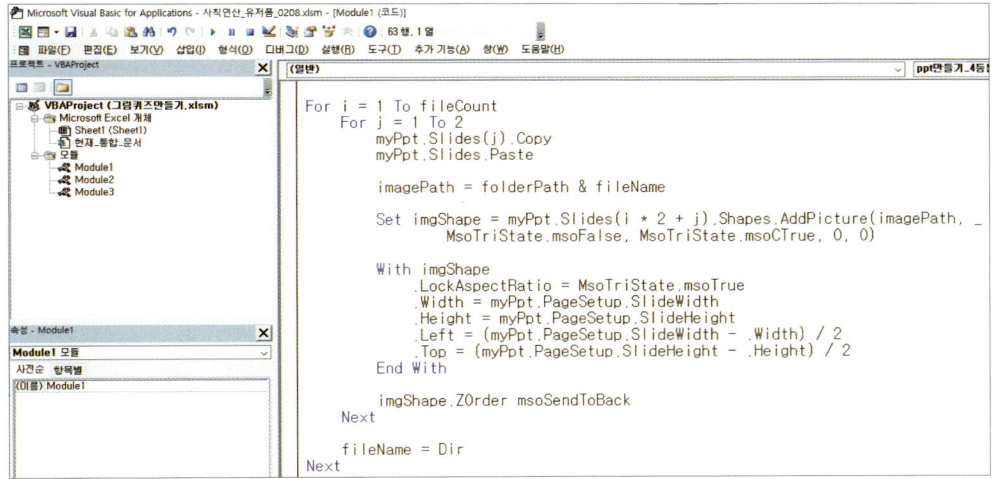

- 반복문

```
For i = 1 To fileCount
    For j = 1 To 2
```

For~Next문을 이용해 슬라이드를 추가하고 그림을 삽입하기 위한 반복문입니다. i는 그림파일의 개수만큼 반복하기 위한 변수이고 j는 슬라이드 1과 슬라이드 2를 번갈아 가며 반복하기 위한 변수입니다. 모든 그림의 슬라이드 복사, 붙여넣기, 그림 삽입, 서식 조정을 두 번씩 반복하는 것으로 이해하시면 됩니다. 반복을 따로 두 번 실행해도 되지만 코드를 간결하게 작성하기 위해 이중 반복문으로 구성했습니다.

- 슬라이드 복사, 붙여넣기

```
myPpt.Slides(j).Copy
myPpt.Slides.Paste
```

기존에 만들어 둔 ppt 파일의 슬라이드(j)를 복사하고 붙여넣는 코드입니다. j가 1일 땐 슬라이드 1을, j가 2일 땐 슬라이드 2를 복사, 붙여넣기 합니다.

- 그림파일 경로 설정

```
imagePath = folderPath & fileName
```

위에서 설정한 그림파일이 들어있는 폴더의 경로에 그림파일의 이름을 합쳐 최종 그림파일의 경로를 설정합니다. 처음부터 특정 경로로 설정하지 않고 이처럼 폴더의 경로와 파일명을 합쳐 최종 경로를 설정하는 이유는 교사마다 사용하는 폴더의 경로가 다르기 때문입니다. 〈파일 준비하기〉 단계처럼 이번 프로그램 파일과 사용할 pptx 파일, 그림파일 폴더가 하나의 폴더에만 들어있으면 그 폴더가 어디에 있든(바탕화면, 기타 드라이브 등) 작동할 수 있도록 했습니다.

- 그림파일 삽입

```
Set imgShape = myPpt.Slides(i * 2 + j).Shapes.AddPicture(imagePath, MsoTriState.msoFalse, MsoTriState.msoCTrue, 0, 0)
```

그림파일을 삽입하는 코드입니다. myPpt.Slides(i * 2 + j) 코드를 이해하기 위해 이번 프로그램의 작동 원리를 설명하겠습니다. 이번 프로그램은 슬라이드 1과 슬라이드 2를 복사하여 슬라이드 2 뒤에 붙여넣기 해 슬라이드 3과 슬라이드 4로 만들고 각 슬라이드에 그림을 삽입하는 방식으로 작동합니다. 즉, 첫 번째 그림이 삽입되는 슬라이드는 슬라이드 3입니다. 그리고 슬라이드 4에 같은 그림을 삽입하고 두 번째 그림으로 넘어갑니다.

그림파일(a)	삽입되는 슬라이드 번호(index)(b)
첫 번째(1)	3, 4
두 번째(2)	5, 6
세 번째(3)	7, 8
…	…

위와 같이 작동하므로 변수 i와 j를 이용해 슬라이드 번호(Index)를 표현한 것입니다.

- 그림파일 서식 설정 코드

```
With imgShape
    .LockAspectRatio = MsoTriState.msoTrue
    .Width = myPpt.PageSetup.SlideWidth
    .Height = myPpt.PageSetup.SlideHeight
    .Left = (myPpt.PageSetup.SlideWidth - .Width) / 2
    .Top = (myPpt.PageSetup.SlideHeight - .Height) / 2
End With
```

삽입된 그림의 서식(위치, 크기 등)을 설정하는 코드입니다. 위 코드는 슬라이드를 가득 채워 가운데 정렬하라는 의미입니다.

- 그림파일 정렬

```
imgShape.ZOrder msoSendToBack
```

기본 파일에 있는 흰색의 직사각형 4칸(8칸, 16칸)에 그림이 가려져야 하므로 삽입한 그림을 맨 뒤로 보내주는 코드입니다.

- 다음 그림파일

```
fileName = Dir
```

Dir 함수를 다시 호출하면 지정한 조건에 맞는 다음 파일명이 반환됩니다. 이 파일명은 다시 fileName 변수에 할당하는 코드입니다.

- 슬라이드 삭제

```
myPpt.Slides(1).Delete
myPpt.Slides(1).Delete
```

위의 이중반복문을 통해 슬라이드에 그림파일이 삽입되었으면 복사, 붙여넣기에 사용한 슬라이드 1과 슬라이드 2를 삭제하라는 코드입니다. 슬라이드 1을 삭제하라는 명령이 두 번 연속으로 나오는 이유는 myPpt.Slides(1).Delete로 슬라이드 1을 삭제하면 슬라이드 2가 슬라이드 1로 바뀌기 때문에 한 번 더 myPpt.Slides(1).Delete로 슬라이드 1을 삭제하는 것입니다.

03_4 사용하기

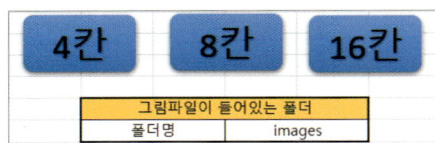

〈파일 준비〉 단계처럼 이번 프로그램과 사용할 pptx 파일, 그림파일이 들어있는 폴더를 하나의 폴더에 넣어두고 E7셀의 값을 그림파일이 들어있는 폴더명으로 변경 후 원하는 버튼을 클릭합니다. 이후 만들어진 pptx 파일을 다른 이름으로 저장하여 사용합니다.

〈생성된 ppt 슬라이드〉

〈"문제" 슬라이드쇼 화면〉

〈왼쪽 위 칸 클릭했을 때〉

〈"정답" 슬라이드쇼 화면〉

03_5 프로그램 전체 코드 한눈에 보기

ppt만들기_4등분 모듈 코드

소스 파일명 : 그림 퀴즈 만들기.xlsm

```vba
Sub ppt만들기_4등분()

Dim ppt As PowerPoint.Application
Dim myPpt As PowerPoint.Presentation
Dim folderName As String
Dim folderPath As String
Dim fileName As String
Dim fileCount As Integer
Dim imagePath As String
Dim imgShape As Object
Dim i, j As Integer

Set ppt = New PowerPoint.Application
Set myPpt = ppt.Presentations.Open(ThisWorkbook.Path & "\default_4.pptx", msoFalse)

folderName = Range("e7")
folderPath = myPpt.Path & "\" & folderName & "\"
fileName = Dir(folderPath & "*.*")

Do While Len(fileName) > 0
    fileCount = fileCount + 1
    fileName = Dir
Loop

fileName = Dir(folderPath & "*.*")

For i = 1 To fileCount
    For j = 1 To 2
        myPpt.Slides(j).Copy
        myPpt.Slides.Paste
        imagePath = folderPath & fileName
        Set imgShape = myPpt.Slides(i * 2 + j).Shapes.AddPicture(imagePath, _
            MsoTriState.msoFalse, MsoTriState.msoCTrue, 0, 0)
        With imgShape
            .LockAspectRatio = MsoTriState.msoTrue
            .Width = myPpt.PageSetup.SlideWidth
            .Height = myPpt.PageSetup.SlideHeight
```

```
                .Left = (myPpt.PageSetup.SlideWidth - .Width) / 2
                .Top = (myPpt.PageSetup.SlideHeight - .Height) / 2
            End With
            imgShape.ZOrder msoSendToBack
        Next
        fileName = Dir
Next

myPpt.Slides(1).Delete
myPpt.Slides(1).Delete

End Sub
```

ppt만들기_8등분 모듈 코드

소스 파일명 : 그림 퀴즈 만들기.xlsm

```
Sub ppt만들기_8등분()

Dim ppt As PowerPoint.Application
Dim myPpt As PowerPoint.Presentation
Dim folderName As String
Dim folderPath As String
Dim imagePath As String
Dim fileName As String
Dim imgShape As Object
Dim fileCount As Integer
Dim i, j As Integer

Set ppt = New PowerPoint.Application
Set myPpt = ppt.Presentations.Open(ThisWorkbook.Path & "\default_8.pptx", msoFalse)
folderName = Range("e7")
folderPath = myPpt.Path & "\" & folderName & "\"
fileName = Dir(folderPath & "*.*")

Do While Len(fileName) > 0
    fileCount = fileCount + 1
    fileName = Dir
Loop

fileName = Dir(folderPath & "*.*")
For i = 1 To fileCount
```

```
    For j = 1 To 2
        myPpt.Slides(j).Copy
        myPpt.Slides.Paste
        imagePath = folderPath & fileName
        Set imgShape = myPpt.Slides(i * 2 + j).Shapes.AddPicture(imagePath, _
                MsoTriState.msoFalse, MsoTriState.msoCTrue, 0, 0)
        With imgShape
            .LockAspectRatio = MsoTriState.msoTrue
            .Width = myPpt.PageSetup.SlideWidth
            .Height = myPpt.PageSetup.SlideHeight
            .Left = (myPpt.PageSetup.SlideWidth - .Width) / 2
            .Top = (myPpt.PageSetup.SlideHeight - .Height) / 2
        End With
        imgShape.ZOrder msoSendToBack
    Next
    fileName = Dir
Next

myPpt.Slides(1).Delete
myPpt.Slides(1).Delete

End Sub
```

ppt만들기_16등분 모듈 코드

소스 파일명 : 그림 퀴즈 만들기.xlsm

```
Sub ppt만들기_16등분()

Dim ppt As PowerPoint.Application
Dim myPpt As PowerPoint.Presentation
Dim folderName As String
Dim folderPath As String
Dim imagePath As String
Dim fileName As String
Dim imgShape As Object
Dim fileCount As Integer
Dim i, j As Integer

Set ppt = New PowerPoint.Application
Set myPpt = ppt.Presentations.Open(ThisWorkbook.Path & "\default_16.pptx", msoFalse)
folderName = Range("e7")
folderPath = myPpt.Path & "\" & folderName & "\"
```

```
    fileName = Dir(folderPath & "*.*")

Do While Len(fileName) > 0
    fileCount = fileCount + 1
    fileName = Dir
Loop

    fileName = Dir(folderPath & "*.*")

For i = 1 To fileCount
    For j = 1 To 2
        myPpt.Slides(j).Copy
        myPpt.Slides.Paste
        imagePath = folderPath & fileName
        Set imgShape = myPpt.Slides(i * 2 + j).Shapes.AddPicture(imagePath, _
            MsoTriState.msoFalse, MsoTriState.msoCTrue, 0, 0)
        With imgShape
            .LockAspectRatio = MsoTriState.msoTrue
            .Width = myPpt.PageSetup.SlideWidth
            .Height = myPpt.PageSetup.SlideHeight
            .Left = (myPpt.PageSetup.SlideWidth - .Width) / 2
            .Top = (myPpt.PageSetup.SlideHeight - .Height) / 2
        End With
        imgShape.ZOrder msoSendToBack
    Next
    fileName = Dir
Next

myPpt.Slides(1).Delete
myPpt.Slides(1).Delete

End Sub
```

03_6 마무리하기

이번 주제는 교실에서 많이 사용할 수 있는 그림의 일부분을 보고 전체를 맞추는 퀴즈형 파워포인트를 자동으로 생성하는 프로그램입니다. images 폴더의 사진을 변경하면 다양한 주제의 교수학습자료를 만들 수 있습니다. 특히 학생들의 작품을 사용한다면 어떨까요? 학생 참여형 수업을 위한 교수학습자료를 하나씩 만들어 봅시다.

04 학생 발표자료 제작 자동화 프로그램 만들기

04_1 프로그램 설명

   이번 프로그램은 다양한 그림파일과 그에 따른 텍스트를 같은 형식에 삽입해야 할 때 사용하기 위해 만들었습니다. 학생들의 작품 사진과 학생의 이름을 ppt에 넣어 발표 자료로 만들거나, 졸업식에서 졸업장을 받는 학생들의 사진과 이름이 나오도록 ppt를 만든다거나, 전입·전출 교사를 조회 시간에 소개하는 ppt 등을 만들 때 유용하게 사용할 수 있습니다.

04_2 프로그램 제작 준비하기

파일 준비

※ 아래 파일의 다운로드 방법은 책 4~5쪽 "독자지원센터-책 소스 다운로드" 방법을 참고합니다

   좌측에 있는 폴더와 파일이 하나의 폴더에 들어있어야 합니다. "images" 폴더의 폴더명을 변경하면 이번 프로그램에서 H3 셀의 값을 변경한 폴더명으로 수정해야 합니다.

   "default_merge.pptx" 파일의 파일명을 변경하면 이번 프로그램의 코드를 수정해야 합니다.

사용한 예시 이미지

04_3 학생 발표자료 제작 프로그램 살펴보기

작동 원리

미리 만들어 둔 "default_merge.pptx" 파일의 슬라이드 1은 슬라이드 전체를 흰색 배경으로 하고 텍스트가 입력될 텍스트상자를 만들어둔 슬라이드입니다. 슬라이드 가운데에 학생의 발표 자료(이미지)가 삽입되고 학생 발표 자료(이미지) 아래에 텍스트가 입력되는 방식입니다. 학생의 발표 자료(이미지)에 애니메이션 효과는 사용하지 않았고 애니메이션 효과를 사용하기 위해선 코드 수정이 필요합니다. 텍스트 상자의 경우 애니메이션 효과를 지정해 두면 적용됩니다.

이를 구현하기 위해 "default_merge.pptx" 파일의 슬라이드 1을 복사하고 그림파일을 슬라이드 가운데에 삽입하고, 텍스트 상자에 텍스트를 입력하는 과정을 코드로 반복했습니다. 그리고 복사에 사용된 슬라이드 1을 삭제하며 마무리됩니다. 〈ppt 그림퀴즈 제작 자동화 프로그램 만들기〉와 작동 원리에서 같은 부분이 많으므로 다른 점 위주로 설명하겠습니다.

초기화면

엑셀을 살펴보면 VBA 접근없이 바로 만들 수 있도록 만들기 버튼을 사용했습니다. ppt를 만들 때마다 그림파일이 있는 폴더를 변경할 수 있기에 코드 수정 없이 변경된 폴더명을 직접 입력할 수 있도록 H3 셀에 폴더명을 입력할 수 있습니다. 그리고 B열의 텍스트는 삽입되는 이미지를 설명할 수 있는 간단한 설명을 입력할 수 있습니다. 마지막으로 G7셀의 'TextBox5'는 파워포인트 텍스트 상자의 이름을 의미하며, 이 이름을 이용하여 B열의 내용을 파워포인트 텍스트상자에 입력할 수 있습니다.

> 🔖 학생 발표자료 제작 프로그램 코드 다운로드는 책 4~5쪽 "독자지원센터-책 소스 다운로드" 방법 또는 아래 링크에서 확인할 수 있습니다.
> https://drive.google.com/drive/folders/1tqtBaTy2BkrfSxATbPyi016CgHkCdBbg?usp=sharing

변수선언

```
Dim ppt As PowerPoint.Application
Dim myPpt As PowerPoint.Presentation
Dim foldername As String
Dim folderPath As String
Dim imagePath As String
Dim filename As String
Dim imgShape As Object
Dim fileCount As Integer
Dim i As Integer
```

코드에 필요한 변수를 선언합니다.
- ppt : 파워포인트 프로그램을 실행하기 위한 변수
- myPpt : 프로그램에서 사용할 ppt
- foldername : 그림파일이 들어있는 폴더명을 넣기 위한 변수
- folderPath : 그림파일이 들어있는 폴더의 경로
- filename : 그림파일명
- fileCount : 그림파일의 개수
- imagePath : 그림파일의 경로
- imgShape : 그림파일을 삽입하고 서식 등을 변경하기 위한 변수
- i : 반복을 위한 변수

ppt 실행하기

```
Set ppt = New PowerPoint.Application
Set myPpt = ppt.Presentations.Open(ThisWorkbook.Path & "\default_merge.pptx", msoFalse)
```

엑셀로 ppt를 조작하기 위해 설정하는 코드입니다. 위 코드는 default_merge.pptx 파일을 실행하는 코드입니다.

> **❝ 기본 파일 변경**
> ❶ 원하는 디자인의 pptx 파일 생성 후 다름이름으로 저장합니다.
> ❷ 저장한 파일의 파일명으로 "₩defalut_merge.pptx" 부분 변경합니다.

경로 설정

```
foldername = Range("h3")
folderPath = myPpt.Path & "\" & foldername & "\"
```

삽입할 그림파일을 불러오기 위해 그림파일의 경로를 설정하는 코드입니다. 현재 실행되고 있는 ppt의 경로(myPpt.Path)와 \, 그림파일 폴더명(folderName) 등을 &를 이용해 문자열로 합쳐 경로를 설정합니다. Path는 해당 파일의 경로를 반환하고 \는 역슬래시(\)로 폴더를 들어갈 때 사용합니다. 즉, 〈myPpt.Path & "\" & folderName & "\"〉코드는 "myPpt가 있는 폴더 안에 있는 folderName의 폴더 안"이라는 의미입니다.

디렉토리 추가

```
filename = Dir(folderPath & "*.*")
```

위에서 그림파일이 있는 폴더의 경로를 설정했으므로 해당 폴더 안에 있는 모든 파일을 filename이라는 문자열 변수에 넣는 코드입니다.

그림파일 개수 세기

```
Do While Len(filename) > 0
    fileCount = fileCount + 1
    filename = Dir
Loop
```

filename 변수에 있는 각각의 filename을 순환하며 개수를 세는 코드입니다. 이렇게 센 개수는 뒤에서 ppt에 그림파일을 삽입할 때 반복횟수를 정하는 것에 사용됩니다.

여기선 특정 조건을 만족할 때 반복하는 Do While문을 사용했습니다. VBA에서 반복문은 크게 Do~Loop문과 For~Next문으로 나눌 수 있습니다.

그림파일 삽입

- 반복문 전체

```
For i = 2 To fileCount + 1
    myPpt.Slides(1).Copy
    myPpt.Slides.Paste
    imagePath = folderPath & filename
     Set imgShape = myPpt.Slides(i).Shapes.AddPicture(imagePath,   MsoTriState.msoFalse,
MsoTriState.msoCTrue, 0, 0, 8.65 * 28.35, 13 * 28.35)
    With imgShape
        .Left = (myPpt.PageSetup.SlideWidth - .Width) / 2
        .Top = (myPpt.PageSetup.SlideHeight - .Height) / 2
    End With
    myPpt.Slides(i).Shapes(Range("G6").Value).TextEffect.Text = Cells(i, 2).Value
    filename = Dir
Next
```

For~Next문을 이용해 슬라이드를 추가하고 그림을 삽입하기 위한 반복문입니다.

첫 번째 그림파일부터 마지막 번째 그림파일까지 슬라이드 복사, 붙여넣기, 그림 삽입, 서식 조정을 반복하는 것으로 이해하면 됩니다.

- 슬라이드 복사, 붙여넣기

```
myPpt.Slides(1).Copy
myPpt.Slides.Paste
```

기존에 만들어 둔 ppt 파일의 슬라이드(1)을 복사하고 붙여 넣는 코드입니다. 이번 프로그램에선 슬라이드를 복사하지 않고 새 슬라이드를 만들면서 해도 되지만 앞서 소개해 드린 프로그램들과의 연결성을 위해 같은 방식을 사용했습니다.

- 그림파일 경로 설정

```
imagePath = folderPath & filename
```

위에서 설정한 그림파일이 들어있는 폴더의 경로에 그림파일의 이름을 합쳐 최종 그림파일의 경로를 설정합니다. 처음부터 특정 경로로 설정하지 않고 이처럼 폴더의 경로와 파일명을 합쳐 최종 경로를 설정하는 이유는 교사마다 사용하는 폴더의 경로가 다르기 때문입니다. 〈파일 준비하기〉 단계처럼 이번 프로그램 파일과 사용할 pptx 파일, 그림파일 폴더가 하나의 폴더에만 들어있으면 그 폴더가 어디에 있든(바탕화면, 기타 드라이브 등) 작동할 수 있도록 했습니다.

- 그림파일 삽입

```
Set imgShape = myPpt.Slides(i).Shapes.AddPicture(imagePath,  MsoTriState.msoFalse,
MsoTriState.msoCTrue, 0, 0, 8.65 * 28.35, 13 * 28.35)
```

그림파일을 삽입하는 코드입니다.

myPpt.Slides(i) 코드를 이해하기 위해 이번 프로그램의 작동 원리를 설명하겠습니다. 이번 프로그램은 슬라이드 1(빈 슬라이드)을 복사하여 마지막 슬라이드 뒤에 붙여넣기 하고 그림과 텍스트를 삽입하는 방식으로 작동합니다. 즉, 첫 번째 그림과 텍스트가 삽입되는 슬라이드는 슬라이드 2입니다. 그리고 두 번째 그림으로 넘어갑니다. 두 번째 그림과 텍스트가 삽입되는 슬라이드는 슬라이드 3입니다.

그림파일 및 텍스트	삽입되는 슬라이드 번호(Index)
첫 번째(1)	2
두 번째(2)	3
세 번째(3)	4
…	…

위와 같이 작동하므로 변수 i를 이용해 슬라이드 번호(Index)를 표현한 것입니다. 코드를 자세히 살펴보겠습니다.

- imgShape라는 Object 변수를 설정하면서 그림을 삽입하는 코드입니다.
- myPpt.Slides(i) : 실행하는 ppt(myPpt)의 "i"번째 슬라이드 입니다.
- Shapes.AddPicture

MsoTriState.msoFalse	그림파일 표시 여부 - True : 비표시 - False : 표시
MsoTriState.msoCTrue	그림파일 문서에 저장 여부 - True : 저장함 - False : 저장하지 않음
0	left 왼쪽 상단 모서리부터의 가로 위치
0	top 왼쪽 상단 모서리부터의 세로 위치

슬라이드에 그림이 삽입되는 위치를 정하는 옵션입니다. left의 값을 증가시키면 왼쪽 모서리부터 오른쪽 방향으로, top의 값을 증가시키면 왼쪽 모서리로부터 아래쪽 방향으로 그림의 위치가 정해집니다. 기본적으로 (0, 0)은 슬라이드의 왼쪽 위 모서리입니다.

이번 프로그램에선 이어 나오는 코드로 그림의 위치를 가운데로 변경하므로 첫 위치는 중요하지 않으나 이해를 돕기 위해 (0, 0)에 그림을 삽입했습니다.

8.65 * 28.35	그림파일의 가로 크기
13 * 28.35	그림파일의 세로 크기

삽입되는 그림의 크기를 정하는 옵션입니다. 파워포인트를 포함한 msoffice 제품에선 크기를 나타낼 때 포인트(pt) 단위를 사용합니다. 글꼴 크기를 정할 때 사용되는 단위로 우리에겐 익숙합니다.

1pt = 0.03528cm이므로 1cm = 약 28.35pt입니다.

위에 적힌 그림파일의 가로 크기는 8.65cm를 pt 단위로 환산하는 계산식입니다.

그림의 크기를 조절하고 싶으시다면 이 부분을 수정하면 됩니다.

- 그림파일 서식

```
With imgShape
    .Left = (myPpt.PageSetup.SlideWidth - .Width) / 2
    .Top = (myPpt.PageSetup.SlideHeight - .Height) / 2
End With
```

삽입된 그림의 위치를 정하는 코드로 슬라이드의 정중앙에 배치하라는 의미입니다.

- 텍스트 삽입

```
myPpt.Slides(i).Shapes(Range("G6").Value).TextEffect.Text = Cells(i, 2).Value
```

이번 프로그램에서는 그림파일 뿐만 아니라 텍스트도 같이 삽입됩니다. 프로그램의 B열에 입력된 텍스트를 각 그림 아래에 입력하라는 코드입니다.

연산문제 제작 프로그램에서 설명했듯이 교사의 편의성을 위해 텍스트가 입력될 ppt 텍스트 상자의 이름은 G6셀에 입력하면 그 값을 가져오게 했습니다. 자세한 사항은 연산문제 제작 프로그램을 참고하기를 바랍니다.

여기서 Cells(i, 2).value 는 (i, 2)셀의 값을 의미하는데 위에서 그림의 위치를 정할 때 사용하는 가로축 x좌표, 세로축 y좌표와 같은 형식으로 표현되지만, 의미는 반대입니다. 여기서 (i, 2).value는 i행의 두 번째 열(B열) 값을 의미합니다. 즉, (행-세로, 열-가로)의 형식입니다.

- 다음 그림파일

```
filename = Dir
```

첫 번째 그림파일에 대하여 위의 과정을 실행했으면 다음 그림파일로 넘어가라는 코드입니다.

- 슬라이드 삭제

```
myPpt.Slides(1).Delete
```

반복문을 통해 슬라이드에 그림파일이 삽입되었으면 복사, 붙여넣기에 사용한 슬라이드 1을 삭제하라는 코드입니다.

04_4 학생 발표자료 제작 프로그램 사용하기

〈파일 준비〉 단계처럼 이번 프로그램과 사용할 pptx 파일, 그림파일이 들어있는 폴더를 하나의 폴더에 넣어두고 H3셀의 값을 그림파일이 들어있는 폴더명으로 변경, G6셀의 값을 텍스트가 입력될 텍스트 상자 이름으로 변경 후 만들기 버튼을 클릭합니다. 이후 만들어진 pptx 파일을 다른이름으로 저장하여 사용합니다.

만들기 버튼을 클릭하면 좌측과 같이 슬라이드 가운데에 그림파일이 들어가고 아래에 텍스트가 입력됩니다.

다음은 프로그램으로 만들어진 파워포인트 교수학습자료입니다.

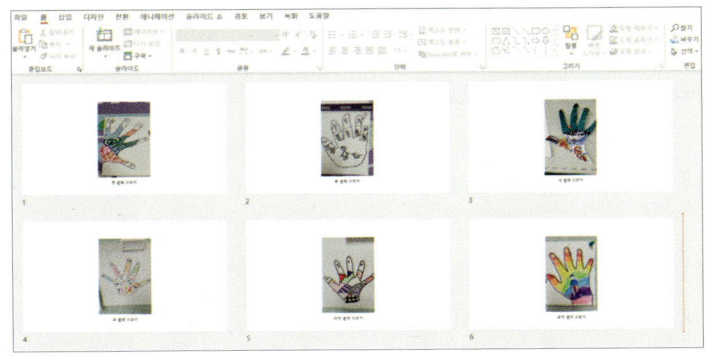

04_5 프로그램 전체 코드 한눈에 보기

전체 코드

소스 파일명 : 메일머지.xlsm

```vb
Sub 메일머지()

Dim ppt As PowerPoint.Application
Dim myPpt As PowerPoint.Presentation
Dim foldername As String
Dim folderPath As String
Dim imagePath As String
Dim filename As String
Dim imgShape As Object
Dim fileCount As Integer
Dim i As Integer

Set ppt = New PowerPoint.Application
Set myPpt = ppt.Presentations.Open(ThisWorkbook.Path & "\default_merge.pptx", msoFalse)
foldername = Range("h3")
folderPath = myPpt.Path & "\" & foldername & "\"
filename = Dir(folderPath & "*.*")

Do While Len(filename) > 0
    fileCount = fileCount + 1
    filename = Dir
Loop

filename = Dir(folderPath & "*.*")

For i = 2 To fileCount + 1
    myPpt.Slides(1).Copy
    myPpt.Slides.Paste
    imagePath = folderPath & filename
    Set imgShape = myPpt.Slides(i).Shapes.AddPicture(imagePath, _
         MsoTriState.msoFalse, MsoTriState.msoCTrue, 0, 0, 8.65 * 28.35, 13 * 28.35)
    With imgShape
        .Left = (myPpt.PageSetup.SlideWidth - .Width) / 2
        .Top = (myPpt.PageSetup.SlideHeight - .Height) / 2
    End With
    
    myPpt.Slides(i).Shapes(Range("G6").Value).TextEffect.Text = Cells(i, 2).Value
    filename = Dir
Next
myPpt.Slides(1).Delete
End Sub
```

04_6 마무리하기

지금까지 엑셀 VBA를 활용하여 학생들의 작품을 촬영한 사진 자료를 활용하여 발표용 파워포인트 자료를 만드는 프로그램을 살펴봤습니다. 이번 프로그램은 편한 방법을 학생들의 활동자료를 발표자료로 만들 수 있고 학생들의 작품에 대한 설명이나 사진자료에 대한 설명을 넣을 수 있는 것이 장점입니다.

❝ 파워포인트에서는 내보내기 기능이 있습니다. 이 기능은 파워포인트를 동영상으로 만들 수 있습니다.

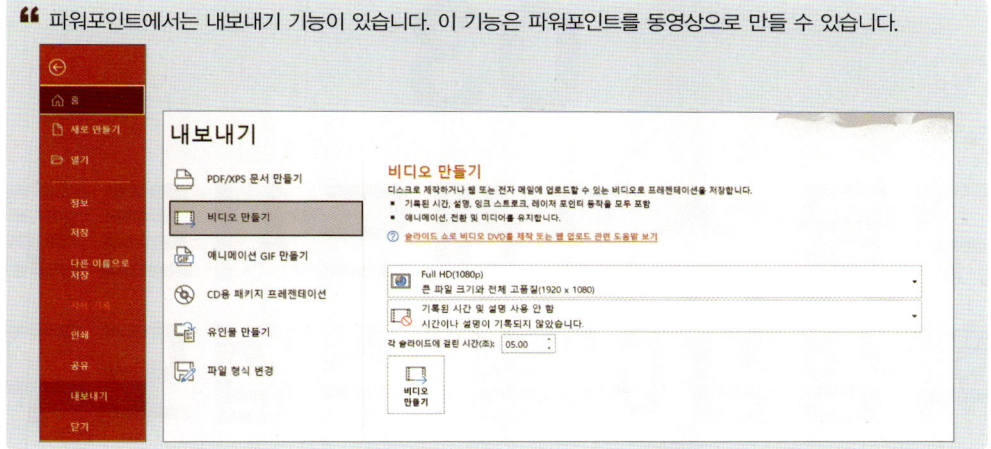

PART 03

구글 스프레드시트로 학생참여형 수업도구 만들기

01 제작 동기

코로나19로 인한 변화 속에서 학교는 큰 변화를 겪었습니다. 기존의 수업방식 대신 비대면으로 할 수 있는 새로운 수업 방식이 필요해졌습니다. 이에 따라 e학습터 같은 온라인 방식의 수업이나 줌과 같은 화상 도구를 이용한 실시간 비대면 방식의 수업이 등장하였고, 새로운 수업 방식에 적응하면서 코로나19 위기를 극복했습니다. 이 경험을 통해 대면과 비대면 상황에서 효과적으로 활용할 수 있는 수업 도구에 대한 고민이 시작되었습니다.

또한 학생들의 의미있는 데이터를 실시간으로 저장하는 방법에 대한 고민도 있었습니다. 이를 해결하기 위해 구글 스프레드시트를 활용하여 학생들의 참여를 유도하는 수업 도구를 만들었습니다. 구글 스프레드시트는 여러 사용자와 공유 및 편집할 수 있는 유용한 도구입니다. 그러나 이러한 기능 외에 아주 유용한 기능이 있는데 바로 구글 앱스크립트를 활용하여 웹페이지를 제작, 구축할 수 있다는 것입니다.

웹페이지를 만들 때 필요한 HTML, 자바스크립트, css 등을 활용하여 구글 앱스크립트와 연동하여 다양한 수업 도구를 만들 수 있습니다. 학생들의 의미 있는 데이터 저장을 위해 구글 앱스크립트를 이용하여 구글 시트에 저장하는 방법을 도입했습니다. 이를 통해 학생들은 퀴즈, 평가 도구, 게임 형식의 프로그램을 활용하여 학습에 참여하고 만족도 높은 경험을 할 수 있었습니다.

코로나19 상황이 종식되어 대면 수업이 본격적으로 재개되면서 줌 등의 화상 도구의 사용이 줄었지만 학교에는 이미 태블릿, 노트북과 같은 정보화기기와 무선 AP가 각 교실에

구축되어 있어 에듀테크 및 SW 도구를 활용한 수업이 계속 될 수 있었습니다. 특히 노트북을 활용하는 수업이 강조되었지만 학생들의 컴퓨터 기본 소양, 특히 타자 실력이 부족한 경우가 많았습니다. 학생들이 스마트폰 등 첨단 기기에는 익숙하지만 이것만으로 컴퓨터 기본 소양을 보유한 것은 아니었습니다.

그래서 교과와 관련 있는 단어와 문장으로 타자연습 프로그램을 개발하여 학생들의 실력 향상을 도모했고, 학생들이 꾸준히 연습한 결과 타자 실력이 눈에 띄게 향상되었습니다.

그리고 수학의 사칙연산을 게임 형태로 제공하여 학생들이 더욱 집중하고 재미있게 학습할 수 있도록 했습니다. 이번 장에 소개된 세 가지 프로그램을 만들어 보고 활용해 보시길 권해드립니다.

01_1 과학과 교수 · 학습 과정안

단원	4. 우리 몸의 구조와 기능	차시	12/12
학습 주제	단원 마무리	교과서	102~103쪽
학습 목표	단원에서 학습한 내용을 다양한 방법으로 정리할 수 있다.	학습 자료	개인노트북
성취 기준	[6과16-02] 소화, 순환, 호흡, 배설 기관의 종류, 위치, 생김새, 기능을 설명할 수 있다.		

수업의 흐름(시간)	수업단계 및 내용	교수 학습 활동	자료(▶) 및 유의점(※)
도입 (10분)	동기 유발	◼ 단어조합퀴즈 • 화면 속의 문장을 보고 중요 단어를 찾아봅시다. – 중요 단어를 찾고 뜻을 이야기 해봅시다.	▶ PPT
	학습 활동 안내	◼ 학습 목표 확인하기 4단원에서 배운 내용을 정리해 봅시다 ◼ 학습 활동 안내하기 활동1) 중요 단어 찾기 활동2) 스피드퀴즈	
전개 (25분)	탐색하기	◼ 활동1) 중요 단어 찾기 • 과학 교과서에서 중요 단어를 찾아봅시다. – 과학 교과서에서 중요 단어를 찾아봅시다. – 중요 단어를 정리해서 제출해 봅시다. ◼ 활동2) 스피드퀴즈 • 스피드퀴즈 풀기 – 학생들이 제출한 중요 단어로 스피드퀴즈를 진행합니다. – 주어진 시간 내에 모둠원에게 중요 단어를 설명하여 최대한 많이 맞춰봅시다.	▶ 노트북

| 정리 및 평가 (5분) | 학습 정리 및 차시 안내 | ■ 학습 정리 및 차시 안내
• 단원 정리하기
• 다음 시간에는 '에너지와 생활'에 대해 알아봅시다. | |

* 평가 계획

평가 내용	평가 기준		평가 방법 및 도구
이번 단원에서 배운 내용을 다양한 방법으로 정리할 수 있는가?	상	이번 단원에서 배운 내용을 바탕으로 스피드퀴즈를 5개 이상 맞출 수 있다.	구술 및 발표
	중	이번 단원에서 배운 내용을 바탕으로 스피드퀴즈를 3개 이상 맞출 수 있다.	
	하	이번 단원에서 배운 내용을 바탕으로 스피드퀴즈를 1개 이하로 맞출 수 있다.	

01_2 준비물

- 교사 구글 계정
- 학생 개인별 노트북 또는 컴퓨터

02 스피드퀴즈 프로그램 만들기

02_1 제작을 위한 사전 준비

구글 스프레드시트 알아보기

구글 스프레드시트는 온라인에서 사용할 수 있는 스프레드시트 도구로, 여러 사용자가 데이터를 입력, 수정하고 공유할 수 있는 편리함이 있습니다. 뿐만 아니라, 기본적으로 제공하는 다양한 함수, 수식, 차트 등의 기능도 매우 유용합니다. 그러나 이 도구를 더 강력하게 만드는 중요한 요소 중 하나는 구글 앱스크립트를 활용하여 HTML 문서의 데이터베이스 역할을 할 수 있다는 점입니다. 이를 통해 웹페이지와 구글 스프레드시트 간에 유연한 데이터 흐름과 상호 작용이 가능해집니다. 구글 앱스크립트는 3.1에서 소개합니다.

02_2 구글 스프레드시트 설정하기

구글 계정으로 로그인하고 구글 스프레드시트 만들기

컴퓨터에서 브라우저를 실행하고 'google.com'에 접속합니다. 로그인 버튼이 보이면 클릭합니다. 브라우저는 크롬을 권장합니다.

로그인한 상태에서 점 9개 메뉴를 클릭하여 구글 시트를 만듭니다. Sheets 아이콘을 클릭합니다.

> 브라우저의 주소 표시줄에 'sheet.new'를 입력하면 구글 스프레드시트를 바로 만들 수 있습니다.

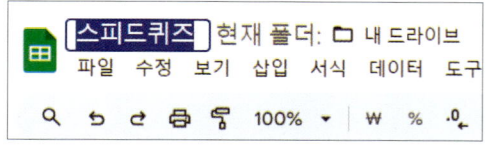

구글 스프레드시트 파일의 이름을 스피드퀴즈 등 원하는 이름으로 설정합니다.

'+' 버튼을 눌러 시트를 추가합니다. 시트의 이름을 '데이터', '제출'로 수정합니다.

	A	B	C	D
1	제한시간	문제개수	단어	횟수
2	60	5		
3				
4				
5				

'데이터' 시트의 화면입니다. 첫 번째 행에 '제한시간', '문제개수', '단어', '횟수'를 입력해야 합니다. 제한시간은 퀴즈의 제한 시간을 초 단위로 입력하는 곳이며 숫자만 A2 셀에 입력하면 됩니다. 문제개수는 각 퀴즈에서 제시되는 문제의 개수입니다. 단어는 교사가 미리 준비하거나 학생들이 스스로 단원을 정리하며 제출한 것을 활용할 수 있습니다. 학생들이 단어를 제출하면 전체 단어 데이터를 분석하고 퀴즈에 활용한 단어를 골라 횟수와 함께 시트에 기록됩니다.

	A	B	C	D
1				
2				
3				
4				
5				

'제출' 시트의 화면입니다. 학생들이 찾아낸 중요 단어를 제출하면 그 데이터는 이 시트에 저장됩니다. 만약 교사가 미리 단어를 준비하여 스피드퀴즈를 진행한다면 이 '제출' 시트는 사용하지 않아도 됩니다.

구글 앱스크립트로 코드 작성하기

메뉴 → 확장 프로그램 → Apps Script 순으로 클릭합니다. 구글 앱스크립트 코드를 입력할 수 있는 편집기 화면이 열립니다.

> Apps Script 는 구글 앱스크립트를 의미합니다. 본 교재에서는 구글 앱스크립트라는 용어로 통일합니다.

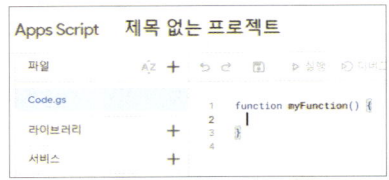

구글 앱스크립트 편집기 화면이 열립니다. 기본 Code.gs 파일이 생기고 기본 function이 준비됩니다. 원하는 이름으로 프로젝트의 제목을 설정하도록 합시다. 라이브러리와 서비스는 여러 구글 플랫폼의 API 등을 활용하고자 할 때 이용합니다.

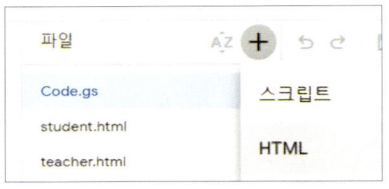

'+' 버튼을 클릭하여 HTML 파일을 추가합니다. 파일명은 'student', 'teacher' 입니다. Code.gs 파일을 포함하여 총 3개의 파일이 필요합니다.

※ 아래 3개 파일의 다운로드 방법은 책 4~5쪽 "독자지원센터-책 소스 다운로드" 방법을 참고합니다.

Code.gs 코드 화면

```
function doGet(e) {
  const param = e.parameter;
  const role = param && param.role ? param.role : '';

  if (role == 'teacher') {
    return HtmlService.createHtmlOutputFromFile('teacher').
  } else {
    return HtmlService.createHtmlOutputFromFile('student').
  }
}
```

student.html 코드 화면

```
<!DOCTYPE html>
<html lang="ko">
  <head>
    <meta charset="UTF-8" />
    <meta name="viewport" content="width=device-width, initial-scale=1.0" /
    <title>중요 단어 찾기</title>
    <style>
      * {
        box-sizing: border-box;
      }

      body {
        background-color: dimgrey;
      }
```

teacher.html 코드 화면

```html
<!DOCTYPE html>
<html lang="ko">
  <head>
    <title>스피드퀴즈</title>
    <style>
      * {
        user-select: none;
      }

      body {
        background: dimgrey;
        margin: 50px;
      }
```

각각 파일에 맞는 코드를 붙여 넣습니다.

> Code.gs 파일 전체 코드는 다운로드는 책 4~5쪽 "독자지원센터–책 소스 다운로드" 방법 또는 아래 링크 또는 QR코드에서 확인할 수 있습니다.
> https://docs.google.com/document/d/1Jlw1l7LxqVAcUGPxhmY_t5Gvbz-7kjVJs3M3drO75Ks/edit?usp=sharing

> student.html 파일 전체 코드는 다운로드는 책 4~5쪽 "독자지원센터–책 소스 다운로드" 방법 또는 아래 링크 또는 QR코드에서 확인할 수 있습니다.
> https://docs.google.com/document/d/1URVE2lW4Ujmi96Nv4119KZrC1JcARHsi5ZpBgrR5Mdg/edit?usp=sharing

> teacher.html 파일 전체 코드는 다운로드는 책 4~5쪽 "독자지원센터–책 소스 다운로드" 방법 또는 아래 링크 또는 QR코드에서 확인할 수 있습니다.
> https://docs.google.com/document/d/1Qbfd9e5wm97Oa3gzxXkyTE7lRt7OylYajJ2OCxxW0EU/edit?usp=sharing

02_3 배포하기

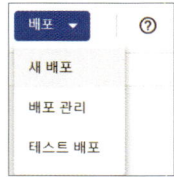

구글 앱스크립트 편집기에서 배포 → 새 배포를 클릭합니다.

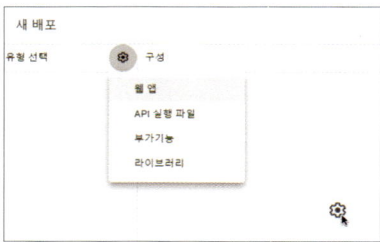

배포 유형은 '웹 앱'을 선택합니다.

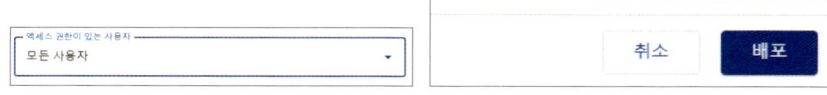

액세스 권한이 있는 사용자는 '모든 사용자'로 설정하고, '배포'를 클릭합니다.

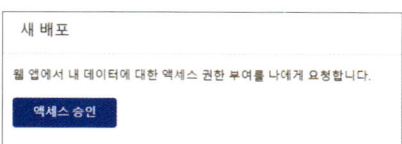

처음 배포할 때는 액세스 권한 부여를 요청합니다. '액세스 승인' 버튼을 클릭합니다.

> 구글 시트의 데이터를 읽거나 쓰는 등의 앱스크립트 코드가 없으면 액세스 승인 요청 메시지가 뜨지 않을 수 있습니다. 그리고 계정에 따라 아래와 같은 화면이 나올 수도 있는데 그럴 땐 왼쪽 하단의 'Advanced' 버튼을 클릭하여 진행하면 됩니다.

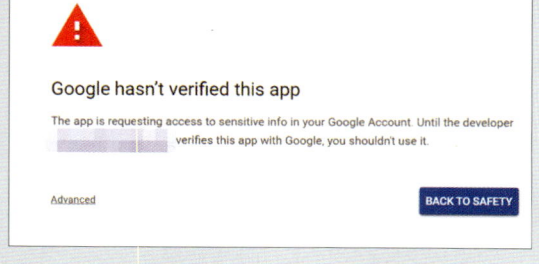

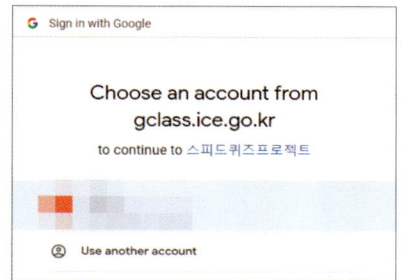

계정을 선택하는 화면에서 내 계정을 선택합니다.

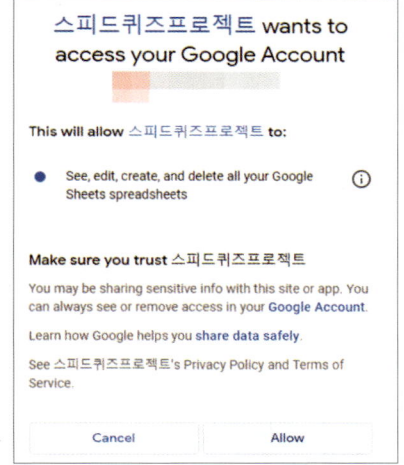

Allow를 클릭하여 진행합니다.

배포가 완료되면 주소가 생성됩니다. 주소 뒤에 인자를 붙여 교사용, 학생용 2개의 프로그램을 만듭니다. 교사용인 경우에는 '?role=teacher'를 학생용인 경우에는 '?role=student'를 주소 뒤에 붙입니다. 뒤에 붙는 인자에 따라 각각 다른 프로그램을 보여줍니다.

결과 화면

교사용 화면

https://script.google.com/a/macros/gclass.ice.go.kr/s/***/exec?role=teacher

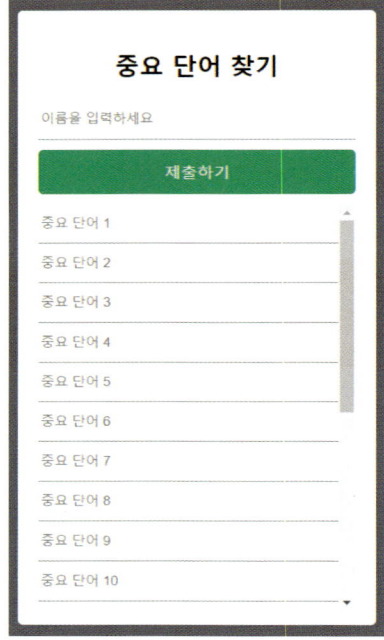

학생용 화면

https://script.google.com/a/macros/gclass.ice.go.kr/s/***/exec?role=student

02_4 코드 분석하기

Code.gs 코드
▶ 소스 파일명 : Code.gs

- doGet 함수 설명

```
function doGet(e) {
  const param = e.parameter;
  const role = param && param.role ? param.role : '';

  if (role == 'teacher') {
    return HtmlService.createHtmlOutputFromFile('teacher').addMetaTag('viewport',
'width=device-width, initial-scale=1');
  } else {
    return HtmlService.createHtmlOutputFromFile('student').addMetaTag('viewport',
'width=device-width, initial-scale=1');
  }
}
```

구글 앱스크립트에서 가장 먼저 실행되는 코드입니다. 이 코드는 URL 주소의 인자를 분석하여 스피드퀴즈 화면과 학생들이 단어를 제출하는 화면, 이 두 가지 화면을 생성합니다. 주소의 뒤에 붙는 인자는 2번, 3번 줄의 변수 입니다. 5번 줄의 조건문에서는 'teacher'라는 인자가 주어지면 교사용 화면을 보여주고 'student'라면 학생용 화면을 보여줍니다. createHtmlOutputFromFile의 인자로 사용된 'teacher'와 'student'는 이전에 만든 HTML 파일의 이름입니다. 주의해야 할 점은, 이 HTML 파일 이름이 앞서 코드에 명시된 이름과 일치하지 않으면 코드가 제대로 작동하지 않는다는 것입니다.

- getData 함수 설명

```
function getData() {
  const ws = SpreadsheetApp.getActiveSpreadsheet().getSheetByName('데이터');
  const data = ws.getDataRange().getValues();

  return data;
}
```

이 함수는 구글 시트에서 데이터를 가져옵니다. '데이터' 시트의 모든 데이터를 불러오는데 이 데이터에는 스피드퀴즈에서 필요한 제한시간, 중요 단어 목록 등이 포함되어 있습니다.

- sendWords 함수 설명

```
function sendWords(arr) {
  let ws = SpreadsheetApp.getActiveSpreadsheet().getSheetByName('제출');

  ws.appendRow(arr);

  const data = ws
    .getRange(1, 2, ws.getLastRow(), ws.getLastColumn() - 1)
    .getValues()
    .flat()
    .filter((val) => val != '');
```

학생들이 정리한 중요 단어를 제출하는 함수입니다. 제출된 단어는 '제출' 시트에 저장됩니다. arr은 지금 이 프로그램을 사용한 학생이 제출한 단어의 배열 변수입니다. data는 학생들이 제출한 모든 단어들의 배열 변수입니다. 이 data를 분석하여 학생들이 가장 많이 제출한 단어를 찾습니다.

```
const words = {};

data.forEach((d) => {
  if (d in words) {
    words[d] += 1;
  } else {
    words[d] = 1;
  }
});
```

전체 단어들을 분석하여 제출된 횟수를 계산합니다. words 객체 변수를 만들어 각 단어들의 제출된 횟수를 계산합니다.

```
const keys = Object.keys(words).sort((a, b) => words[b] - words[a]);
  const sortedData = [['단어', '횟수']];

  ws = SpreadsheetApp.getActiveSpreadsheet().getSheetByName('데이터');

  const quizCnt = ws.getRange('b2').getValue();

  for (let i = 0; i < 6; i++) {
    for (let j = 0; j < quizCnt; j++) {
      const idx = i + j * 6;
```

```
    if (idx < keys.length) {
      sortedData.push([keys[idx], words[keys[idx]]]);
    } else {
      sortedData.push(['', '']);
    }
  }
}

ws.getRange('c:d').clearContent();
ws.getRange(1, 3, sortedData.length, sortedData[0].length).setValues(sortedData);
```

먼저 각 단어의 제출 횟수를 기준으로 정렬하여, 이를 keys 배열에 저장합니다. sortedData는 최종적으로 시트에 추가될 데이터를 담고 있으며, 먼저 '단어, 횟수' 타이틀이 입력되고 그 후에 나머지 데이터가 추가됩니다. 제출 횟수가 많은 단어들이 한 곳에 몰리지 않도록 데이터를 골고루 배치합니다. 배치가 완료되면 '데이터' 시트의 C열부터 D열까지의 기존 데이터를 삭제하고 새로 정리된 단어 데이터를 추가합니다.

• 결과 화면

	A	B	C	D
1	제한시간	문제개수	단어	횟수
2	60	3	근육	43
3			식도	36
4			순환기관	30
5			혈관	42
6			큰창자	34
7			작은창자	27
8			뼈	41
9			콩팥	31
10			감각기관	26
11			입	39
12			위	31
13			눈	24
14			심장	39
15			간	30
16			쓸개	22
17			코	37
18			소화기관	30
19			배설기관	21
20				

'데이터' 시트의 화면입니다. 학생들이 제출한 단어를 분석해서, 횟수와 함께 시트에 기록됩니다. 이 예시에서는 문제 개수가 3개이므로 6개의 모둠이 사용할 단어는 총 18개입니다.

student.html 코드

▶ 소스 파일명 : student.html

• html 요소 설명

```html
<div class="container">
    <h2>중요 단어 찾기</h2>
    <input type="text" name="word" class="name" placeholder="이름을 입력하세요" />
    <button>제출하기</button>
    <div class="words">
        <input type="text" name="word" class="word" placeholder="중요 단어 1" />
        <input type="text" name="word" class="word" placeholder="중요 단어 2" />
        <input type="text" name="word" class="word" placeholder="중요 단어 3" />
        <input type="text" name="word" class="word" placeholder="중요 단어 4" />
        <input type="text" name="word" class="word" placeholder="중요 단어 5" />
        <input type="text" name="word" class="word" placeholder="중요 단어 6" />
        <input type="text" name="word" class="word" placeholder="중요 단어 7" />
        <input type="text" name="word" class="word" placeholder="중요 단어 8" />
        <input type="text" name="word" class="word" placeholder="중요 단어 9" />
        <input type="text" name="word" class="word" placeholder="중요 단어 10" />
        <input type="text" name="word" class="word" placeholder="중요 단어 11" />
        <input type="text" name="word" class="word" placeholder="중요 단어 12" />
        <input type="text" name="word" class="word" placeholder="중요 단어 13" />
        <input type="text" name="word" class="word" placeholder="중요 단어 14" />
        <input type="text" name="word" class="word" placeholder="중요 단어 15" />
        <input type="text" name="word" class="word" placeholder="중요 단어 16" />
        <input type="text" name="word" class="word" placeholder="중요 단어 17" />
        <input type="text" name="word" class="word" placeholder="중요 단어 18" />
        <input type="text" name="word" class="word" placeholder="중요 단어 19" />
        <input type="text" name="word" class="word" placeholder="중요 단어 20" />
    </div>
</div>
```

학생들의 단어 제출 화면을 구성하는 요소입니다. 중요 단어를 20개까지 입력할 수 있습니다.

- 제출하기 버튼의 함수 설명

```
<script>
  document.querySelector('button').addEventListener('click', () => {
    const name = document.querySelector('.name');

    if (!name.value) {
      alert('이름이 없습니다.');
      return;
    }

    const words = document.querySelectorAll('.word');
    const arr = Array.from(words)
      .map((w) => w.value)
      .filter((val) => val.trim() != '');

    arr.unshift(name.value);

    google.script.run.withSuccessHandler(() => alert('제출완료!')).sendWords(arr);
    location.reload();
  });
</script>
```

입력한 모든 단어를 arr 배열에 추가하여 구글 시트로 전송합니다. 전송한 데이터는 Code.gs 파일의 sendWords 함수의 매개변수로 사용되어 시트에 저장됩니다.

teacher.html 코드

▶ 소스 파일명 : teacher.html

- html 요소 설명

```
<div class="container">
  <div class="box sel1">스</div>
  <div class="box sel2">피</div>
  <div class="box sel3">드</div>
  <div class="box sel4">퀴</div>
  <div class="box sel5">즈</div>
  <div class="box sel6">!</div>
  <input type="text" class="score-item" placeholder="1" />
  <input type="text" class="score-item" placeholder="2" />
  <input type="text" class="score-item" placeholder="3" />
  <input type="text" class="score-item" placeholder="4" />
  <input type="text" class="score-item" placeholder="5" />
```

```html
            <input type="text" class="score-item" placeholder="6" />
            <div class="title">스피드퀴즈 문제를 선택하세요.</div>
        </div>
        <div class="board hidden">
            <div class="score"></div>
            <strong class="step"></strong>
            <div class="select"></div>
            <div class="ques"></div>
            <div class="control">
                <div class="timer">
                    <svg class="progress" width="160" height="160" viewBox="0 0 160 160">
                        <circle class="frame" cx="80" cy="80" r="70" stroke-width="12" />
                        <circle class="bar" cx="80" cy="80" r="70" stroke-width="12" />
                    </svg>
                    <strong class="value"></strong>
                </div>
                <div class="btn start" onclick="startGame();">시작</div>
                <div class="btn ans" onclick="goNext(1);">정답</div>
                <div class="btn pass" onclick="goNext();">통과</div>
                <div class="btn pre" onclick="goPre();">처음</div>
            </div>
        </div>
```

이 부분은 화면을 구성하는 요소들을 설명한 것입니다. 'container' 클래스의 요소 안에는 총 6개의 문제가 포함되어 있으며, 이는 메뉴에서 선택할 수 있습니다. 'score-item' 요소는 각 모둠의 점수를 입력하는 곳입니다. 'board' 클래스의 요소는 게임 진행 화면을 나타냅니다. 'hidden' 클래스를 적용하여 초기 화면에서는 이 요소가 보이지 않도록 설정했습니다. 게임 진행 화면에는 점수, 문제, 단계, 선택 횟수 등 다양한 요소가 있습니다. 'timer' 클래스는 타이머 요소를 의미하며 'svg' 요소를 이용하여 원형 타이머를 표시합니다. 버튼은 시작, 정답, 통과, 처음 총 4개가 있으며, 각 버튼은 onclick 이벤트를 통해 해당 함수와 연결되어 있습니다. 따라서 해당 버튼을 클릭하면 함수가 실행됩니다.

- 각 퀴즈 시작 화면으로 이동하는 함수 설명

```
function goQuizStage() {
  if (gaming) return;

  if ($(this).hasClass('used')) return;

  if (!allData) {
    alert('문제 데이터 로드중!');
    return;
  }
}
```

이 함수는 스피드퀴즈의 각 퀴즈 단계로 이동하는 기능을 가지고 있습니다. 메인 화면에서 버튼을 클릭하면 이 함수가 실행되며 코드의 편의성을 위해 제이쿼리라는 자바스크립트 라이브러리를 사용하였습니다. 제이쿼리는 웹 개발을 더욱 간편하고 효율적으로 만들어 주는 도구로 HTML 문서의 요소를 찾고 조작하는 데 사용되며, 웹페이지를 보다 쉽게 다룰 수 있도록 도와줍니다. 만약 현재 게임이 진행 중이면 이 함수는 바로 종료됩니다. 또는 클릭한 버튼이 이미 다른 모둠에서 사용한 퀴즈의 버튼이라면 함수 역시 종료됩니다. 마지막으로 allData가 유효하지 않다면 함수는 종료됩니다. allData는 구글시트에서 가져온 데이터로 제한시간과 단어목록 등을 포함하고 있습니다.

```
$('.container').addClass('hidden');
$('.board').removeClass('hidden');

$('.score').html('정답수 0개');
$('.ques').html('준비');
$('.select').html('');
$('.step').html('0/0');
```

container는 숨기고 board는 보이도록 설정합니다. container가 메인 화면을 나타내고 board는 스피드퀴즈 문제를 푸는 화면을 나타냅니다. 'score', 'ques', 'select', 'step' 요소의 값을 초기화합니다. 이 중 'select' 요소는 학생들이 선택한 개수를 표시하고 'step' 요소는 현재 문제 단계를 나타냅니다. 제이쿼리에서는 '.'을 사용하여 특정 클래스의 요소에 접근합니다. 마지막 코드의 예시로 'step' 클래스를 가진 요소의 html값을 '0/0'으로 설정하는 명령입니다.

```
$('.start').addClass('ready');
$(this).addClass('used');

$('.value').html(formatTime(limit));
$('.bar').css('strokeDashoffset', 0);
```

'start' 버튼에 'ready' 클래스를 추가합니다. 이 클래스는 게임 시작 전의 대기 상태를 나타내며 버튼에 숨쉬는 효과를 주기 위해 사용됩니다. 게임 첫 화면에서 선택한 문제박스에 'used' 클래스를 추가합니다. 이는 이미 사용한 문제박스를 표시하기 위해 필요한 과정입니다. 'value' 요소에는 시간을 표시합니다. 'value'는 타이머의 상태를 출력하는 요소이며 limit 값은 구글 시트에서 가져온 제한시간을 나타냅니다. 마지막으로 'bar'의 css속성을 변경하여 타이머를 초기화합니다.

```
const boxIdx = $(this).index();
const quizIdx = indexs[boxIdx];
const startIdx = quizCnt * quizIdx + 1;

data = [];

for (let i = startIdx; i < startIdx + quizCnt; i++) {
  data.push({ word: allData[i][2], select: allData[i][3] });
}

data.sort(() => Math.random() - 0.5);
```

문제박스의 문제를 찾는 부분입니다. boxIdx로 몇 번째 문제박스인지 확인할 수 있습니다. 문제박스는 총 6개이며 첫 번째 문제박스의 boxIdx 값은 0입니다. startIdx는 총 문제 데이터에서 시작 위치를 확인하는 변수입니다. data 배열 변수에 문제박스의 문제 데이터를 추가합니다. 데이터를 모두 추가한 뒤 무작위로 섞어 문제를 진행할 때 사용합니다.

- 결과 화면

메뉴 화면

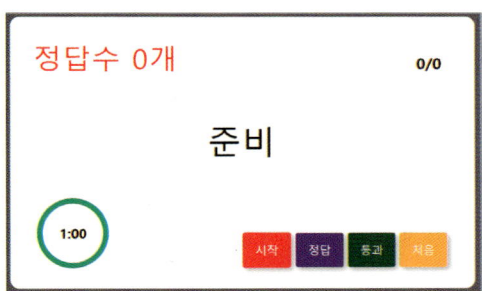
퀴즈 진행 화면

- 타이머 시작 함수 설명

```
function startTimer() {
        frameCount++;

        const progress = frameCount / 60 / limit;
        const dashoffset = circumference * progress;
        const timeLeft = limit - Math.floor(frameCount / 60);

        $('.value').html(formatTime(timeLeft));
        $('.bar').css('strokeDashoffset', dashoffset);
```

타이머 시작 함수입니다. 1초에 약 60번으로 프레임이 실행되고 있습니다. progress 변수를 통해 현재 시간과 제한시간의 비율을 계산하고 그 값을 타이머 효과에 적용합니다. dashoffset 변수는 현재 시간 비율을 적용하여 원의 둘레를 설정할 때 필요합니다. timeLeft는 남은 시간을 나타내는 변수입니다. 'value' 클래스와 'bar' 클래스 요소에 타이머 값을 반영하여 타이머 효과를 나타냅니다.

```
timerID = requestAnimationFrame(startTimer);

        if (timeLeft <= 0) {
           cancelAnimationFrame(timerID);
           $('.value').html('시간종료');
           $('.bar').css('strokeDashoffset', circumference);
           gaming = false;
        }
}
```

타이머 함수를 계속 반복하고 timeLeft 변수 값이 0 이하인 경우에는 타이머를 종료합니다. gaming 변수를 false로 설정하여 다른 게임이 진행되도록 합니다.

- 타이머를 출력하는 함수 설명

```
function formatTime(time) {
    const m = Math.floor(time / 60);
    const s = ('0' + (time % 60)).slice(-2);

    return `${m}:${s}`;
}
```

이 함수는 타이머 값을 출력하는 기능을 가지고 있습니다. 시간을 '0:00' 형식으로 표시하기 위해 타이머 값을 계산하는 과정을 거칩니다. m 변수는 분 단위의 시간 값을 나타내며 Math.floor 함수를 사용하여 소수점을 제거하고 정수로 변환합니다. s 변수는 초 단위의 시간 값을 나타냅니다. 초를 두 자리의 '00' 형식으로 강제 변환하기 위해 앞에 0을 추가하고, % 연산자로 시간 값의 나머지를 구합니다. 그리고 slice 함수를 활용하여 초 시간 값을 '00' 형식의 두 자리 숫자로 만들고 최종 타이머 값을 반환합니다.

- 게임 시작 함수 설명

```
function startGame() {
    if (gaming) return;

    idx = 0;
    gameScore = 0;
    gaming = true;
    frameCount = 0;

    $('.ques').html(data[idx].word);
    $('.start').removeClass('ready');
    $('.select').html('<span class="material-symbols-outlined">grade</span>'.repeat(data[idx].select));
    $('.step').html(`${idx + 1}/${quizCnt}`);

    startTimer();
}
```

이 함수는 스피드퀴즈 화면에서 게임을 시작하는 기능을 가지고 있습니다. 만약 현재 게임이 진행 중이라면 함수는 바로 종료됩니다. idx 변수는 현재 문제 번호를 나타내며 gameScore 변수는 게임 점수를 나타냅니다. frameCount 변수는 타이머 작동에 필요한 시간 값을 나타냅니다. 'ques' 문제 요소에 문제를 출력합니다. 이전에 설명한 바와 같이 각 문제의 데이터는 data 배열 변수에 저장되어 있습니다.

'start' 버튼에서 'ready' 클래스를 제거하여 이전에 적용된 숨쉬기 효과를 제거합니다. 'select' 요소에는 학생들이 단어를 선택한 횟수를 출력합니다. 횟수를 출력할 때 구글에서 제공하는 아이콘을 활용합니다. 마지막으로 타이머를 작동시켜 게임을 시작합니다.

• 다음 문제 이동 함수 설명

```
function goNext(correct = 0) {
    if (!gaming) return;

    gameScore += correct;

    $('.score').html('정답수 ' + gameScore + '개');

    idx++;
```

다음 문제로 이동하는 함수입니다. 만약 현재 게임이 진행 중이라면 함수는 바로 종료됩니다. 게임점수에는 전달된 인자인 correct 값을 추가합니다. correct의 기본 인자 값을 0으로 설정하여 문제를 맞추지 못하고 통과할 경우 게임점수가 추가되지 않도록 할 수 있습니다. 게임점수를 'score' 요소에 반영되며 idx는 증가시켜 다음 문제가 출력되도록 합니다.

```
if (correct != 0) {
        $('.score').slideUp(100);
        $('.score').slideDown(100);
    }

    if (idx > data.length - 1) {
        cancelAnimationFrame(timerID);
        gaming = false;
        $('.ques').html('마지막 문제입니다.');
        $('.select').html('');
        return;
    }

    $('.ques').html(data[idx].word);
        $('.select').html('<span class="material-symbols-outlined">grade</span>'.
repeat(data[idx].select));
        $('.step').html(`${idx + 1}/${quizCnt}`);
```

문제를 맞춘 경우에는 점수판에 정답 애니메이션 효과를 적용합니다. 마지막 문제가 되면 타이머를 멈추고 '마지막 문제입니다.' 텍스트를 출력하고, 아니면 다음 문제를 출력합니다.

- 메인 화면 이동 함수 설명

```
function goPre() {
    if (gaming) return;

    $('.container').removeClass('hidden');
    $('.board').addClass('hidden');
}
```

메인 화면으로 이동하는 함수입니다. 만약 게임이 진행 중이라면 함수는 바로 종료됩니다. 'container' 요소에서 'hidden' 클래스를 제거하여 메인 화면을 보여주고 'board' 요소는 숨깁니다.

- 결과 화면

메뉴 화면

- 전역 변수 설명

```
const circumference = 2 * Math.PI * 70;
    const indexs = Array.from({ length: 6 }, (_, i) => i).sort((i) => Math.random() - 0.5);

    let idx = 0;
    let gaming = false;
    let gameScore = 0;
    let limit;
    let allData;
    let data;
    let frameCount = 0;
    let timerID;
    let quizCnt;
```

circumference 변수는 원의 둘레를 나타내며 여기서 70은 해당 원의 반지름을 의미합니다. indexs 배열에는 문제 인덱스가 무작위로 배치되어 있습니다.

allData에는 구글 시트의 전체 데이터가 저장되어 있고 data에는 선택한 문제박스의 문제가 포함되어 있습니다. quizCnt에는 각 문제박스마다 포함된 문제의 개수가 저장되어 있습니다.

```
$('.box').on('click', goQuizStage);
    $('.bar').css('strokeDasharray', circumference);
```

'box' 요소를 클릭했을 때의 기능을 연결합니다. 'box'는 첫 화면에서 문제박스 요소입니다. 'bar' 요소에 스타일을 수정하여 타이머 초기값이 되도록 설정합니다.

• 구글 앱스크립트 설명

```
google.script.run
    .withSuccessHandler((_data) => {
      if (!_data) return;

      allData = _data;
      limit = _data[1][0];
      quizCnt = _data[1][1];
    })
    .getData();
```

HTML 문서에서 구글 앱스크립트의 getData 함수를 실행합니다. 그리고 가져온 데이터는 _data 인자로 전달받습니다. 만약 그 값이 유효하지 않으면 함수는 바로 종료됩니다. 유효한 값을 가져오면 제한시간, 문제개수 등의 변수값을 설정합니다.

• 결과 화면

	A	B
1	제한시간	문제개수
2	60	3
3		
4		
5		

구글 스프레드시트에서 가져오는 해당 변수 화면

2_5 마무리하기

지금까지 구글 스프레드시트와 구글 앱스크립트를 활용하여 수업시간에 사용할 수 있는 스피드퀴즈 프로그램을 만드는 방법에 대해 알아보았습니다. 이 프로그램의 장점은 다음과 같습니다.

첫째, URL을 통해 쉽게 접근할 수 있으며 컴퓨터나 노트북뿐만 아니라 태블릿, 스마트폰 등 다양한 단말기에서 사용할 수 있습니다.

둘째, 학생이 스스로 중요한 단어를 찾고, 찾은 단어를 스피드퀴즈에 활용할 수 있습니다.

셋째, 코드를 수정하면 프로그램을 개인의 취향에 맞게 수정할 수 있습니다. 예를 들어 프로그램의 배경색만 변경해도 완전히 다른 느낌의 프로그램이 될 수 있습니다. 만약 프로그램을 수정한다면 배포는 새로 해야 합니다. 이때 추가로 액세스 권한 부여를 물어보지는 않습니다.

학교 현장에서 직접 활용한 결과 학생들이 흥미롭게 참여하였고 만족도도 높았습니다. 이 프로그램은 학생들의 흥미를 유발하고 자발적인 참여로 이어짐으로써 중요한 개념을 학습하는 좋은 기회를 제공했습니다. 앞으로는 스피드퀴즈의 성적 데이터를 가지고 평가 등에서 활용하는 방법에 대해 고민해 보면 좋을 것 같습니다. 다음 장에서는 타자연습 프로그램에 대해 설명하겠습니다.

03 한글 타자 연습으로 핵심문장 익히기

03_1 구글 앱스크립트 알아보기

구글 앱스크립트란 구글에서 제공하는 스크립트 언어입니다. 구글 문서, 구글 시트, 구글 프레젠테이션 등에서 사용할 수 있으며 다음과 같은 장점이 있습니다.

첫째, 사용 조건이 매우 간단합니다. 구글 계정만 있으면 만들 수 있고, 만들어진 구글 시트나 웹페이지 등은 구글 계정이 없는 사람도 사용할 수 있습니다.

둘째, 협업이 쉽습니다. 구글 드라이브에서 생성된 시트나 문서 등이 쉽게 연동되기 때문에 수업 활용 프로그램이나 업무 활용 프로그램 제작에 매우 유용합니다.

셋째, 별도의 서버 구축이 필요 없습니다. 전문 서버를 구축하고, 백엔드 데이터 관리, 서버 관리 등 복잡한 과정 없이 저장된 데이터를 활용하여 마치 간이 서버를 다루는 것처럼 활용할 수 있습니다. 예를 들어 구글 시트의 데이터에 접근하여 입출력하는 과정을 통해 서버처럼 활용할 수 있습니다.

넷째, 자바스크립트 기반의 언어라서 자바스크립트를 이미 알고 있다면 쉽게 익힐 수 있습니다. 또한 HTML 문서를 연결하고 제이쿼리, p5, ml5 등 여러 유용한 자바스크립트 라이브러리를 쉽게 불러와 사용할 수 있습니다. 이 외에도 많은 장점이 있기 때문에 꾸준히 배워보는 것을 권장합니다.

03_2 구글 스프레드시트 설정하기

구글 스프레드시트 만들기

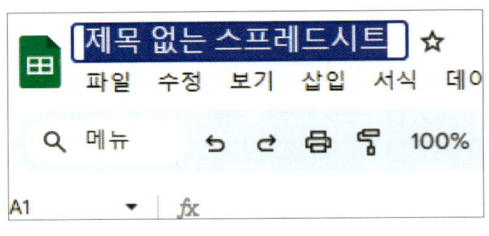

원하는 이름으로 구글 스프레드시트의 제목을 설정합니다.

'문장', '결과', '명단' 세 개의 시트를 만듭니다.

> 시트의 이름을 마우스로 더블클릭을 하면 바로 시트의 이름을 바꿀 수 있습니다.

'문장' 시트의 화면입니다. A1 셀에 '문장(제목)'을 입력하고 A2 셀부터 타자 연습할 문장을 입력합니다. 문장의 개수는 동적으로 인식되므로 개수에 제한이 없습니다.

'결과' 시트의 화면입니다. '반', '성명', '구분', '빠르기', '정확도', '제출시간'을 제목으로 입력합니다. 이 시트로 타자연습 프로그램의 결과 데이터가 전송됩니다.

'명단' 시트의 화면입니다. '반', '성명'을 제목으로 입력하고 학생의 반과 성명 데이터를 추가합니다. 이 시트에 등록된 학생만 타자연습 프로그램을 사용할 수 있습니다.

구글 앱스크립트 코드 작성하기

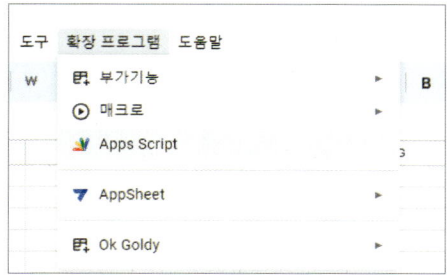

메뉴 → 확장 프로그램 → Apps Script 순으로 클릭합니다. 구글 앱스크립트 코드를 입력할 수 있는 편집기 화면이 열립니다.

앱스크립트 편집기 화면이 열리면 원하는 이름으로 프로젝트의 제목을 설정합니다.

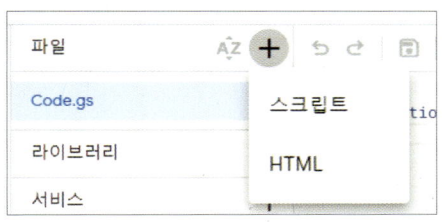

'+' 버튼을 클릭하여 HTML 파일을 생성합니다. 파일 이름은 'index' 입니다.

❝ 시트의 이름을 마우스로 더블클릭을 하면 바로 시트의 이름을 바꿀 수 있습니다.

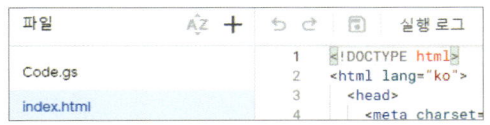

Code.gs, index.html 파일에 코드를 붙여 넣습니다. 코드에 대한 설명은 뒷부분에서 진행합니다.

❝ Code.gs 파일 전체 코드 다운로드 방법은 책 4~5쪽 "독자지원센터-책 소스 다운로드" 방법을 참고하거나 아래 링크 또는 QR코드에서 확인할 수 있습니다.
https://docs.google.com/document/d/1bUa15fInnOpiOhT1QqxK_pQOPM9B6apF250KRVrfhoI/edit?usp=sharing

index.html 파일 전체 코드 다운로드 방법은 책 4~5쪽 "독자지원센터-책 소스 다운로드" 방법을 참고하거나 아래 다음 링크나 QR코드에서 확인할 수 있습니다.
https://docs.google.com/document/d/13PSTbc-iHAMgHwm0_HGYnlc2CPvvylwgHes83uu-mew/edit?usp=sharing

03_3 배포하기

학생들에게 배포한 화면

• 결과 화면

'타자 연습' 제목을 클릭하면 사용자는 초기 화면으로 이동하게 됩니다. 또한, 마우스를 제목에 가까이 가져가면 제목의 글자와 배경색이 변하게 됩니다.

> 배포를 할 때마다 새로운 URL이 생성됩니다. 그러나 테스트 배포를 하면 URL이 변경되지 않습니다. 따라서 프로그램을 개발하는 동안에는 테스트 배포를 하고 프로그램을 완성하면 새로 배포하는 것을 권장합니다.

03_4 코드 분석하기

Code.gs 코드

- doGet 함수 설명

```
function doGet() {
   return HtmlService.createHtmlOutputFromFile('index').addMetaTag('viewport',
'width=device-width, initial-scale=1');
}
```

doGet 함수는 URL에 접속했을 때 웹 요청을 처리하는 역할을 합니다. HTML 파일을 반환하며 이를 통해 사용자는 브라우저에서 'index.html' 파일을 볼 수 있습니다. addMetaTag의 viewport는 반응형 웹을 고려하여 옵션을 지정한 것입니다. 이는 컴퓨터, 노트북 뿐만 아니라 스마트폰, 태블릿 등 다양한 사용 환경을 고려한 옵션입니다.

- 타자연습 데이터 전송 함수 설명

```
function submitScore(arr) {
  const ws = SpreadsheetApp.getActiveSpreadsheet().getSheetByName('결과');
  const date = Utilities.formatDate(new Date(), 'GMT+9', 'yyyy-MM-dd HH:mm:ss');

  arr.push(date);
  ws.appendRow(arr);
}
```

'결과' 시트에 타자연습 데이터를 전송하는 함수입니다. 데이터에는 제출 시간 정보도 포함되어 있어 타자연습을 언제 했는지 확인할 수 있습니다. 이를 통해 학생의 데이터를 분석하고, 그 학습 이력을 그래프로 나타낼 수 있습니다.

- 결과 화면

1	학생1	타자연습	337	100	2024-01-30 11:25:45
1	학생2	타자연습	392	98	2024-01-30 11:25:47
1	학생3	타자연습	418	100	2024-01-30 11:27:34
1	학생4	타자연습	390	100	2024-01-30 11:28:10
1	학생5	타자연습	417	98	2024-01-30 11:29:33

'결과' 시트에 타자연습 데이터가 추가된 화면입니다.

- 문장, 명단 데이터를 불러오는 함수 설명

```
function getData() {
  const senWS = SpreadsheetApp.getActiveSpreadsheet().getSheetByName('문장');
  const stuWS = SpreadsheetApp.getActiveSpreadsheet().getSheetByName('명단');
  const data = { sentence: senWS.getDataRange().getValues().slice(1), student: stuWS.getDataRange().getValues().slice(1) };

  return data;
}
```

이 함수는 구글 시트의 데이터를 불러오는 역할을 합니다. 이때 불러오는 데이터는 타자연습에 활용할 문장 데이터와 명단 데이터입니다. 이 두 종류의 데이터는 서로 다른 두 시트에서 가져와 객체 변수에 연결하여 반환합니다. slice 함수를 사용하여 각 시트의 첫번째 행인 제목을 제외하고, 실제로 활용할 데이터만을 가져옵니다.

- 타자연습 순위 데이터를 불러오는 함수 설명

```
function filterRanking() {
  const ws = SpreadsheetApp.getActiveSpreadsheet().getSheetByName('결과');
  const data = ws.getDataRange().getValues();
  const ranks = [];

  for (let i = 1; i < data.length; i++) {
    const score = data[i][3] - (100 - data[i][4]) * 50;

    ranks.push({ className: data[i][0], name: data[i][1], score: score, speed: data[i][3], accu: data[i][4] });
  }

  return ranks.sort((a, b) => {
    if (a.score > b.score) return -1;
    if (a.score < b.score) return 1;
    if (a.accu > b.accu) return -1;
    if (a.accu < b.accu) return 1;
  });
}
```

'결과' 시트의 타자연습 데이터를 불러오는 함수입니다. 이를 통해 학생들이 타자연습 순위를 확인할 수 있습니다.

score는 점수, speed는 빠르기, accu는 정확도입니다. 점수는 정확도가 1%씩 낮아질 때마다 빠르기에서 50점씩 감소합니다. 예를 들어, 빠르기가 300이며, 정확도가 98%인 경우 최종 점수는 '300−(100−98)×50' 계산으로 200점이 됩니다. 반, 성명, 점수, 빠르기, 정확도 데이터를 객체에 넣어 ranks 배열에 추가합니다. ranks 배열이 완성되면 1순위 점수와 2순위 정확도를 기준으로 정렬하여 반환합니다.

> 구글 앱스크립트에서는 다양한 배열 함수를 사용할 수 있습니다. 위의 코드에서는 'sort' 배열 함수를 활용하였습니다. 이 함수는 두 개의 인자를 비교하여 반환값이 양수이면 두 인자의 위치를 교체하고 음수이면 교체하지 않습니다. 또한 'random' 함수를 활용해 배열의 원소를 랜덤으로 섞을 수도 있습니다. 이 방법은 스피드퀴즈의 코드에서도 사용되고 있습니다.

index.html 코드

- html 요소 설명

```html
<div class="title" onclick="goHome()"><span class="title__box"></span><span class="title__cursor">|</span></div>
  <div class="user hidden">
    <label for="class-name">반</label>
    <input type="text" name="class-name" id="class-name" />
    <label for="name">이름</label>
    <input type="text" name="name" id="name" />
  </div>
  <div class="menu hidden flip">
    <input type="button" value="시작하기" onclick="start()" class="menu__start-btn" />
    <input type="button" value="순위보기" onclick="showRank()" class="menu__rank-btn" />
    <input type="button" value="사용방법" onclick="showHelp()" class="menu__help-btn" />
  </div>
  <div class="help hidden">
    <pre>
- 반, 이름 정보 필요
- 타자점수 = 빠르기 - (오타율 × 50)
- 빠르기(300), 정확도(98%) 라면
- 타자점수 = 300 - (2 × 50) = 100
- 타자가 끝나면 결과는 자동으로 제출
```

```
   - 반, 이름, 점수가 제출
   - 순위보기 기능 지원
   - 1등부터 20등까지 확인 가능
   - 홈으로 돌아가려면 타이틀 클릭
    </pre>
</div>
```

타자연습 프로그램을 구성하고 있는 요소입니다. 'title' 클래스는 프로그램의 제목 요소로 클릭하면 처음 화면으로 돌아갑니다. 'user' 클래스는 학생의 반, 이름을 입력하는 요소입니다. 'menu' 클래스는 처음 화면의 '시작하기', '순위보기', '사용방법' 3개의 버튼을 모아놓은 것입니다. 'help' 클래스는 프로그램 사용법을 설명하는 부분입니다. 타자점수를 계산하는 방법에 대해 안내하며 빠르기만큼 정확도도 중요함을 강조합니다. 1등부터 20등까지 순위를 확인할 수 있습니다.

```html
<div class="score hidden">
    <div class="score__display">
      <div class="score__display__title">빠르기</div>
      <div class="score__display__speed">000</div>
    </div>
    <div class="score__display">
      <div class="score__display__title">정확도</div>
      <div class="score__display__accu">000%</div>
    </div>
    <div class="score__display">
      <div class="score__display__title">문제수</div>
      <div class="score__display__prog">0/0</div>
    </div>
</div>
<div class="main hidden">
    <div class="main__sen" disabled></div>
    <input type="text" name="ans" class="main__ans" />
    <div class="main__next-sen"></div>
</div>
<div class="rank hidden"></div>
<div class="full hidden">
    <div class="full__box">
      <div class="full__box__header"></div>
      <div class="full__box__loader"></div>
      <div class="full__box__btn" onclick="goHome()">제출완료</div>
    </div>
</div>
```

'score' 클래스는 타자연습 현황을 확인할 수 있는 점수 요소입니다. 타자 빠르기와 정확도, 그리고 전체 문제수와 현재 문제수를 확인할 수 있습니다. 'main' 클래스는 실제 타자연습을 진행하는 메인 화면 요소입니다. 메인 화면에는 문장을 보여주는 요소, 문장을 따라 타자를 치는 요소, 다음 문장을 미리 보여주는 요소 3개가 있습니다. 'rank' 클래스는 타자점수 순위를 보여주는 화면 요소입니다. 'full' 클래스는 타자연습 데이터를 전송할 때 사용하는 폼 화면입니다.

- html 요소 보이기 함수 설명

```
function show(...elems) {
    elems.forEach((e) => e.classList.remove('hidden'));
}
```

각 요소를 보여주는 함수입니다. css로 'hidden' 클래스를 미리 정의했습니다. 'hidden' 클래스를 삭제하여 요소를 보여줍니다. 매개변수를 전달할 때 '...' 스프레드 연산자를 활용하여 인자를 여러 개 전달할 수 있도록 설정합니다.

- html 요소 숨기기 함수 설명

```
function hide(...elems) {
    elems.forEach((e) => e.classList.add('hidden'));
}
```

각 요소를 숨기는 함수입니다. 'hidden' 클래스를 추가하여 요소를 숨깁니다.

- 초기 화면 이동 함수 설명

```
function goHome() {
    if (submitting) return;

    show(user, menu);
    hide(help, score, main, rank, full);
}
```

초기 화면으로 이동하는 함수입니다. submitting 변수는 구글 시트에서 데이터를 가져오거나 저장하는 과정을 확인하기 위해 사용됩니다. 위에서 설명한 'show', 'hide' 함수를 활용하여 특정 요소들을 필요에 따라 보여주거나 숨깁니다.

- 타자연습 시작 함수

```
function start() {
    if (!data) {
        alert('타자연습 데이터가 없습니다.');
        return;
    }

    if (!className.value) {
        alert('반이 없습니다.');
        return;
    }

    if (!name.value) {
        alert('이름이 없습니다.');
        return;
    }
```

타자연습을 시작하는 함수입니다. data 변수에는 타자연습에 필요한 문장 데이터가 담겨 있습니다. 만약 문장 데이터가 없으면 메시지를 출력하고 함수는 바로 종료됩니다. 반 데이터도 없을 경우 메시지를 출력하고 함수는 바로 종료됩니다. 이름 데이터 역시 반 데이터와 같은 방법으로 확인합니다.

```
    const key = className.value + '_' + name.value;

    if (!students.includes(key)) {
        alert('등록된 학생이 아닙니다.');
        return;
    }

    hide(user, menu);
    show(score, main);
```

'반_이름' 형식으로 key 변수를 생성하는 과정입니다. '반' 데이터를 이 키 값에 추가함으로써 동명이인의 중복을 방지합니다. students 변수는 구글 시트에서 가져온 학생들의 명단 데이터입니다. students 변수를 이용하여 프로그램 사용자가 구글 시트에 등록된 실제 학생인지를 확인하고 이를 통해 프로그램 사용을 제한합니다. 'hide', 'show' 함수로 필요한 각 요소들을 숨기거나 보여줍니다.

```
idx = 0;
    scores = [];
    speed = 0;
    accu = 0;

    speedE.textContent = '000';
    accuE.textContent = '000%';
    progE.textContent = '0/0';
```

idx는 문제 데이터의 배열 인덱스이며 문제를 출력하는 데 사용됩니다. scores 배열 변수에는 각 문장의 타자 빠르기와 정확도를 저장합니다. 나중에 평균 점수를 계산하는데 활용합니다. speed 변수는 빠르기, accu 변수는 정확도를 나타냅니다. speedE, accuE, progE 요소는 빠르기, 정확도, 진행상황을 보여줍니다.

> 변수명을 지정할 때는 해당 변수의 의미를 쉽게 파악할 수 있도록 영어 단어의 앞부분을 사용하였습니다. 예를 들어 'accu'는 'accuracy'의 첫 네 글자를 따서 만든 변수입니다.

```
createSentence();

    scoreInterval && clearInterval(scoreInterval);
    scoreInterval = setInterval(calculateScore, 100);
```

'createSentence'는 문장을 생성하는 함수입니다. 이 단계에서는 첫 번째 문제를 출력합니다. scoreInterval이 존재하면 기존에 예약된 함수를 해제하고 새로운 예약 함수를 설정합니다. 'setInterval' 함수는 인자로 받은 함수를 특정 간격으로 반복해서 실행하는 기능을 제공합니다. 이때, 두 번째 인자인 100은 간격을 나타내는 시간 값으로 밀리초 단위를 사용합니다. 즉 100은 0.1초를 의미합니다. 'calculateScore' 함수는 타자연습 빠르기와 정확도를 계산하는 함수로, 타자 연습 과정에서 지속적으로 계산이 이루어지기 위해 'setInterval' 함수를 이용합니다. 'setInterval' 함수의 반환값은 인터벌 아이디로 이는 나중에 예약 함수를 취소하는 데 사용됩니다.

- 결과 화면

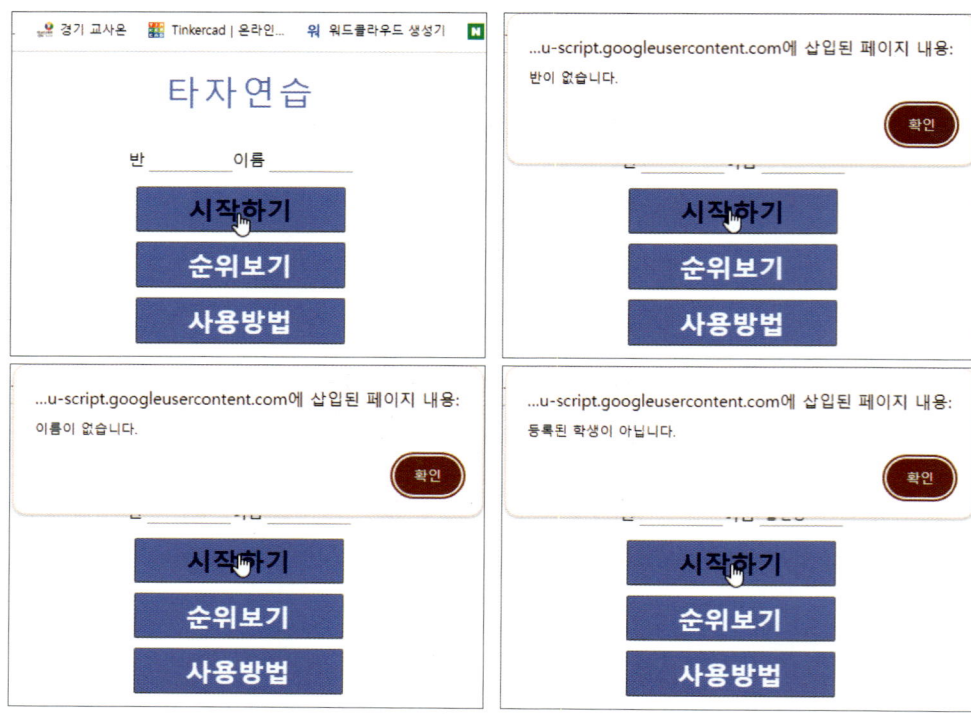

- 순위 보기 함수 설명

```
function showRank() {
    hide(user, menu);

    rank.innerHTML = '';

    const loader = document.createElement('div');

    loader.className = 'rank__loader';

    rank.appendChild(loader);

    show(rank);

    submitting = true;
```

순위를 보여주는 함수입니다. 먼저 'user' 요소와 'menu' 요소를 숨깁니다. 'rank' 요소의 데이터를 초기화합니다. 구글 시트에서 순위 데이터를 불러올 때 로딩 요소를 추가하여 사용자에게 데이터 로딩 중임을 알립니다. submitting 값을 true로 설정하여 데이터를 불러오는 도중 다른 함수가 실행되는 것을 방지합니다.

```
google.script.run
        .withSuccessHandler((ranks) => {
            if (!ranks) return;

            const tbl = document.createElement('table');

            tbl.className = 'rank__table';
            tbl.innerHTML = '<thead><tr><th>순위</th><th>반</th><th>이름</th><th>빠르기</th><th>정확도</th></tr></thead><tbody></tbody>';

            rank.appendChild(tbl);
```

구글 앱스크립트의 함수를 실행하는 부분입니다. 'withSuccessHandler' 내부에는 함수가 성공적으로 실행된 후에 수행할 코드를 작성합니다. ranks 변수는 구글 시트에서 가져온 데이터를 저장하는 변수입니다. 만약 ranks 값이 올바르지 않으면 함수를 종료합니다. 'table' 요소를 생성하고 'rank__table' 클래스를 지정합니다. 'rank__table' 클래스 요소의 스타일은 css 부분에 설정되어 있습니다. 'innerHTML' 속성을 통해 표의 머리말을 완성하고 최종적으로 'table' 요소를 'rank' 요소에 추가합니다.

> ❝ 'innerHTML' 속성을 통해 웹 페이지의 요소에 접근하여 HTML을 가져오거나 변경합니다. 이 과정에서 요소를 추가하거나 삭제할 수도 있습니다. 만약 요소의 텍스트 데이터만 필요한 경우 'textContent' 속성을 사용합니다. 정리하면 내용에 HTML 태그를 포함하고자 할 때는 'innerHTML'을, 순수 텍스트만을 다루고자 할 때는 'textContent'를 사용하면 됩니다.

```
const tbody = tbl.querySelector('tbody');
            const candis = [];

        let curRank = 0;
        let upperScore = 0;

        for (let i = 0; i < ranks.length; i++) {
          const rankName = ranks[i].className + '_' + ranks[i].name;

            if (!candis.includes(rankName)) {
              if (i == 0 || ranks[i].score < upperScore) curRank++;
              if (curRank > 20) break;

              upperScore = ranks[i].score;

              const row = document.createElement('tr');

                    row.innerHTML = `<td>${curRank}</td><td>${ranks[i].className}</td><td>${ranks[i].name}</td><td>${ranks[i].speed}</td><td>${ranks[i].accu}</td>`;

              tbody.appendChild(row);
              candis.push(rankName);
            }
        }
```

tbody 변수는 'table' 요소의 본문 부분을 나타냅니다. candis 변수에는 순위에 포함된 학생들의 정보가 저장됩니다. curRank 변수는 현재 순위를, 나타내고 upperScore 변수를 통해 현재 학생의 순위를 확인합니다. ranks 변수는 타자 점수를 기준으로 내림차순으로 정렬된 전체 학생들의 데이터를 담고 있습니다. ranks 배열을 순환하면서 각 학생에게 순위를 부여하며, 현재 학생의 점수가 이전 학생보다 점수가 낮을 경우에만 순위를 1 증가시킵니다. 만약 점수가 같다면 순위도 동일하게 처리됩니다. candis 배열은 한 학생이 2개 이상의 순위를 가지지 않도록 제한하는 역할을 합니다. 각 학생의 데이터를 입력한 'row' 요소를 생성하여 'table' 요소에 추가합니다. 출력되는 순위는 최대 20등까지입니다.

> 자바스크립트에서는 여러 방법으로 특정 요소를 선택할 수 있습니다. 'getElementById', 'getElementByClassName', 'getElementsByTagName' 등의 방법이 있지만 필자는 주로 'querySelector'를 사용합니다. 'querySelector'는 CSS 선택자를 이용하여 요소를 선택하기 때문에 훨씬 다양한 방법으로 요소를 선택할 수 있습니다.

```
loader.remove();

      submitting = false;
    })
    .withFailureHandler((e) => {
      alert(e);
    })
    .filterRanking();
```

순위 표 생성이 완료되면 'loader' 로딩 요소를 제거합니다. 그리고 submitting 변수를 통해 제출이 완료되었음을 표시합니다. 'withFailureHandler' 내부에는 함수가 실패했을 경우 수행할 코드를 작성합니다. 위 코드에서는 함수 실행이 실패하면 실패 메시지를 출력합니다. 'filterRanking' 함수는 자바스크립트 함수가 아니라 구글 앱스크립트 함수로 'Code.gs' 파일 안에 작성되어 있습니다. 'google.script.run' 함수로 HTML 파일에서도 구글 앱스크립트 함수를 호출할 수 있습니다. 이 과정을 통해 이전에 언급한 구글 스프레드시트로 간이 서버 역할을 할 수 있습니다.

• 결과 화면

순위보기 버튼을 클릭합니다.

데이터 로딩중입니다.

순위 데이터를 출력합니다.

- 설명서 보기 함수 설명

```
function showHelp() {
    hide(user, menu);
    show(help);
}
```

이 함수는 타자연습에 대한 설명을 보여주는 역할을 합니다. 'hide'와 'show' 함수를 활용하여 메뉴를 숨기고, 설명서를 사용자에게 보여줍니다.

- 결과 화면

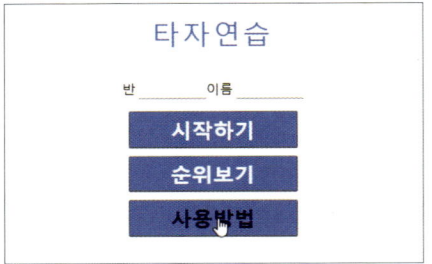
사용방법 버튼을 클릭합니다.

타자연습 설명을 볼 수 있습니다.

> css는 HTML 요소의 스타일을 결정하는 역할을 합니다. 글자 색상, 배경 색상 등 다양한 스타일 요소를 지정할 수 있으며, 다양한 효과를 적용하는 것도 가능합니다. 위의 결과 화면에서는 마우스를 버튼에 가까이 가져갔을 때 글자 색상이 변하는 'hover' 효과를 적용했습니다.

- 문장을 만드는 함수 설명

```
function createSentence() {
    starttime = null;
    senText = data[idx];

    const span = document.createElement('span');

    span.textContent = senText;
    span.style.fontSize = window.matchMedia('(max-width: 768px)').matches ? '10px' : '30px';

    document.body.appendChild(span);
```

문장을 생성하여 화면에 출력하는 함수입니다. startTime 변수는 타자속도를 계산하는 데 필요한 시작 시간을 저장합니다. senText에는 문장이 저장되어 있습니다. span 변수는 문장의 길이를 계산하여 문장과 관련된 요소의 너비를 조절하는데 필요합니다. 'span' 요소를 생성하고 이 요소의 'textContent' 속성에는 문장이 저장됩니다. 'matchMedia' 속성을 사용하여 현재 기기의 크기를 판단하고 'span' 요소의 글자 크기를 지정합니다. 예를 들어 컴퓨터에서는 글자 크기를 '30px'로, 스마트폰에서는 '10px'로 설정합니다. 이렇게 생성된 'span' 요소는 'body'에 추가되며 'span' 태그는 문장의 길이에 따라 너비가 자동으로 조절됩니다.

```
const width = Math.floor(span.offsetWidth + 10) + 'px';

    sen.textContent = senText;
    sen.style.width = width;

    ans.value = '';
    ans.style.width = width;
    ans.focus();

    document.body.removeChild(span);

    progE.textContent = `${idx + 1}/${data.length}`;

    document.querySelector('.main__next-sen').textContent = idx + 1 < data.length ? data[idx + 1] : '';
```

'span' 요소의 너비에 '10px'을 더한 값을 'sen' 요소의 최종 너비로 설정합니다. 'sen' 요소에 표시할 문장을 넣고 너비를 문장 길이에 맞게 조정합니다. 'ans' 요소는 사용자의 타자 입력을 받는 요소이며 'sen' 요소와 같은 너비로 설정합니다. 모든 너비 설정이 모두 완료되면 더 이상 필요하지 않은 'span' 요소는 제거합니다. 그리고 현재 진행중인 문제 번호를 'progE' 요소에 출력합니다. 'main__next-sen' 클래스를 사용하여 다음 문장을 출력하는데, 만약 마지막 문제라면 빈 값으로 남겨둡니다.

> 자바스크립트에서 '`'(백틱)을 사용해서 문자열을 표현할 수 있습니다. 백틱 안에 변수나 수식을 넣으면, 이를 바로 문자열로 변환할 수 있습니다. 이전에는 문자열과 변수를 '+' 기호로 연결하여 표현하였지만, 이 방법은 변수가 많아질수록 문자열이 복잡해지고 가독성이 떨어지는 문제가 있었습니다. 하지만 백틱을 이용하면 이러한 문제를 해결할 수 있습니다. 단, 백틱 안에서 변수를 사용할 때는 '${변수}' 형식이어야 합니다.

- 결과 화면

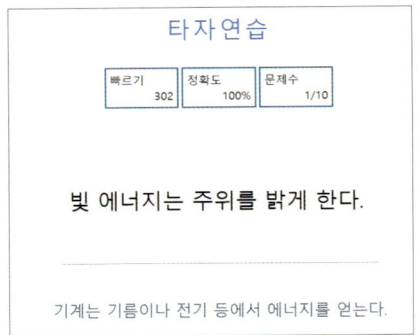

다음 문장은 회색 글자로 제시됩니다.

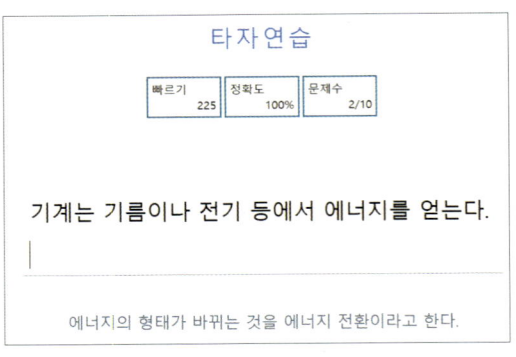

문장의 길이에 맞춰 요소 너비를 조정합니다.

- 타자연습 결과 제출 함수 설명

```
function submitResult() {
    clearInterval(scoreInterval);

    submitting = true;

    let s1 = 0;
    let s2 = 0;

    scores.forEach((s) => {
      s1 += s[0];
      s2 += s[1];
    });
```

이 함수는 타자점수를 구글 시트에 제출하는 역할을 합니다. 예약된 타자점수 계산 함수를 취소합니다. submitting 변수를 통해 데이터 제출 중임을 표시합니다. scores 배열에는 각 문장에 대한 타자 빠르기와 정확도 데이터가 저장되어 있습니다. s1과 s2 변수에 각각 데이터의 합계를 계산하여 저장합니다.

```
const speedAver = Math.floor(s1 / scores.length);
    const accuAver = Math.floor(s2 / scores.length);

    const msg = `평균 빠르기: ${speedAver} 평균 정확도: ${accuAver}%`;
    const title = '타자연습';

    const loader = document.querySelector('.full__box__loader');
    const btn = document.querySelector('.full__box__btn');

    show(full, loader);
    hide(btn);
```

먼저 타자의 빠르기와 정확도 합계를 구하고 문장 개수로 나눠 평균을 구합니다. 'loader' 요소는 점수 제출이 진행 중임을 표시하는 로딩 표시입니다. 'btn' 요소는 제출이 완료되면 나타나는 버튼입니다. 'show', 'hide' 함수로 필요한 요소를 보여주거나 숨깁니다.

```
document.querySelector('.full__box__header').innerHTML = msg;

    google.script.run
      .withSuccessHandler(() => {
        submitting = false;

        hide(loader);
        show(btn);
      })
      .withFailureHandler((e) => {
        alert(e);
      })
      .submitScore([className.value, name.value, title, speedAver, accuAver]);
```

'header' 부분에 제출한 타자 데이터를 표시합니다. 구글 앱스크립트의 'submitScore' 함수를 호출하여 타자 데이터를 저장합니다. 성공하면 'withSuccessHandler' 내부의 코드를 추가로 실행하고, 실패하면 'withFailureHandler' 내부의 코드를 추가로 실행합니다.

- 결과 화면

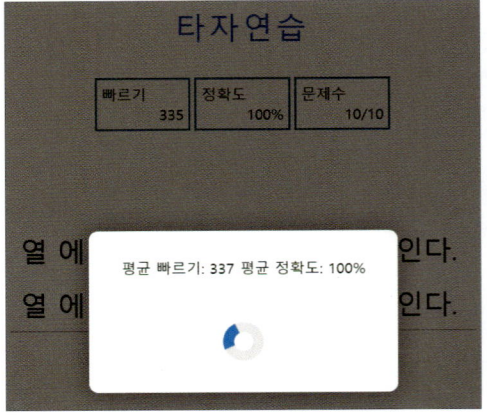
타자결과 제출 중입니다.

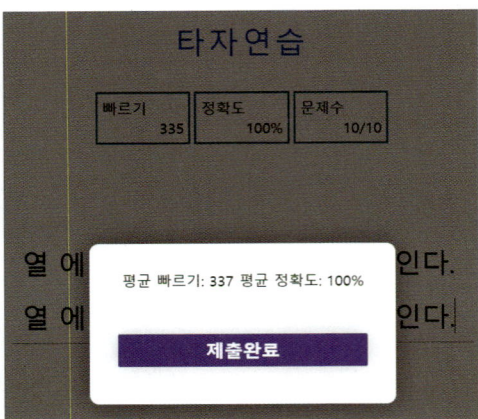
타자결과 제출이 완료되었습니다.

- 타자 데이터 저장 함수 설명

```
function saveScore() {
    scores.push([speed, accu]);
}
```

타자 빠르기와 정확도를 저장하는 함수입니다. scores 배열에 추가하고 이 데이터는 타자결과의 평균을 계산하는데 사용됩니다.

> 자바스크립트에 배열은 여러 값들을 하나의 변수에 저장할 수 있는 데이터 구조입니다. '[]'로 생성하며, 각 값은 쉼표로 구분합니다. 추가 할 때는 'push' 함수를 사용합니다.

- 타자 속도 측정 함수 설명

```
function calculateScore() {
    if (!starttime) return;

    const endtime = new Date();
    const ansText = ans.value;
    const dur = (endtime - starttime) / 1000 == 0 ? 1 : (endtime - starttime) / 1000;
```

타자 속도를 측정하는 함수입니다. startTime은 타자 시작 시간을 나타내는 변수이며 설정되어 있지 않으면 함수를 여기서 종료됩니다. startTime 변수 값이 설정되어 있는 경우 endTime은 현재 시간으로 설정합니다. startTime과 endTime의 시간 단위는 밀리초이므로 두 시간의 차이를 1000으로 나누어 초 단위로 변환합니다. dur에 시간 차이를 저장하는데, 만약 시간 차이가 0이라면 일시적으로 1을 저장하여 오류를 방지합니다.

```
let cnt = 0;

    for (let i = 0; i < ansText.length; i++) {
      if (/[가-힣]/.test(ansText[i])) {
        const hanIdx = ansText[i].charCodeAt(0) - 0xac00;

        const jongIdx = hanIdx % 28;
        const jungIdx = ((hanIdx - jongIdx) / 28) % 21;
        const choIdx = Math.floor(hanIdx / 588);

        if (choIdx >= 0) cnt++;
        if (jungIdx >= 0) cnt++;
        if (jongIdx >= 0) cnt++;
      } else {
        cnt++;
      }
    }
```

cnt 변수를 사용하여 현재까지 입력한 키보드 타자수를 저장합니다. 키보드 타자수와 입력 시간을 이용하여 분당 타수를 계산할 수 있습니다. 입력된 내용을 한 글자씩 분석하는 과정에서 '가-힣' 패턴의 정규식을 이용하여 완성된 한글 문자를 확인합니다. 만약 분석한 글자가 완성된 한글일 경우에는 초성, 중성, 종성으로 나눠 각각을 하나의 타자수로 계산합니다. 여기서는 타수 계산의 편의성을 위해 겹자음, 겹받침 등은 제외합니다. 한글이 아닌 경우에는 키보드 타자수를 1만큼 증가시킵니다.

> 자바스크립트에서 '정규식'은 문자열 내에서 특정 패턴을 찾거나 추출하는데 사용되는 효과적인 도구입니다. '/패턴/' 형태로 표현되며 원하는 패턴을 쉽게 찾아내거나 데이터의 유효성을 검사하는 등의 작업을 수행할 수 있습니다.

```
speed = Math.floor((cnt * 60) / dur);

    const texts = [...senText];
    const idx = ans.selectionStart - 2;

    for (let i = 0; i <= idx; i++) {
      if (i < senText.length && ansText[i] != senText[i]) {
        texts[i] = '<span class="wrong">' + senText[i] + '</span>';
      }
    }

    sen.innerHTML = texts.join('');
```

speed는 계산된 타자 빠르기를 저장한 변수입니다. 분당 타수를 계산하기 위해 60을 곱하고 'Math.floor' 함수로 타자 빠르기의 소수 부분은 버립니다. texts 배열에 'senText'의 문장을 각 글자로 분리하여 추가합니다. 이때 '...' 스프레드 연산자를 사용하여 'senText'의 모든 글자를 개별적으로 texts 배열에 추가합니다. 결과적으로 texts는 'senText'의 모든 글자를 요소로 가지는 새로운 배열이 됩니다. idx 변수를 사용하여 현재 입력 중인 커서의 위치를 파악하고 커서 이전에 입력된 내용이 제시된 문장과 일치하는지 검사합니다. 만약 일치하지 않은 부분이 있으면 이 부분은 오타로 판단합니다. 오타 부분에는 'wrong' 클래스 요소를 추가합니다. 'wrong' 클래스는 스타일 태그에서 빨간색 글자로 지정되어 있어, 오타 부분을 빨간색으로 표시할 수 있습니다. 최종 완성된 HTML 코드를 입력합니다.

```
cnt = senText.length;

    for (let i = 0; i < ansText.length; i++) {
      if (i < senText.length && ansText[i] != senText[i]) cnt--;
    }

    accu = Math.floor((cnt / senText.length) * 100);

    speedE.textContent = speed;
    accuE.textContent = accu + '%';
```

cnt 변수에는 제시된 문장의 길이를 저장하며 이는 정확도를 계산할 때 사용됩니다. cnt에 제시된 문장의 길이를 저장하는 이유는 문장을 완전히 입력하지 않더라도, 입력한 부분이 제시된 문장과 일치한다면 정확도는 100%로 계산되어야 하기 때문입니다. 제시된 문장과 사용자가 타자로 입력한 내용을 각 글자마다 비교하여, 일치하지 않는 부분이 있을 경우 cnt의 값을 1 감소시킵니다. 그리고 제시된 문장의 길이를 비교하여 정확도를 계산할 수 있습니다. 타자 빠르기와 정확도 요소에 각각 해당되는 값을 입력합니다.

- html 화면 구성 요소 설명

```
const user = document.querySelector('.user');
    const className = document.querySelector('#class-name');
    const name = document.querySelector('#name');
    const menu = document.querySelector('.menu');
    const score = document.querySelector('.score');
    const main = document.querySelector('.main');
    const sen = document.querySelector('.main__sen');
    const ans = document.querySelector('.main__ans');
    const speedE = document.querySelector('.score__display__speed');
    const accuE = document.querySelector('.score__display__accu');
    const progE = document.querySelector('.score__display__prog');
    const rank = document.querySelector('.rank');
    const full = document.querySelector('.full');
    const help = document.querySelector('.help');
```

타자연습 프로그램을 구성하고 있는 화면의 html 요소입니다. 'querySelector'를 사용하여 필요한 요소를 찾아 변수에 저장합니다. 여기서 '.'은 클래스를 '#'은 아이디를 가리킵니다. 예를 들어 첫 번째 코드는 'user' 클래스를 가진 요소를 찾아 user 변수에 저장하는 코드입니다. 두 번째 코드는 'class-name' 아이디를 가진 요소를 찾아 className 변수에 저장하는 코드입니다. 나머지 변수들도 이와 같은 방식으로 html 요소를 찾아 저장하고 있습니다. 이렇게 저장된 변수들은 이후 프로그램에서 요소들을 제어하는 데 사용됩니다.

- 타이틀 출력 변수 설명

```
const titleText = ['ㅌ', '타', '탖', '타자', '타장', '타자여', '타자연', '타자연ㅅ', '타
자연스', '타자연습'];
```

titleText 배열 변수는 프로그램의 메인 타이틀을 표현하는 데 사용됩니다. 이 배열은 실제 타자 입력이 이루어지는 것처럼 효과를 주기 위해, 초성, 중성, 종성이 순차적으로 입력되는 형태의 글자들을 저장하고 있습니다. 이렇게 저장된 글자들은 이후 반복문을 통해 순차적으로 출력됩니다. 반복문 사이에는 일정 시간 간격이 설정되어 있어, 이를 통해 실제로 타자를 입력하는 것과 같은 효과를 사용자에게 제공합니다.

- 데이터 변수 설명

```
let data;
    let students;
    let scoreInterval;
    let senText;
    let scores;
    let idx = 0;
    let submitting = false;
```

이 코드는 html 요소 이외의 데이터를 관리하는 변수들을 선언하고 있습니다. 값의 변경이 가능한 변수들은 'let' 키워드를 사용하여 선언되었습니다. 이는 해당 변수의 값이 프로그램 실행 중에 변경될 수 있음을 의미합니다. 반면에 값이 변경되지 않는 경우, 즉 상수를 선언할 때는 'const' 키워드를 사용합니다. 이렇게 선언된 변수는 한 번 값이 할당되면 그 값이 변하지 않습니다. 변수 선언에 'let'과 'const'를 적절히 사용하는 것은 코드의 가독성과 안정성을 높이는 데 중요합니다.

- 프로그램 타이틀 출력 함수 설명

```
const titleInterval = setInterval(function () {
    document.querySelector('.title__box').textContent = titleText[idx];
    idx++;

    if (idx == titleText.length) {
      clearInterval(titleInterval);
      document.querySelector('.title__cursor').remove();
    }
}, 120);
```

이 함수는 실제로 타자를 입력하는 것 같은 효과를 주는 기능을 수행합니다. 'title__ box' 클래스를 가진 요소의 텍스트 값을 0.12초 간격으로 변경하여 타자 입력 효과를 줍니다. 그리고 모든 글자가 입력되면 예약된 함수를 취소하고 타이핑 커서 요소를 제거합니다.

- 타자 입력 요소 키보드 이벤트 설명

```
ans.addEventListener('keydown', (e) => {
        if (e.ctrlKey) e.preventDefault();

        starttime = starttime ?? new Date();
```

이 코드는 문장을 입력하는 'ans' 요소에서 발생하는 'keydown' 이벤트를 처리하는 부분입니다. 'ctrlKey' 속성을 사용하여 사용자가 ctrl 키를 눌렀는지 확인합니다. 만약 ctrl 키가 눌려 있다면 해당 이벤트는 취소됩니다. startTime은 타자 시작 시간 변수입니다. '??' 널 병합 연산자(Nullish Coalescing Operator)를 이용하여 startTime 변수가 'null'이거나 'undefined'인 경우, 현재 시간으로 초기화합니다.

```
let cnt = 0;

        for (let i = 0; i < ansText.length; i++) {
            if (/[가-힣]/.test(ansText[i])) {
                const hanIdx = ansText[i].charCodeAt(0) - 0xac00;

                const jongIdx = hanIdx % 28;
                const jungIdx = ((hanIdx - jongIdx) / 28) % 21;
                const choIdx = Math.floor(hanIdx / 588);

                if (choIdx >= 0) cnt++;
                if (jungIdx >= 0) cnt++;
                if (jongIdx >= 0) cnt++;
            } else {
                cnt++;
            }
        }
```

사용자가 입력한 키가 'Enter'나 'Space'인지 확인하고, 입력한 문장의 길이를 확인하여 사용자가 모든 타자 입력을 완료했는지 판단합니다. 정확도를 95% 이상으로 제한하여 사용자가 최대한 정확하게 타자를 입력하도록 요구합니다. 사용자가 문장을 모두 입력하면, 해당 문장에 대한 점수를 저장하고 다음 문제를 출력합니다. 만약 모든 문장 입력을 완료했다면, 사용자의 최종 점수의 평균을 계산하여 구글 시트에 제출합니다.

- html 문서에서 실행하는 구글 앱스크립트 설명

```
google.script.run
      .withSuccessHandler((_data) => {
        data = _data.sentence.map((d) => d[0]).sort(() => Math.random() - 0.5);
        students = _data.student.map((d) => d[0] + '_' + d[1]);

        show(user, menu);
        className.focus();
      })
      .withFailureHandler((e) => {
        alert(e);
      })
      .getData();
```

이 부분은 구글 앱스크립트의 'getData' 함수를 호출하여 구글 시트에서 데이터를 가져오는 코드입니다. 가져온 데이터는 적절히 가공되어 data 변수에 문장 데이터로 저장됩니다. 이때, 'Math.random' 함수를 사용하여 문장 데이터를 무작위로 섞습니다. students 배열에는 학생 반과 이름을 결합하여 학생 명단을 추가합니다. 이렇게 초기 설정이 완료되면 프로그램의 첫 화면을 보여주고 'className' 요소에 커서를 위치시킵니다. 만약 데이터를 가져오는 도중에 오류가 발생하면 오류 메시지를 사용자에게 출력합니다. 이렇게 하여 사용자는 데이터 로딩 과정에서 발생하는 문제를 인지할 수 있습니다.

03_5 마무리하기

지금까지 구글 스프레드시트와 구글 앱스크립트를 활용하여 타자연습 프로그램을 제작하는 방법에 대해 살펴보았습니다. 앞서 제작 동기에서 언급한 대로 요즘 학생들은 스마트폰 등의 첨단기기를 손쉽게 다루지만 의외로 기본적인 컴퓨터 능력인 타자 실력이 부족한 경우가 많습니다. 이를 개선하고 학생들이 타자 실력을 꾸준히 향상시킬 수 있도록 돕기 위해 이 프로그램을 개발하게 되었습니다. 이 프로그램은 다음과 같은 장점이 있습니다.

첫째, 학생들의 타자 점수를 순위로 나타내어 경쟁 요소를 도입함으로써 학생들의 흥미를 유발합니다. 적절한 경쟁은 학생들의 집중력을 향상시키고, 동기를 부여하는 데 큰 도움이 됩니다. 실제로 순위를 올리기 위해 학생들이 방과 후에 스스로 타자연습 프로그램에 접속하여 연습하던 사례도 있었습니다.

둘째, 구글 시트를 통해 연습 문장을 손쉽게 변경할 수 있습니다. 필자는 주로 과학 교과서에 나오는 중요한 문장을 선택해 구글 시트에 입력하여 사용하였습니다. 또한, 문장을 주기적으로 변경함으로써 학생들의 흥미를 지속적으로 유지할 수 있었습니다.

셋째, 문장 연습뿐만 아니라 단어 연습도 가능하며, 영어 연습도 지원합니다. 예전 텍스트 코딩 수업을 진행한 적이 있는데 그 당시, 학생들의 영타 실력이 부족해 수업 진행에 어려움을 겪었습니다. 이후 텍스트 코딩에 필요한 여러 명령어를 제공하여 학생들이 코딩과 관계된 영타 연습을 하는데 활용하기도 했습니다.

추후에는 학생들의 데이터를 분석해서 타자 실력의 성장 흐름을 그래프로 나타내는 기능 등도 추가하면 더욱 효과적인 학습 도구가 될 것으로 기대합니다. 다음 장에서는 사칙연산 프로그램에 대해 설명하겠습니다.

04 사칙연산 프로그램 만들기

04_1 자바스크립트 알아보기

자바스크립트는 웹 브라우저에서 주로 실행되는 언어로 사용자의 브라우저에서 동작하며 HTML, css와 함께 사용하여 동적이고 상호작용하는 웹페이지를 구현합니다. 이 언어의 여러 장점이 있지만 여기서는 특히 구글 앱스크립트와의 연동성에 초점을 맞추어 설명하겠습니다. 구글 앱스크립트와 HTML 문서를 결합하여 사용할 수 있는데 이 때 구글 앱스크립트는 데이터의 백엔드 로직을 담당하고 HTML은 사용자 인터페이스를 생성하는 데 사용됩니다. 자바스크립트는 이 과정에서 HTML 요소를 동적으로 제어하고, 이벤트 제어 등을 통해 사용자와 상호작용하는 역할을 합니다. 또한 비동기 통신이 가능하고 다양한 애니메이션도 구현할 수 있습니다. 구글 앱스크립트와 자바스크립트의 문법이 매우 유사하기 때문에 양쪽을 함께 익힌다면 더 다양한 웹 애플리케이션을 제작할 수 있습니다.

04_2 구글 스프레드시트 설정하기

구글 계정으로 로그인하고 구글 스프레드시트 만들기

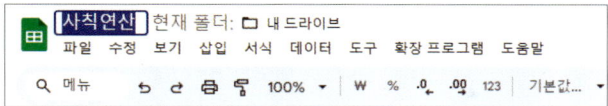

구글 스프레드시트를 만들고 원하는 이름으로 설정합니다.

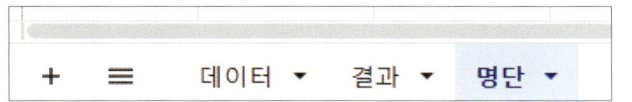

'데이터', '결과', '명단' 세 개의 시트를 만듭니다. 시트의 순서는 바뀌어도 됩니다.

	A	B	C	D	E
1	자리수1	자리수2	연산	제한시간	
2		2	1 나누기		30
3					

'데이터' 시트의 화면입니다. 1행에 '자리수1', '자리수2', '연산', '제한시간' 제목을 입력합니다. 2행에 프로그램 설정에 필요한 데이터를 입력합니다. '자리수1'과 '자리수2'는 사칙연산에서 자리수를 결정합니다. 학년 난이도에 맞게 설정하시면 됩니다. '연산'은 '더하기', '빼기', '곱하기', '나누기' 4개 중 하나를 입력합니다. '제한시간'은 초 단위로 숫자만 입력합니다. 위의 예시는 '두 자리 ÷ 한 자리의 나누기를 30초 동안 풀기'를 의미합니다.

>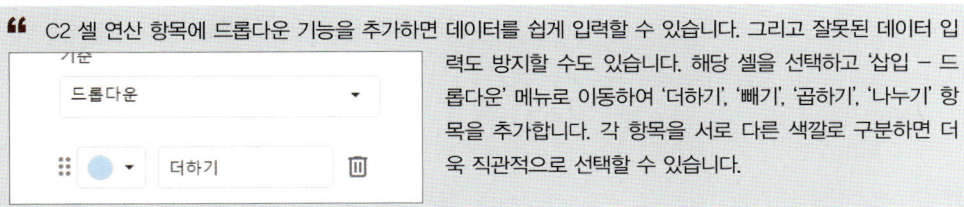
>
> C2 셀 연산 항목에 드롭다운 기능을 추가하면 데이터를 쉽게 입력할 수 있습니다. 그리고 잘못된 데이터 입력도 방지할 수도 있습니다. 해당 셀을 선택하고 '삽입 – 드롭다운' 메뉴로 이동하여 '더하기', '빼기', '곱하기', '나누기' 항목을 추가합니다. 각 항목을 서로 다른 색깔로 구분하면 더욱 직관적으로 선택할 수 있습니다.

	A	B	C	D	E	F	G
1	반	이름	구분	점수	맞은개수	틀린개수	제출시간
2							

'결과' 시트의 화면입니다. 학생들의 사칙연산 데이터가 추가되는 시트입니다. 1행에 화면과 같이 제목을 입력합니다.

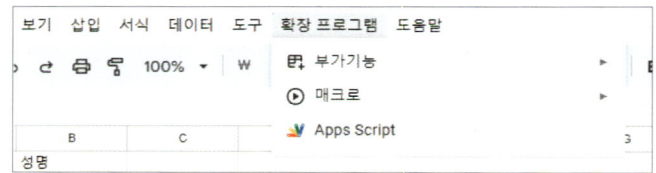

'명단' 시트의 화면입니다. 동명이인을 고려하여 반까지 입력합니다. 이 시트에 등록되지 않은 학생은 본 프로그램에 참여할 수 없습니다. 만약 전학생이 오면 이 시트에 계정을 추가합니다.

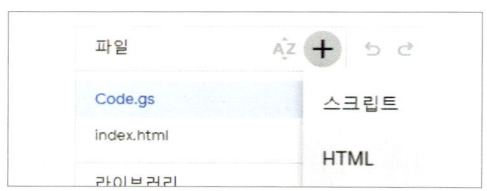

이제 프로그램의 코드를 붙여 넣을 차례입니다. 메뉴에서 '확장프로그램 – Apps Script' 항목을 선택합니다.

'+' 버튼을 클릭하여 HTML 파일을 추가합니다. 추가할 HTML 파일 이름은 'index'입니다.

두 개의 파일에 각각 맞는 코드를 붙여 넣습니다.

❝ Code.gs 파일 전체 코드 다운로드 방법은 책 4~5쪽 "독자지원센터–책 소스 다운로드" 방법을 참고하거나 다음 링크 또는 QR코드에서 확인할 수 있습니다.
https://docs.google.com/document/d/1HmmXjAPcLoDpcOYbSsHu6SMdwishqjgbzX8zUZUTQRQ/edit?usp=sharing

index.html 파일 전체 코드 다운로드 방법은 책 4~5쪽 "독자지원센터–책 소스 다운로드" 방법을 참고하거나 다음 링크 또는 QR코드에서 확인할 수 있습니다.
https://docs.google.com/document/d/1FvYVgwqAh2DR4pSdejZJEqaLOIJNCT9OloOz7LPMg8s/edit?usp=sharing

04_3 배포하기

배포방법 화면

게임 화면

반과 이름을 입력하고 시작하기 버튼을 클릭합니다.

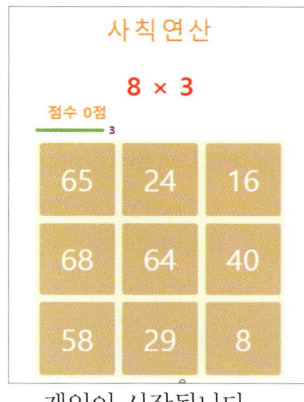

게임이 시작됩니다.

게임이 끝나면 점수를 제출합니다.

순위보기를 클릭하면 20위까지의 순위를 확인할 수 있습니다.

순위결과 화면입니다.

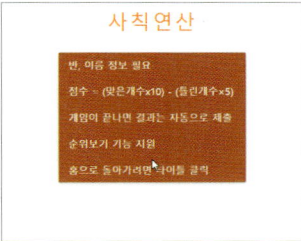

사용방법 설명 화면입니다.

04_4 코드 분석하기

Code.gs 코드

- doGet 함수 설명

```
function doGet() {
   return HtmlService.createHtmlOutputFromFile('index').addMetaTag('viewport',
'width=device-width, initial-scale=1');
}
```

프로그램 주소에 들어가면 먼저 실행되는 함수입니다. 'index.html' 문서를 학생들에게 보여줍니다.

- 점수 제출 함수 설명

```
function submitScore(arr) {
  const ws = SpreadsheetApp.getActiveSpreadsheet().getSheetByName('결과');
  const now = new Date();
  const submissionDate = Utilities.formatDate(now, "GMT+9", "yyyy-MM-dd HH:mm:ss");

  arr.push(submissionDate);
  ws.appendRow(arr);
}
```

사칙연산 점수를 제출하는 함수입니다. HTML파일에서 전달한 arr 배열 변수에는 '반', '이름', '맞은 개수', '틀린 개수' 등의 데이터가 들어있습니다. 현재 시간을 arr 변수에 추가하여 '결과' 시트에 arr 데이터를 추가합니다.

- 구글 시트 데이터 불러오기 함수 설명

```
function getData() {
  const itemWS = SpreadsheetApp.getActiveSpreadsheet().getSheetByName('데이터');
  const stuWS = SpreadsheetApp.getActiveSpreadsheet().getSheetByName('명단');
   const data = { item: itemWS.getDataRange().getValues().slice(1), student: stuWS.getDataRange().getValues().slice(1) };

  return data;
}
```

구글 시트의 데이터를 가져오는 함수입니다. 사칙연산 게임 설정에 필요한 데이터와 학생 데이터를 객체로 만들어 HTML로 전달합니다. 이후 HTML에서 설정에 맞게 사칙연산 문제를 생성합니다.

- 순위 가져오기 함수 설명

```
function filterRanking() {
  const ws = SpreadsheetApp.getActiveSpreadsheet().getSheetByName('결과');
  const data = ws.getDataRange().getValues();
  const ranks = [];

  for (let i = 1; i < data.length; i++) {
    ranks.push({className: data[i][0], name: data[i][1], score: data[i][3], correct: data[i][4], wrong: data[i][5]});
  }

  return ranks.sort((a, b) => {
    if (a.score > b.score) return -1;
    if (a.score < b.score) return 1;
    if (a.correct > b.correct) return -1;
    if (a.correct < b.correct) return 1;
  });
}
```

'결과' 시트의 학생 데이터를 정렬하는 함수입니다. 정렬을 하기 위해 먼저 ranks 빈 배열을 만들고 여기에 데이터를 추가합니다. 데이터를 추가한 뒤, 점수를 기준으로 정렬하고, 만약 점수가 동점이면 맞은 개수를 기준으로 정렬합니다. 최종 정렬된 데이터는 HTML 파일에 전달합니다.

index.html 코드

- DOM 객체 요소 설명

```
<div class="title" onclick="goHome()">
    <span class="title__box">사칙연산</span>
</div>
<div class="user">
  <label for="class-name">반</label>
  <input type="text" name="class-name" id="class-name" />
  <label for="name">이름</label>
  <input type="text" name="name" id="name" />
</div>
<div class="menu flip">
  <input type="button" value="시작하기" onclick="startGame()" class="menu__start-btn" />
  <input type="button" value="순위보기" onclick="showRank()" class="menu__rank-btn" />
  <input type="button" value="사용방법" onclick="showManual()" class="menu__help-btn" />
</div>
```

'title' 클래스는 프로그램의 제목 요소입니다. 제목은 '사칙연산'이고 클릭하면 처음 화면으로 이동하는 기능이 있습니다. 'user' 클래스는 학생의 계정을 입력하는 요소입니다. 계정은 반, 이름으로 구성되어 있습니다. 'menu' 클래스 내부에는 '시작하기', '순위보기', '사용방법' 3개의 버튼이 있습니다.

```html
<div class="help hidden">
     반, 이름 정보 필요<br /><br />
     점수 = (맞은개수x10) - (틀린개수×5)<br /><br />
     게임이 끝나면 결과는 자동으로 제출<br /><br />
     순위보기 기능 지원<br /><br />
     홈으로 돌아가려면 타이틀 클릭<br />
</div>
<div class="board hidden">
  <div class="board__ques">문제</div>
  <div class="board__score">점수 0점</div>
  <div class="board__time">
    <div class="board__time__timebar"></div>
    <div class="board__time__timer"></div>
  </div>
  <div class="board__row">
    <div class="board__row__block" onclick="checkAnswer(this)"></div>
    <div class="board__row__block" onclick="checkAnswer(this)"></div>
    <div class="board__row__block" onclick="checkAnswer(this)"></div>
  </div>
  <div class="board__row">
    <div class="board__row__block" onclick="checkAnswer(this)"></div>
    <div class="board__row__block" onclick="checkAnswer(this)"></div>
    <div class="board__row__block" onclick="checkAnswer(this)"></div>
  </div>
  <div class="board__row">
    <div class="board__row__block" onclick="checkAnswer(this)"></div>
    <div class="board__row__block" onclick="checkAnswer(this)"></div>
    <div class="board__row__block" onclick="checkAnswer(this)"></div>
  </div>
</div>
```

'help' 클래스는 사칙연산 게임 방법과 점수계산 방법을 설명하는 요소입니다. 틀린 답에는 감점이 적용되므로 문제를 신중히 풀어야 합니다. 또한 순위를 확인할 수 있고, 타이틀을 클릭하면 홈 화면으로 돌아갑니다. 'board' 클래스는 메인 게임화면을 나타내며 문제와 점수를 출력하고 타이머 및 타이머 막대도 표시됩니다.

'board_row' 클래스는 게임화면의 한 행을 나타내는 요소로 그 안에는 문항이 세 개씩 포함되어 있습니다. 총 9개의 문항이 있으며, 제한 시간 내에 많은 문제를 해결하는 것이 목표입니다.

> ❝ ' ' 태그는 'non-breaking space'의 줄임말로, 공백을 의미합니다. HTML에서는 연속적인 공백 문자를 하나의 공백으로 처리합니다. 예를 들어 '문   제' 이렇게 여러 개의 공백을 넣어도 브라우저는 '문 제' 이렇게 하나의 공백으로 보여줍니다. 하지만 ' ' 태그를 사용하면 원하는 만큼의 공백을 보여줄 수 있습니다. 그리고 'non-breaking'이라는 이름에서 알 수 있듯이, 줄바꿈은 허용하지 않기 때문에 특정 텍스트를 묶어서 표시해야 할 때도 사용합니다. '(br)' 태그는 'break'의 줄임말로 줄바꿈을 의미합니다. 이 태그를 사용하면 웹페이지에서 새로운 줄을 시작할 수 있습니다.

```
<div class="rank hidden"></div>
    <div class="full hidden">
     <div class="full__box">
        <div class="full__box__header"></div>
        <div class="full__box__loader"></div>
        <div class="full__box__btn hidden" onclick="goHome()">제출완료</div>
     </div>
    </div>
```

'rank' 클래스는 순위를 보여주는 요소입니다. 동적으로 순위 표를 생성해 보여주는 방식으로 작동합니다. 'full' 클래스는 게임 종료 후 점수를 제출할 때 필요한 요소입니다. 점수를 제출하는 동안에는 로딩바가 나타나며, 이 시간 동안에는 다른 곳을 클릭할 수 없습니다. 점수 제출이 끝나면 '제출완료' 버튼이 보이고 이 버튼을 누르면 제출이 마무리됩니다.

• 요소 보이기 함수 설명

```
function show(...elems) {
    elems.forEach((e) => e.classList.remove('hidden'));
}
```

DOM 객체 요소를 보여주는 함수입니다. 스프레드 연산자를 활용해 요소의 개수를 제한하지 않기 때문에 원하는 요소를 전부 매개변수로 전달할 수 있습니다.

- 요소 숨기기 함수 설명

```
function hide(...elems) {
    elems.forEach((e) => e.classList.add('hidden'));
}
```

DOM 객체 요소를 숨기는 함수입니다. show 함수와 마찬가지로 원하는 요소를 전부 매개변수로 전달해 요소를 숨길 수 있습니다.

- 게임 첫 화면 이동 함수 설명

```
function goHome() {
    if (submitting) return;

    show(user, menu);
    hide(help, board, rank, full);
}
```

게임의 첫 화면으로 이동하는 함수입니다. submitting 변수는 현재 구글 시트 데이터를 제출 중인지 판단하기 위한 논리형 변수로 'true' 또는 'false' 값을 가집니다. 데이터를 제출 중이면 홈 화면으로의 이동 없이 함수가 종료됩니다. 'user' 요소와 'menu' 요소는 화면에 표시되며, 그 외 불필요한 요소들은 숨겨집니다.

- 결과 화면

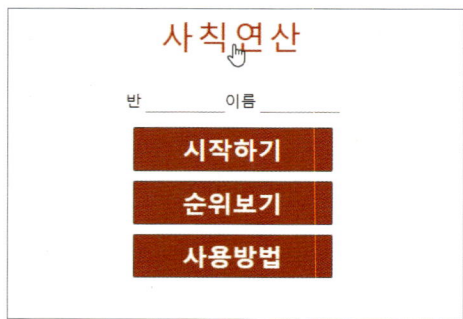

'사칙연산' 제목을 클릭하면 사용자는 초기 화면으로 이동하게 됩니다. 마우스를 클릭하기 위해 제목에 가까이 가져가면 제목의 글자와 배경색이 변하게 됩니다. 그리고 마우스 커서의 속성 값은 'pointer' 값으로 손가락 모양입니다.

• 게임 시작 함수 설명

```
function startGame() {
    if (!className.value) {
      alert('반이 없습니다.');
      return;
    }

    if (!name.value) {
      alert('이름이 없습니다.');
      return;
    }
```

이 함수는 게임의 시작을 담당하고 있습니다. 먼저 '반' 데이터를 확인하고 만약 없다면 알림 메시지를 출력하고 함수를 종료합니다. '반' 데이터가 있으면 '이름' 데이터를 확인합니다. '이름' 데이터가 없는 경우에도 알림 메시지를 출력하고 함수를 종료합니다.

> 'if (!className.value)'는 'className'이라는 객체의 'value' 속성값을 확인하는 조건문입니다. '!'는 논리 부정 연산자로 뒤따르는 값의 논리 값을 반대로 바꿉니다. 그래서 'className.value' 값이 'false'인 경우에 이 조건문은 'true'가 됩니다. 자바스크립트에서는 빈문자열(""), null, undefined, 0 등은 'false'로 취급됩니다. 따라서, 이 조건문은 'className.value'가 위와 같은 'false' 값일 경우, 조건문 내의 코드를 실행하게 됩니다.

```
    if (maxVal - minVal < 8) return;

    const key = className.value + '_' + name.value;

    if (!students.includes(key)) {
      alert('등록된 학생이 아닙니다.');
      return;
    }

    hide(user, menu);
    show(board);
```

maxVal은 문항이 가질 수 있는 최대값이고 minVal은 최소값입니다. 이 두 값의 차이를 계산해서 문항 9개를 생성할 수 있는지 확인합니다. 만약 생성할 수 없다면 함수는 여기서 종료됩니다. 동명이인을 고려하여 '반'과 '이름'을 합쳐 key 변수에 할당합니다. students 배열에 학생 데이터가 없으면 알림 메시지를 출력한 뒤 함수를 종료합니다. 'user' 요소와 'menu' 요소를 숨기고 'board' 게임 요소를 보여줍니다.

```
scoreValue = 0;
       correctCnt = 0;
       wrongCnt = 0;
       time = timeLimit;

       score.textContent = '점수 0점';
       timer.textContent = time;
```

scoreValue 는 점수 변수입니다. correctCnt는 정답을 맞춘 개수이고 wrongCnt는 틀린 개수를 의미합니다. time은 게임의 제한시간을 나타냅니다. 'score' 요소와 'timer' 요소의 텍스트 값을 초기화하여 게임시작을 준비합니다.

```
timebar.style.width = '330px';
       timebar.style.backgroundColor = 'yellowgreen';

       w = timebar.clientWidth;

       createQuestion();

       timerInterval && clearInterval(timerInterval);
       timerInterval = setInterval(printTimer, 1000);
```

'timebar' 요소의 너비를 처음 너비로 초기화하고 색깔을 지정합니다. w 변수는 타이머 막대의 처음 너비이고 타이머 값에 따라 너비를 출력하기 위해 필요합니다. 'createQuestion' 함수를 호출해 문제를 생성합니다. timerInterval 변수를 보고 일정 주기로 호출하는 함수가 있다면 취소합니다. printTimer 함수를 1초마다 호출하도록 예약함수를 설정합니다.

- 결과 화면

- 순위 보기 함수 설명

```
function showRank() {
        hide(user, menu);

        rank.innerHTML = '';

        const loader = document.createElement('div');

        loader.className = 'rank__loader';

        rank.appendChild(loader);

        show(rank);

        submitting = true;
```

순위를 보여주는 함수입니다. 'user' 요소와 'menu' 요소를 숨깁니다. 순위를 새로 보여주기 위해 rank 안에 DOM 요소나 텍스트 값을 전부 초기화합니다. 'loader' 요소를 생성해 타이머 로딩바로 설정합니다. 로딩바에 맞는 스타일을 지정하기 위해 클래스 이름을 'rank__loader'로 설정합니다. 'rank' 요소 안에 로딩바를 추가하고 'rank' 요소를 보여줍니다. 현재 데이터를 불러오는 상태를 저장하는 submitting 변수를 true로 변경합니다.

```
google.script.run
        .withSuccessHandler((ranks) => {
          if (!ranks) return;

          const tbl = document.createElement('table');

          tbl.className = 'rank__table';
          tbl.innerHTML = '<thead><tr><th>순위</th><th>반</th><th>이름</th><th>점수</th><th>맞은개수</th><th>틀린개수</th></tr></thead><tbody></tbody>';

          rank.appendChild(tbl);
```

구글 시트에서 순위 데이터를 가져오기 위해 구글 앱스크립트를 함수를 실행합니다. 불러온 ranks 데이터를 확인하고 문제가 있으면 함수를 종료합니다. 'table' 요소를 생성하고 클래스 이름을 'rank__table'로 설정하여 스타일을 지정합니다. 스타일을 지정하고 제목 요소와 본문 요소를 추가합니다. 제목은 '순위', '반', '이름', '점수', '맞은개수', '틀린개수' 순으로 설정합니다. 만들어진 표를 'rank' 요소에 추가합니다.

```javascript
const tbody = tbl.querySelector('tbody');
    const candis = [];

    let curRank = 0;
    let upperScore = 0;

    for (let i = 0; i < ranks.length; i++) {
      const rankName = ranks[i].className + '_' + ranks[i].name;

      if (!candis.includes(rankName)) {
        if (i == 0 || ranks[i].score < upperScore) curRank++;
        if (curRank > 20) break;

        upperScore = ranks[i].score;

        const row = document.createElement('tr');

         row.innerHTML = `<td>${curRank}</td><td>${ranks[i].className}</td><td>${ranks[i].name}</td><td>${ranks[i].score}</td><td>${ranks[i].correct}</td><td>${ranks[i].wrong}</td>`;

        tbody.appendChild(row);
        candis.push(rankName);
      }
    }
```

candis 배열은 순위에 등록된 학생을 확인하기 위해 필요합니다. curRank 변수는 현재 순위를, upperScore 변수는 이전 학생의 점수를 저장합니다. 구글 앱스크립트에서 ranks의 데이터를 성적을 내림차순으로 정렬하였기 때문에 이전 학생은 현재 학생보다 점수가 높거나 같습니다. rankName 변수는 '반'과 '이름'을 결합한 고유키입니다. candis 배열에 없는 학생만 순위에 추가함으로써 한 학생이 두 개 이상의 순위를 가지지 않도록 합니다. 이전 학생의 점수와 비교해서 순위를 계산하며 동점인 학생들은 같은 순위를 갖게 됩니다. 'row' 요소를 생성하여 순위, 반, 이름, 점수, 맞은 개수, 틀린 개수 정보를 담아 테이블에 추가합니다. 마지막으로, 순위에 등록된 학생은 candis 배열에 추가해 중복 등록을 방지합니다.

```
loader.remove();

      submitting = false;
   })
   .withFailureHandler((e) => {
     alert(e);
   })
   .filterRanking();
```

순위 로딩이 완료되면 'loader' 요소는 제거합니다. submitting 로딩 확인 변수는 false로 초기화하여 로딩 상태가 아님을 나타냅니다. 데이터를 가져오는 과정에서 어떤 이유로 실패하게 되면 실패한 메시지를 출력합니다. 여기서 실행하는 구글 앱스크립트의 함수 이름은 'filterRanking'이고 Code.gs 코드에 설명되어 있습니다.

• 결과 화면

순위보기 버튼을 클릭합니다.

데이터 로딩중입니다.

순위 데이터를 출력합니다.

• 사용법 보기 함수 설명

```
function showManual() {
     hide(user, menu);
     show(help);
   }
```

게임설명을 보여주는 함수입니다. 'user' 요소와 'menu' 요소는 숨깁니다. 'help' 요소에는 게임설명이 적혀있는데 이것을 보여줍니다.

> 66 자바스크립트에서 함수를 정의할 때는 함수의 이름을 통해 기능을 쉽게 파악할 수 있도록 이름을 지어주는 것이 좋습니다. 일반적으로 동사를 앞에 두어 어떤 동작인지 쉽게 파악할 수 있도록 하고 복합 단어를 사용할 경우 각 단어의 시작은 대문자로 작성합니다.

- 결과 화면

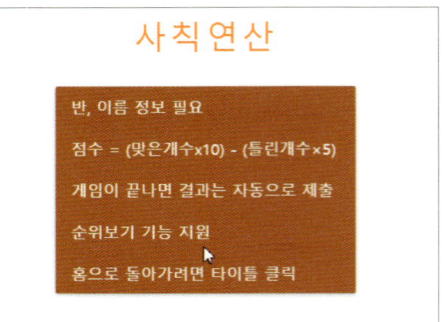

사용방법을 클릭합니다.　　　　　　　　　　게임 설명을 볼 수 있습니다.

- 문제 만들기 함수 설명

```
function createQuestion() {
    let num1 = Math.floor(Math.random() * (maxNum1 - minNum1 + 1)) + minNum1;
    let num2 = Math.floor(Math.random() * (maxNum2 - minNum2 + 1)) + minNum2;

    if (oper == '빼기' || oper == '나누기') {
      if (num1 < num2) {
        const tmp = num1;

        num1 = num2;
        num2 = tmp;
      }
    }
}
```

문제를 생성하는 함수입니다. num1, num2 변수에 문제에 필요한 두 숫자를 랜덤으로 생성하여 저장합니다. 'Math.random' 함수는 0 이상 1 미만의 난수를 생성하는데, 특정 범위 내에서 난수를 생성하려면 범위의 최소값과 최대값을 활용하면 됩니다. 공식은 위의 화면과 같습니다. 최대값과 최소값의 차이에 1을 더한 값에 랜덤 난수를 곱하고 최소값을 더하면 범위 내의 난수를 얻을 수 있습니다. 여기서는 초등학생의 게임 난이도에 맞게 'Math.floor' 함수를 이용해 정수로 변환합니다. 예로 minNum1이 1이고 maxNum1이 5이면 num1 변수는 '1 <= num1 < 6' 범위를 가지게 됩니다. 이 중에서 정수만을 선택하므로 실질적으로는 1에서 5까지의 정수를 랜덤하게 선택하게 됩니다. oper 변수에는 연산자의 종류가 저장되며, '빼기'나 '나누기'의 경우 num2가 num1보다 크면 안 되므로, 이런 경우에는 두 값을 교환합니다.

```
if (oper == '나누기' && num1 % num2 != 0) {
    num1 = num1 - (num1 % num2);

    while (num1.toString().length < digitCnt1) {
      num1 += num2;
    }
}

const arr = [];
```

위 로직은 연산자가 '나누기'이고 두 숫자를 나눌 때 나머지가 0이 아닌 경우를 처리합니다. 기존의 num1 변수에서 나머지를 빼서 나눗셈 결과가 나머지 없이 딱 떨어지게 만듭니다. 만약 이 과정에서 num1 변수의 자리수가 달라졌다면 자리수를 맞출때까지 num2 변수값을 num1에 더해줍니다. num2의 값을 더하는 이유는 num1이 num2의 배수가 되도록 하여 나눗셈 결과의 나머지가 0임을 유지하기 위해서입니다. 예를 들어 '10 ÷ 3'의 경우 나머지가 '1' 이기 때문에 num1을 '10 - 1', 즉 '9'로 만듭니다. 그런데 num1의 조건은 두 자리 수이기 때문에 '9 + 3'을 통해 최종적으로 num1의 값을 12로 설정합니다. arr 배열은 문항의 값을 저장하기 위한 변수입니다.

```
if (oper == '더하기') {
    answer = num1 + num2;
} else if (oper == '빼기') {
    answer = num1 - num2;
} else if (oper == '곱하기') {
    answer = num1 * num2;
} else if (oper == '나누기') {
    answer = num1 / num2;
}
```

연산자에 따라 answer에 정답을 계산하여 저장합니다. 조건문이 많아지면 가독성을 위해 if 구문보다는 switch 구문을 사용하는 것이 좋습니다.

```
arr.push(answer);

while (arr.length != 9) {
    const num = Math.floor(Math.random() * (maxVal - minVal + 1)) + minVal;

    if (!arr.includes(num)) arr.push(num);
}

arr.sort(() => Math.random() - 0.5);
```

arr 배열에 answer 값을 추가하고, 총 9문항이 될 때까지 num 변수를 랜덤으로 생성하여 arr 배열에 추가합니다. 최소값과 최대값이 이미 정해져 있으므로 랜덤 값을 생성하는 것은 간단합니다. 모든 문항을 생성한 후에는 arr 배열을 섞어줍니다. arr 배열에서 정답의 위치는 항상 첫 번째이므로, 배열을 섞어서 정답의 위치가 바뀌도록 설정합니다.

```
const operToTexts = {
    더하기: '+',
    빼기: '-',
    곱하기: '×',
    나누기: '÷',
};

ques.textContent = `${num1} ${operToTexts[oper]} ${num2}`;

for (let i = 0; i < blocks.length; i++) {
  blocks[i].textContent = arr[i];
}
```

operToTexts 객체는 문제를 표현하기 위한 연산기호를 나타내는 변수입니다. if 문으로 연산기호를 찾을 수 있지만, 객체 변수를 이용한 방법도 있음을 보여주기 위해 위와 같이 설정했습니다. ques 요소에는 문제를, 문항 요소에는 문항 값을 출력합니다.

• 결과 화면

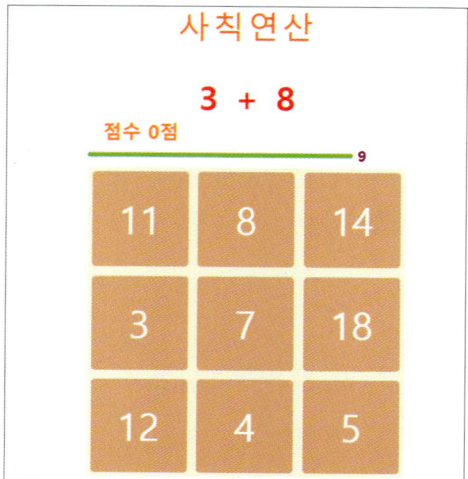 

사칙연산 프로그램 실행 화면

- 타이머 출력 함수 설명

```
function printTimer() {
    time--;

    if (time == 10) {
      timebar.style.backgroundColor = 'crimson';
    }

    const widthLeft = Math.floor((w * time) / timeLimit);
```

타이머를 출력하는 함수입니다. 1초에 한번씩 호출되며 time 값이 1씩 감소합니다. time 값을 확인하여 남은 시간이 10초이면 배경색을 붉은색으로 바꿉니다. widthLeft 변수는 타이머 막대의 너비 변수입니다. w는 타이머 막대의 초기 너비 값입니다. 제한시간과 남은시간의 비율을 계산하여 타이머 막대의 너비를 결정합니다.

```
    timebar.style.width = widthLeft + 'px';
    timer.textContent = time;

    if (time == 0) {
      clearInterval(timerInterval);
      timerInterval = null;
      submitScore();
    }
```

위에서 계산한 widthLeft 변수값을 타이머 막대의 너비로 설정합니다. 타이머 막대 옆에는 남은 시간을 출력합니다. 남은 시간이 0이면 타이머 함수 호출을 중단하고, 호출에 사용한 변수를 null로 초기화합니다. 마지막으로 결과를 제출합니다.

> 💬 'clearInterval' 함수를 호출하면 타이머는 중지됩니다. 그러나 timerInterval 변수는 메모리에 남아 있습니다. 따라서 null로 설정하여 메모리를 해제하는 것이 좋습니다. 그리고 이렇게 코드를 작성하면 코드를 해석할 때 '이 변수는 현재 사용되지 않는다'는 것을 명확하게 알려주어 코드의 가독성을 향상시킵니다.

- 사칙연산 점수 제출 함수 설명

```
function submitScore() {
    const title = '사칙연산';
    const msg = `점수: ${scoreValue} 맞은개수: ${correctCnt} 틀린개수: ${wrongCnt}`;

    timer.textContent = '';
    submitting = true;
```

결과를 제출하는 함수입니다. 현재 게임 제목 변수와 제출 시 출력될 메시지 값 변수를 설정합니다. 타이머를 초기화하고, submitting 변수를 true로 설정하여 제출하는 동안 다른 동작을 수행하지 못하도록 설정합니다.

```
    const loader = document.querySelector('.full__box__loader');
    const btn = document.querySelector('.full__box__btn');

    show(full, loader);
    hide(btn);

    document.querySelector('.full__box__header').innerHTML = msg;
```

로딩바 요소와 제출완료 버튼 요소 변수를 초기화합니다. 제출 중에는 제출 화면과 로딩바를 표시하고, 제출완료 버튼은 숨깁니다. 제출 화면에는 점수, 맞은 개수, 틀린 개수를 출력합니다.

```
    google.script.run
            .withSuccessHandler(() => {
              submitting = false;

              hide(loader);
              show(btn);
            })
            .withFailureHandler((e) => {
              alert(e);
            })
            .submitScore([className.value, name.value, title, scoreValue, correctCnt, wrongCnt]);
```

구글 시트에 결과를 저장하는 구글 앱스크립트 함수입니다. 저장하는 값은 '반', '이름', '제목', '점수', '맞은 개수', '틀린 개수' 등이 있습니다. 구글 앱스크립트 함수의 이름은 'submitScore'로 이 함수는 'index.html' 파일이 아닌 'Code.gs' 파일에 정의되어 있습니다. 제출이 완료되면 submitting 변수값을 false로 설정하여 제출 완료를 표시하고, 로딩바는 숨기고 제출 완료 버튼을 보여줍니다. 어떠한 오류로 제출이 안 되면, 제출 실패에 대한 오류 메시지를 표시합니다.

> " 'google.script.run' 함수는 비동기 함수입니다. 클라이언트 측에서 서버 측 함수를 비동기적으로 호출하는데 사용되므로 이 함수를 사용할 때는 비동기 처리에 대한 적절한 방법을 사용해야 합니다. 서버 측 함수의 성공적인 완료와 실패 시에 호출될 클라이언트 측 콜백 함수를 설정하면서 코드의 실행 순서를 적절히 관리해야 합니다.

- 결과 화면

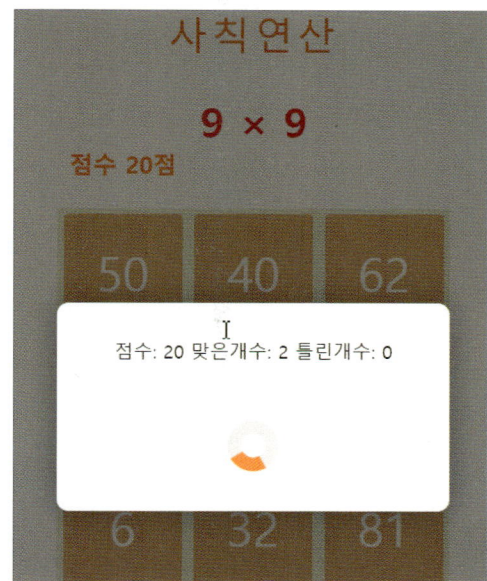
사칙연산 결과를 제출 중입니다.

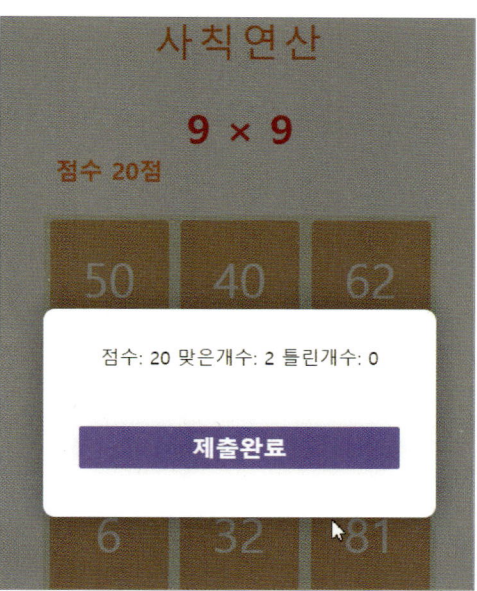
제출이 완료되었습니다.

- 정답 확인 함수 설명

```
function checkAnswer(e) {
    if (e.textContent == answer.toString()) {
        correctCnt++;
        scoreValue += 10;
        createQuestion();
    } else {
        wrongCnt++;
        scoreValue = Math.max(scoreValue - 5, 0);
    }
    score.textContent = '점수 ' + scoreValue + '점';
}
```

이 함수는 정답인지 아닌지를 확인하는 함수입니다. 여기서 e는 클릭한 문항 버튼을 의미합니다. 만약에 정답을 클릭했으면 맞은 개수를 하나 추가하고 점수는 10점을 올립니다. 그리고 다음 문제를 출력합니다. 반면, 오답을 클릭했다면 틀린 개수를 하나 늘리고 점수는 5점을 내립니다. 초등학생용 문제이므로 점수가 0보다 작으면 0으로 초기화하여 음수가 출력되지 않도록 하여 점수를 문제 화면에 출력합니다.

- 구글 앱스크립트 함수 설명

```
google.script.run
    .withSuccessHandler((data) => {
        if (!data) return;

        students = data.student.map((d) => d[0] + '_' + d[1]);

        timeLimit = data.item[0][3];

        digitCnt1 = data.item[0][0];
        digitCnt2 = data.item[0][1];

        minNum1 = 10 ** (digitCnt1 - 1);
        maxNum1 = 10 ** digitCnt1 - 1;

        minNum2 = 10 ** (digitCnt2 - 1);
        maxNum2 = 10 ** digitCnt2 - 1;
```

HTML 파일에서 실행되는 구글 앱스크립트 함수입니다. 사칙연산 프로그램을 만들기 위해 필요한 데이터를 구글 시트에서 불러옵니다. 만약에 불러온 data 변수가 유효하지 않으면 함수를 종료합니다. students 변수에는 구글 시트에서 불러온 학생들의 명단을 추가합니다. 이때 동명이인을 고려해 '반_이름' 형식으로 추가하고, 배열함수인 map을 활용하여 새로운 배열을 만듭니다. timeLimit 변수는 제한시간 값을 나타내고, digitCnt1 변수와 digitCnt2 변수는 각각 사칙연산의 첫 번째 숫자와 두 번째 숫자의 자리수를 나타냅니다. minNum1 변수는 첫 번째 숫자의 최소값입니다. '**' 연산자는 제곱 연산자를 의미하므로 예를 들어 첫 번째 숫자의 자리수가 3이면 minNum1의 값은 10의 (3 - 1) 제곱, 즉 100이 됩니다. maxNum1 변수는 첫 번째 숫자의 최대값을 나타내며, 마찬가지로 첫 번째 숫자 자리수가 3이면 10의 3 제곱에서 1을 빼서 999가 됩니다. minNum2, maxNum2 변수는 각각 두 번째 숫자의 최소값, 최대값을 의미합니다.

```
switch (oper) {
        case '더하기':
            minVal = minNum1 + minNum2;
            maxVal = maxNum1 + maxNum2;
            break;
        case '빼기':
            minVal = Math.max(0, minNum1 - maxNum2);
            maxVal = maxNum1 - minNum2;
            break;
        case '곱하기':
            minVal = minNum1 * minNum2;
            maxVal = maxNum1 * maxNum2;
            break;
        case '나누기':
            minVal = Math.max(1, Math.floor(minNum1 / maxNum2));
            maxVal = Math.floor(maxNum1 / minNum2);
            break;
    }
```

oper 연산자에 따라 minVal 변수와 maxVal 변수 값을 할당합니다. minVal 변수는 문항의 최소값, maxVal 변수는 문항의 최대값을 의미합니다. 연산자가 빼기나 나누기일 경우는 'Math.max' 함수를 활용해 문항에 음수나 소수가 나오지 않도록 합니다. 나누기일 경우는 'Math.floor' 함수를 활용해 문항은 전부 자연수만 나오도록 설정합니다.

> 'switch' 문을 사용할 때 'default' 절은 모든 case 절이 매치되지 않을 때 실행됩니다. 'default' 절을 사용하면 예상하지 못한 입력이나 상태에 대응하는 코드를 작성할 수 있습니다. 이는 프로그램의 안정성을 높여줍니다. 또한, 모든 조건이 충족되지 않을 때 기본 동작을 수행하도록 하게 할 수도 있습니다. 그러나 모든 경우가 확실하고, 예외 상황이 발생하지 않을 것이 확실할 경우 생략할 수 있습니다.

```
let fontSize = 40;

        const tmp = document.createElement('span');

        tmp.textContent = maxVal;
        tmp.style.fontSize = '40px';

        document.body.appendChild(tmp);
```

fontSize 변수는 문항의 글자 크기를 의미합니다. tmp 변수로 임시로 span 태그 요소를 생성합니다. 생성된 span 요소에 문항의 최대값을 출력하고 글자 크기는 '40px'로 설정해 body에 추가합니다.

```
while (tmp.clientWidth > 100) {
            fontSize--;
            tmp.style.fontSize = fontSize + 'px';
        }

        blocks.forEach((b) => (b.style.fontSize = fontSize + 'px'));

        document.body.removeChild(tmp);

        className.focus();
    })
    .withFailureHandler((e) => {
      alert(e);
    })
    .getData();
```

'span' 요소는 텍스트의 길이에 따라 너비가 변하는 특징이 있습니다. 이 특징을 활용하여 'tmp' 요소가 문항 요소의 기본 너비인 100을 초과하는지 확인합니다. 만약 너비가 100보다 크다면 너비가 100이 될 때까지 글자 크기를 줄입니다. 그리고 이 최종 글자 크기 값을 9개의 문항 요소에 반영합니다. 이 후, 임시로 활용한 'tmp' 요소는 삭제합니다.

모든 작업이 끝나면 '반' 요소에 커서를 위치합니다. Code.gs 파일의 'getDate' 함수를 실행하고 만약 함수가 실패하면 오류 메시지를 출력합니다.

> ❝ 'while'문은 특정 조건이 참인 경우에만 작업을 반복하는 데 사용합니다. 그래서 반복해야 할 횟수가 정해져 있지 않을 때 유용합니다. 만약 반복해야 할 횟수가 정해져 있거나 배열 등의 데이터 집합을 순회해야 할 때는 'for'문을 사용하는 것이 더 효율적입니다.

04_5 마무리하기

지금까지 구글 스프레드시트와 구글 앱스크립트를 활용하여 사칙연산 프로그램을 만드는 방법에 대해 알아보았습니다. 사칙연산은 수학의 가장 기본적이면서도 중요한 개념입니다. 사칙연산 능력을 기르기 위해 많은 문제를 풀어보고 그 결과를 확인하는 과정이 필수입니다. 하지만 이 과정은 학생들이 지루하게 느껴질 수 있고, 학습에 대한 흥미를 잃기 쉽습니다. 우리가 만든 사칙연산 프로그램은 이 문제를 해결하는데 도움이 됩니다. 프로그램은 게임 형태로 구성되어 있어 학생들의 흥미를 유발하고 오답을 통한 감점 시스템은 학생들이 문제를 정확하게 풀려는 동기를 높입니다. 또한, 순위 시스템은 학생들이 자신의 실력을 확인하고 학습 동기를 더욱 높일 수 있게 도와줍니다. 앞으로 추가하려는 기능은 다음과 같습니다.

첫째, 교실에서의 칭찬과 보상 시스템을 도입합니다. 학생들이 스스로 도전 목표를 정하고, 그 목표를 달성했을 때 순위와 상관없이 칭찬과 보상을 주는 시스템을 구축하는 것입니다.

둘째, 현재는 한 가지 난이도만 제공되지만, 앞으로는 학생들이 스스로 난이도를 선택할 수 있도록 시스템을 개선합니다. 이를 통해 학생들은 자신의 성장을 직접 평가하고 확인할 수 있습니다.

셋째, 로그인 시스템을 도입하고 학생들만의 계정을 꾸밀 수 있도록 합니다. 이를 통해 학생들은 더욱 즐겁게 학습할 수 있을 것입니다.

PART 04

AI코스웨어로 개별화 맞춤형 수업 만들기

01 제작 동기

현대 교육은 급변하는 디지털 시대 속에서 '개별화'와 '맞춤형' 교육이라는 새로운 패러다임을 맞이하고 있습니다. 이러한 변화의 핵심에는 AI코스웨어가 자리 잡고 있으며, 이는 학생들에게 맞춤화된 학습 경험을 제공하는 데 있어 필수적인 도구로 자리매김하고 있습니다. AI코스웨어의 활용은 학습자의 개별적인 필요와 속도를 고려하여 교육 내용을 제공함으로써, 교육의 효율성을 대폭 향상시킬 수 있는 잠재력을 가지고 있습니다.

2025년에 도입될 예정인 AI 디지털 교과서는 교육 방법과 내용에 혁신을 가져올 것으로 기대됩니다. 이는 교사와 학생 모두에게 새로운 학습 기회를 제공하며, 기존의 교육 시스템을 뛰어넘는 새로운 방식의 학습을 가능하게 할 것입니다. AI 디지털 교과서의 도입은 단순히 새로운 기술의 적용에 그치지 않고, 교육의 질을 높이고 모든 학습자에게 공정한 학습 기회를 제공하는 방향으로 나아가야 할 것입니다.

이번 장에서는 기반 교육혁신 연구학교에서의 실제 경험을 바탕으로, AI코스웨어를 활용한 교육 혁신의 이론과 실제를 다룹니다. 국어, 수학, 체육 등의 과목에 AI코스웨어를 적용하는 방법부터 수업 계획 및 평가 방법에 이르기까지, 미래 교육의 변화에 대비할 수 있는 실질적인 내용을 제공합니다. 이를 통해 교사들은 AI 기술을 교육에 효과적으로 적용하는 방법을 이해하고, 학생들에게 더욱 풍부하고 개인화된 학습 경험을 제공하는 능력을 갖게될 것 입니다.

우리는 AI코스웨어를 적용한 사례를 살펴보고 이를 통해 미래 교육 방법을 우리는 AI코스웨어를 적용한 사례를 살펴보고 이를 통해 미래 교육에 적극적으로 대응할 수 있으며 이는 궁극적으로 모든 학습자가 성공할 수 있는 기회를 제공하는 데 기여할 것입니다. AI코스웨어의 도입과 활용은 교육의 미래를 재정의하는 중요한 단계이며, 이번 챕터의 내용들은 그 여정에 있어 중요한 이정표가 될 것입니다.

02 교사를 위한 AI코스웨어 알아보기

02_1 AI코스웨어란?

AI코스웨어란 인공지능 기술을 기반으로 한 교육용 소프트웨어입니다. 이는 학습자의 개별 학습 수준, 선호도, 진도를 고려하여 맞춤형 교육 경험을 제공합니다. AI코스웨어는 학습 데이터를 분석하여 학습자에게 가장 적합한 학습 자료와 문제를 제시하고, 학습자의 이해도와 학습 패턴에 따라 적절한 학습 경로를 제안합니다. 또한, 학습 과정에서 발생하는 다양한 질문에 실시간으로 응답하며, 학습자의 학습 진행 상황을 실시간으로 모니터링하여 교사가 효과적으로 지도할 수 있도록 지원합니다.

AI코스웨어는 개별화된 학습 지원뿐만 아니라 학생의 참여를 증진시키고, 창의력 및 문제 해결 능력을 키우는 데에도 중요한 역할을 합니다. 교사의 경우 AI코스웨어를 활용하여 학습 진도 확인, 개별적인 피드백 제공 등의 교육 활동을 보다 효율적으로 수행할 수 있습니다. 따라서 AI코스웨어는 미래 교육 환경에서 교사와 학생 모두에게 필수적인 도구로 자리잡고 있습니다.

02_2 7가지 AI코스웨어 기능 익히기와 실제 수업 활용 사례

지금부터는 다양한 AI코스웨어들을 소개하려고 합니다. AI코스웨어는 최근 교육 현장에서 매우 중요한 역할을 담당하고 있으며, 각기 다른 특성과 기능을 가지고 있습니다. 이러한 AI코스웨어들은 학생들의 학습 경험을 풍부하게 하고, 교사들의 교육 방식을 혁신적으로 변화시킬 수 있는 놀라운 도구입니다. 지금 소개할 AI코스웨어들은 국어, 수학, 체육 등 다양한 과목에 활용할 수 있으며, 각각의 도구가 어떻게 수업을 지원하는지에 대해 알아보겠습니다. 이를 통해 선생님들께서는 자신의 수업에 적합한 AI코스웨어를 선택하고 활용하는 데 도움이 될 것입니다.

애스크 에듀테크(AskEdTech)(https://www.askedtech.com/)

먼저 AI코스웨어를 선택하고 활용하는 데 도움이 될 애스크 에듀테크(AskEdTech) 사이트를 소개하고자 합니다. 애스크 에듀테크(AskEdTech)는 이러닝과 에듀테크 정보를 큐레이션하는 플랫폼으로, 사용자들이 다양한 AI코스웨어와 에듀테크 제품에 대한 정보를 쉽게 탐색하고 비교할 수 있게 돕습니다. 이 사이트를 통해 교사, 학생, 학부모는 최신 교육 기술 트렌드를 파악하고, 학생이나 자녀에게 가장 적합한 교육 도구를 선택하는 데 필요한 정보를 얻을 수 있습니다. 이를 통해 개별화되고 효율적인 학습 경험을 설계하는 데 큰 도움이 됩니다.

※ 자작자작 2개월 무료 사용 쿠폰 사용 방법은 책 290~292쪽을 참조합니다.

뤼튼트레이닝(https://training.wrtn.ai/)

- 분류: 글쓰기 도움 AI코스웨어
- 개요

  하루 15분 글쓰기 연습을 돕는 AI코스웨어입니다. 개요-본문-퇴고, 총 3단계로 구성되어 있으며 글쓰기 과정에서 글쓰기 주제 추천, AI의 글쓰기 제안, 보조자료 제공, 맞춤법 검사 등을 제공합니다.

- 관련 교과: 국어, 사회 등
- 이용금액: 무료

- 기능소개

로그인
구글이나 웨일스페이스 계정으로 회원가입 및 로그인이 가능합니다.

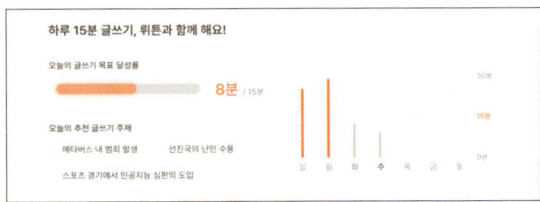

홈 화면에서 나의 글쓰기 현황을 한눈에 확인할 수 있으며 매일 15분 글쓰기에 대한 목표 달성률을 확인할 수 있습니다. 또한 AI가 글쓰기 주제를 추천해줍니다.

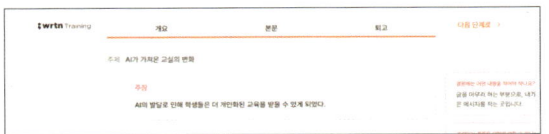

뤼튼 트레이닝의 글쓰기 과정은 개요-본문-퇴고, 총 3단계로 구성되어 있습니다. 주장, 이유, 사례, 결론으로 이어지는 OREO 글쓰기 연습을 뤼튼 트레이닝으로 시작할 수 있습니다.

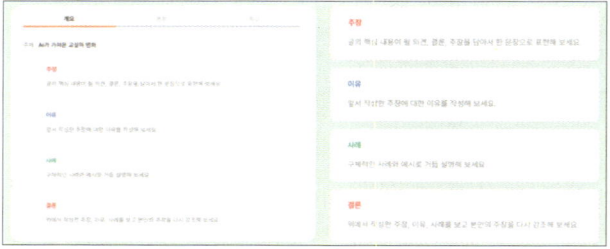

개요

작성하고 싶은 글의 주제를 한 문장으로 작성합니다.

이후 주장→이유→사례→결론에 대해 짧은 핵심 문장으로 작성합니다.

주장과 이유를 작성하는 과정에서 AI의 제안을 받아 볼 수 있습니다.

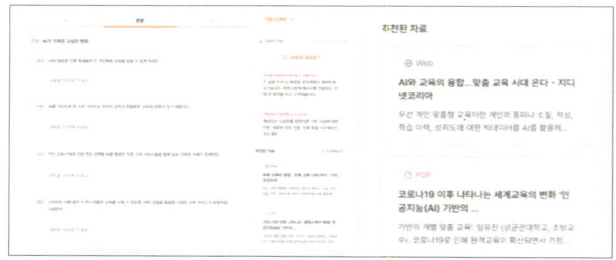

본문

개요 단계에서 작성한 핵심 문장을 여러 개의 문장으로 늘리는 단계입니다. AI는 글을 작성할 때 도움을 주는 자료들을 추천해줍니다. 또한 글을 작성하는 과정에서 AI의 제안을 받아볼 수 있습니다.

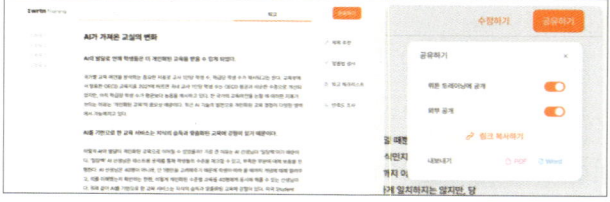

퇴고

마지막으로 글을 다시 한번 읽으면서 다듬는 단계입니다. 제목 추천 및 맞춤법 검사 기능이 제공됩니다. 퇴고 체크리스트를 통해 더 완성도 높은 글을 작성할 수 있습니다. 글 작성이 완료되면 외부로 공유할 수 있습니다.

- 장점 및 실제 활용 사례
  - 장점: 뤼튼트레이닝은 단순히 글을 작성해주는 생성형 AI가 아니라, 어떤 글을 어떻게 써야 할지 모를 때 자기 생각을 정리하기 좋으며, 학생의 글쓰기 과정을 지원하는 보조교사 역할을 수행함으로써 글쓰기 능력 향상에 기여합니다.
  - 활용 사례

    아침 글쓰기 활동: 학생들에게 하루 15분 동안 뤼튼 트레이닝을 사용하여 글쓰기 연습을 하도록 합니다. 이를 통해 올바른 글쓰기 습관을 형성할 수 있습니다.

    주장하는 글쓰기 연습: 학생들이 자신의 주장을 명확히 정리하고, AI가 제시한 보조 자료를 활용해 근거를 제시하며, 논리적 구성을 강화하는 연습을 할 수 있습니다. 이 과정은 학생들의 비판적 사고를 촉진하고 토론을 통해 더 깊은 이해와 소통 능력을 향상시킬 수 있습니다.

라이팅젤(https://www.tinytingel.ai/)

- 분류: 글쓰기 도움 AI코스웨어
- 개요

인공지능 기반의 글쓰기 창작 서비스. 원하는 글쓰기 유형을 선택하고 주제와 키워드를 입력하면 글이 생성됩니다. 다양한 글쓰기 유형을 제공하며 AI그리기와 AI채팅 서비스도 체험해 볼 수 있습니다.

- 관련교과: 국어, 사회 등
- 이용금액

　-무료: 일부 횟수 무료체험, 회원가입을 하면 일정량의 토큰을 제공해주고 토큰을 다 쓸 때까지 무료로 사용할 수 있음.

　-유료: (통합 6개월 기준) 라이팅젤 무제한 이용. 드로잉젤 이미지 80장 생성가능

- 기능소개

로그인

구글이나 카카오, 페이스북 계정으로 회원가입 및 로그인이 가능합니다.

글쓰기 유형 선택

라이팅젤에는 다음과 같은 다양한 글쓰기 유형을 제공합니다. 그중에 원하는 글쓰기 유형을 선택합니다. 먼저 시(가사)쓰기를 선택해 보겠습니다.

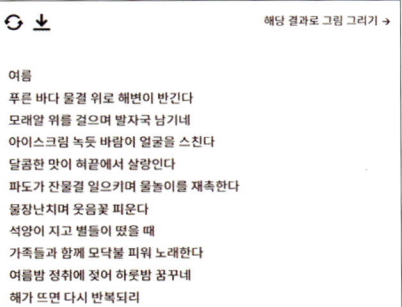

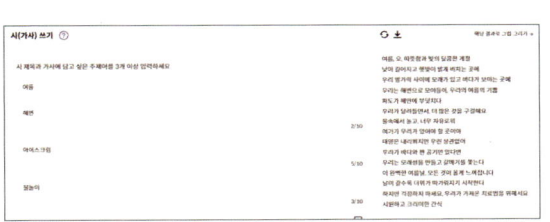

시(가사)쓰기

글쓰기에 필요한 요소를 입력/선택합니다. 완성된 글을 확인합니다.
이번 주제에서는 여름, 해변, 아이스크림, 물놀이를 예시로 입력했습니다.

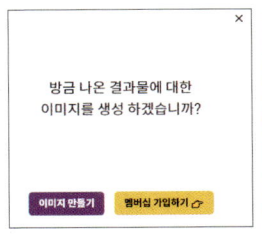  

시(가사)쓰기 - 이미지 생성

이미지 만들기를 통해 완성된 글과 관련된 그림을 그릴 수도 있으며 내가 원하는 옵션으로 변경하여 생성할 수 있습니다. 생성한 시와 그림을 이용하여 이번 주제에서는 회화 종류는 팝아트, 회화 재료는 크레파스, 사이즈는 기본값으로 설정했습니다.

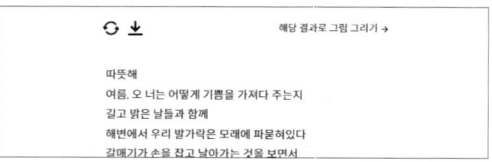

◯ 입력한 내용을 바탕으로 새로운 글을 다시 요청할 수 있습니다.

↓ 완성된 글을 팅젤 보관함에 저장할 수 있습니다.

첫 문장 자판기

"첫 문장 자판기"에서는 쓰려고 하는 글의 장르를 선택하면 첫 문장이 제시됩니다. 글의 장르는 추리, 무협, 판타지, 어린이동화 등 다양한 장르를 제공해줍니다.

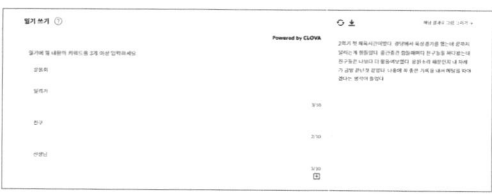

일기 쓰기

"일기 쓰기"에서는 시(가사)쓰기와 마찬가지로 일기에 쓸 키워드를 3개 이상 입력하면 일기가 생성되며 해당 결과로 그림그리기도 가능합니다.

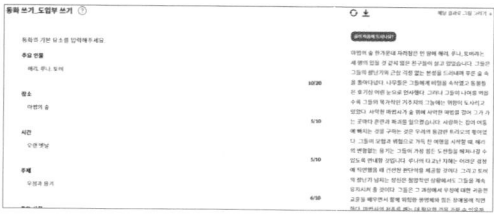

동화 쓰기

"동화 쓰기"에서는 동화의 기본요소들을 입력하면 동화의 도입부가 작성되고 동화의 도입부를 가지고 이어쓰기를 할 수 있습니다.

이외에도 MBTI 연애편지쓰기, 이야기 재료찾기, 뒷 문장 자판기와 같은 다양한 글쓰기 유형들을 제공하고 있습니다.

- 장점 및 실제 활용 사례
    - 라이팅젤은 글쓰기에 어려움을 겪는 학생들에게 다양한 글쓰기 유형을 제공하여 글쓰기 활동을 즐겁게 만들고 창의력 및 표현력을 개선합니다. 라이팅젤의 AI 그리기 기능을 활용하면, 그림 그리기를 어려워하는 학생들도 쉽게 접근할 수 있도록 유도하며, 학생들의 참여를 높이고 좋은 작품을 쓰는데 도움을 줍니다.
    - 시(가사) 쓰기 수업: 학생들이 시와 가사를 만들어 문학적 감수성과 언어 능력을 키우며 AI 그리기로 시화 작품을 만들 수 있습니다.
    - 동화 쓰기 프로젝트: 동화 기본요소 입력을 통해 도입부 작성 후, 이를 바탕으로 창의적인 이야기를 만들 수 있습니다.
    - 첫 문장 자판기 활용: 글쓰기에 어려움을 겪는 학생들에게 글쓰기 시작 지점을 제공함으로써 글쓰기 초기 단계의 어려움을 해소합니다.

라이팅젤을 이용해서 이야기 만들고 이야기에 들어갈 삽화 제작하는 모습

키위티(https://keewi-t.korean.ai/)

- 분류: 글쓰기 피드백 AI코스웨어
- 특징: 글쓰기 평가 및 학습을 지원하는 AI코스웨어로, 6가지 지표에 따른 자동 첨삭과 교사의 평가를 결합하여 이를 학생들에게 제공. 보다 완성된 글쓰기 학습을 지원합니다.

관련교과: 국어, 사회 등

- 이용금액
  무료: 학생 10명 1개월 이용권
  유료: 학생 25명 12개월 사용에 2,200,000원
  학교/기관 구매자는 카톡 상담을 통해 그룹이용권으로 구매

- 키위런(https://keewi.korean.ai/)
  키위티가 선생님들을 위한 평가 서비스라면 키위는 학생들을 위한 평가 서비스입니다.
  키위런은 키위티 선생님과 연결해서 사용할 수 있습니다.
  학생들은 자신이 작성한 글을 키위런 사이트에 제출하면, 6가지 글쓰기 분석 지표로 평가받습니다. 이 분석 결과를 바탕으로 점수를 향상시키기 위한 글쓰기 연습을 스스로 진행할 수 있습니다.

- 기능소개

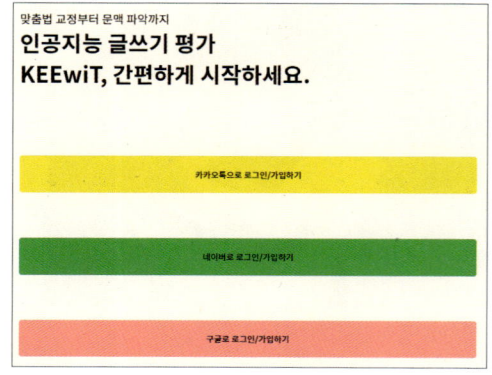

로그인

카카오, 네이버, 구글 계정으로 회원가입 및 로그인이 가능합니다.

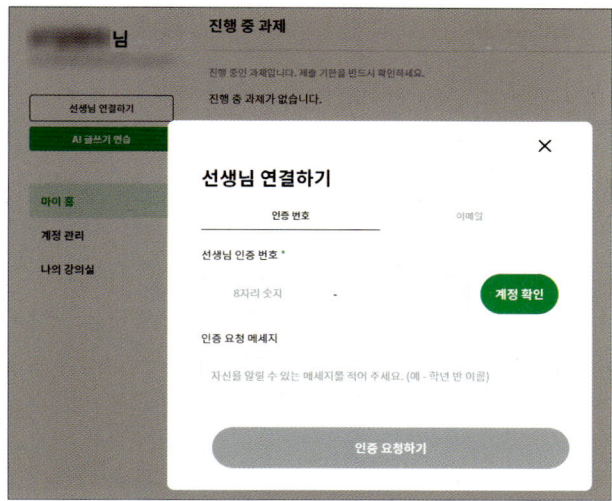

학생 키위런 화면

학생 등록하기

키위런에 학생들이 가입할 수 있도록 안내합니다.

가입하였으면 [선생님 연결하기]를 눌러 선생님 인증번호를 입력합니다.

선생님 인증번호는 키위티 [마이페이지]에 있습니다.

학생 등록하기

학생들의 인증 요청은 "마이페이지 〉 학생/Class 관리 〉 인증요청"에서 확인할 수 있습니다.

학생을 확인하고, 인증을 수락합니다. 인증 요청을 수락한 학생들을 "학생 관리"에서 확인할 수 있습니다.

학생 관리하기 - 클래스 배정

클래스는 "CLASS 관리" 탭에서 생성하고 변경, 삭제할 수 있습니다.
학생들을 선택해서 클래스에 배정하거나 클래스를 해제할 수 있습니다.

과제 생성하기

마이페이지 메뉴에서 [과제 관리]를 누릅니다.

우측 상단의 [과제 생성+]를 누릅니다.

과제의 이름과 기간을 설정합니다. 기간은 즉시 시작도 가능하며, 최대 과제 기간은 3개월입니다.

13개의 글쓰기 장르 중, "평가 장르"를 선택하고, 학생이 과제에 참고할 수 있도록, 과제의 조건이나 참고자료를 입력합니다

과제 생성하기

"AI 피드백"기능을 사용할 것인지 아닌지 선택합니다. 이를 활성화하면, 학생들이 피드백을 거쳐 여러 번 수정 후 과제를 제출하게 됩니다.

과제를 수행할 학생들을 선택할 수 있습니다. class목록에서 한 번에 선택하거나, 학생 목록에서 개별 선택할 수 있습니다.

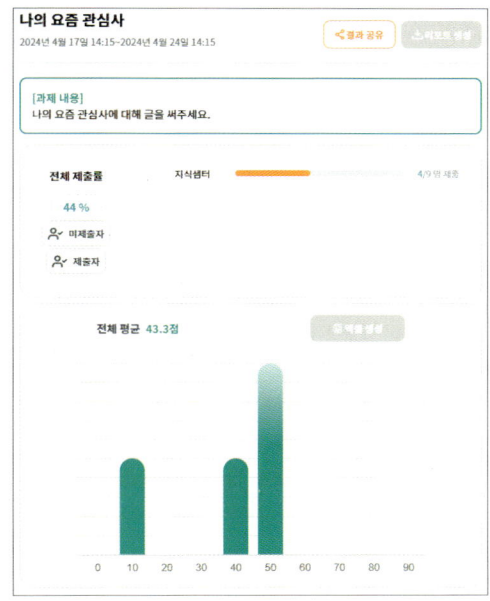

과제 결과 확인

학생들의 제출 글은 "과제 종료" 후 확인할 수 있습니다.

과제기간 동안, 학생들은 계속해서 수정하거나 새로 제출할 수 있습니다.

이때, 선생님은 최종 제출된 내용만을 확인할 수 있습니다. 몇 번 수정했는지 확인할 수 있습니다.

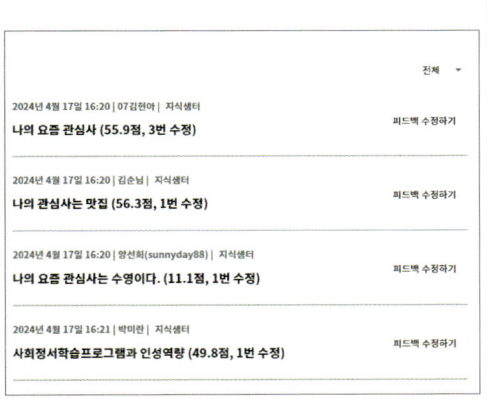

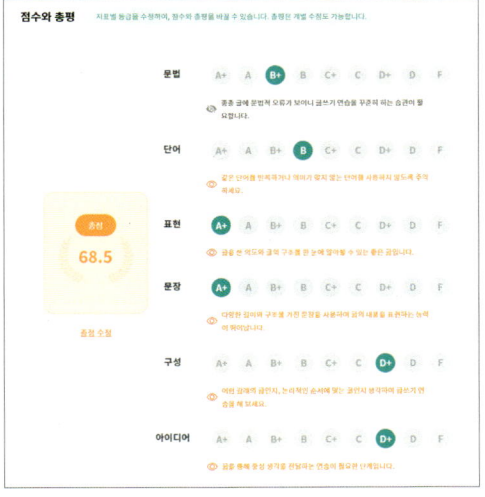

과제 결과 확인

종료된 과제 옆의 [결과 확인] 버튼을 누릅니다.

[피드백 수정하기]를 눌러 결과를 확인하고, 점수와 총평 그리고 피드백을 수정할 수 있습니다.

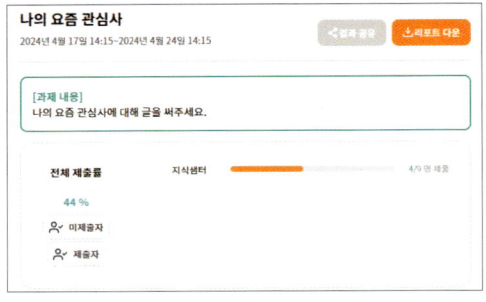

과제 결과 확인

결과를 모두 확인했다면, 우측 상단의 [결과 공유]를 눌러 키워런 학생들에게 피드백을 보낼 수 있습니다.

"결과 공유" 후 "data 생성"과 "리포트 생성"이 가능합니다. 생성이 끝나면, 각 파일(excel, 리포트 pdf모음)을 다운받을 수 있습니다.

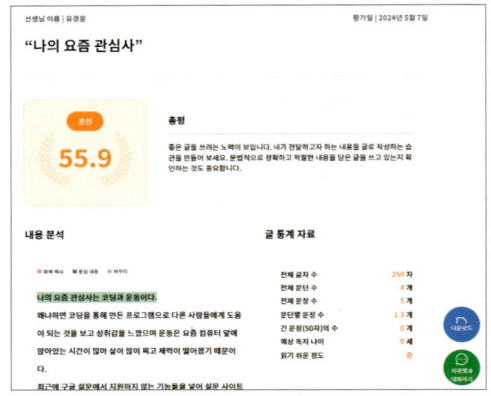

과제 결과 확인 - 학생(키워런) 페이지

학생들은 키워런 나의 강의실에서 과제 "결과 확인"을 누르면 피드백을 확인할 수 있습니다.

[키위챗과 대화하기] 자신이 쓴 글을 읽은 "GPT챗봇"과 대화 가능합니다.

[리포트 다운] 선생님이 리포트 생성-다운로드를 하면, 학생들도 자신의 피드백 리포트를 pdf로 다운받을 수 있습니다.

평가할 글 일괄 입력(선생님)

평가 관리에서는 학생 키워런 계정과 상관 없이, 선생님이 글 평가를 수행할 수 있습니다.

'평가관리 > 새 글 평가'에 들어가 "학생 정보"와 "글의 종류", "제목", "본문"을 입력하고 [평가하기]를 누릅니다.

결과를 확인하고, 점수와 총평 그리고 피드백을 수정할 수 있습니다.

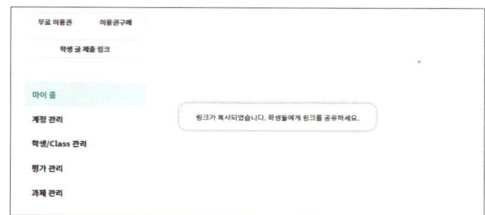

평가할 글 개인별 입력(학생)

선생님이 다수의 학생을 글을 일괄 입력하는 것이 어려우면 "마이페이지 〉 학생 글 제출 링크"를 학생들에게 공유하여 학생들이 직접 제출할 수도 있습니다.

학생들이 글을 제출하면, 선생님의 "평가 관리"에 자동으로 글이 쌓입니다. (AI 자동 평가 기능 포함)

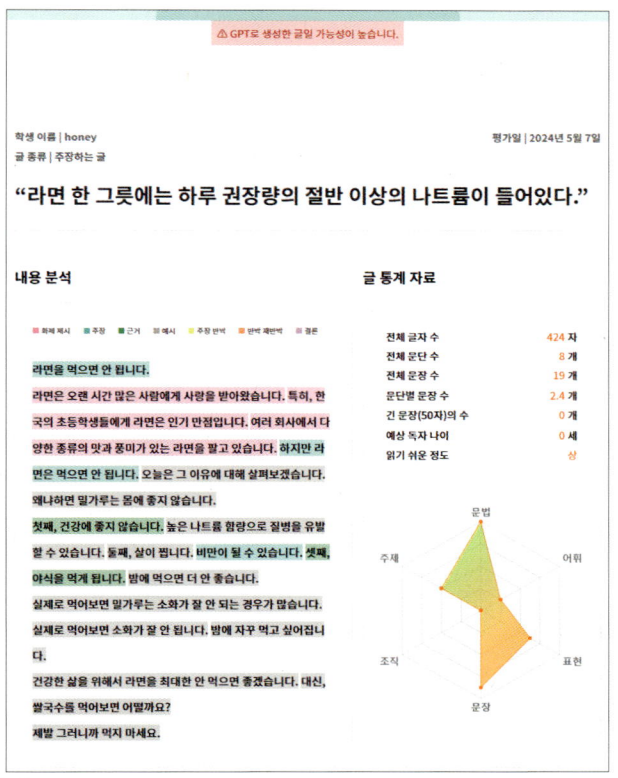

AI 평가 검토하기

AI 평가결과는 내용 분석, 글 통계 자료, 종합 점수, 평가 항목별 점수, 총평, 핵심 요약과 문단별 첨삭으로 구성됩니다.

참고로 GPT가 작성한 글일 경우 "GPT로 생성한 글일 가능성이 높습니다." 라는 경고문구가 나와서 학생들이 과제 제출 시 GPT로 생성한 글을 구별할 때 도움을 줍니다.

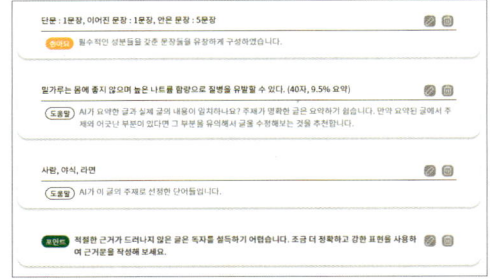

AI 평가 검토하기 - 훑어보기

글 구조 분석, 글 통계 자료, 핵심 요약과 주제 키워드 등 글에 대한 전반적인 분석 내용을 담고 있습니다.

AI 평가 검토하기 - 점수 확인

6가지 평가 항목별 점수와 종합 점수, 총평을 제공합니다. 항목별 등급을 변경하면 관련 내용도 자동 변경됩니다. 총평 역시 수정, 삭제할 수 있습니다.

AI 평가 검토하기 - GPT와 함께 총평 쓰기

AI 총평이 마음에 들지 않거나 다른 총평을 작성하고 싶다면 입력란의 [마법봉] 버튼을 누릅니다.

GPT가 항목 점수와 글 내용을 분석하여 새로운 총평을 생성해줍니다. 생성 횟수 제한은 없으나, 새로 생성되면 기존 내용은 볼 수 없습니다.

AI 평가 검토하기 - 문단별 첨삭

맞춤법 검사, 어휘 활용 역량, 문장 구성력, 유기적 문단 구성력 항목에 대해 문단 단위 세부 첨삭을 제공합니다.

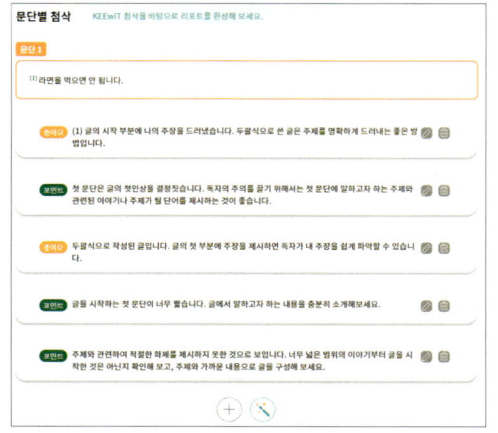

AI 평가 검토하기 – 추가하기

결과 내 ➕ 버튼을 눌러 선생님 의견을 최종 리포트에 추가할 수 있습니다.
(좋아요, 고쳐요, 코멘트 중 선택)

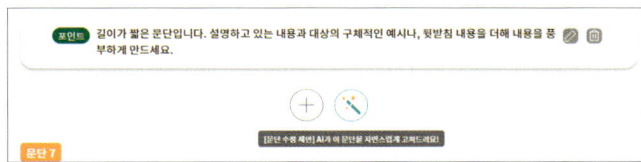

AI 평가 검토하기 – GPT로 문단 다시 쓰기

선생님이 문단 전체를 다시 쓰는 첨삭이 필요한 경우, 문단 첨삭 하단의 아이콘을 누르면 GPT를 사용해서 손쉽게 문단 수정제안을 할 수 있습니다.

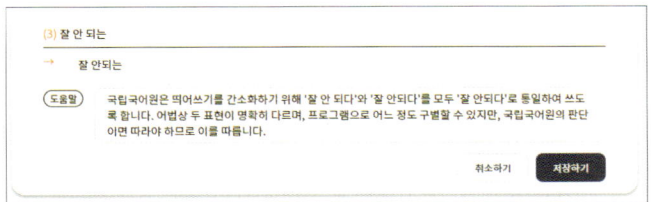

AI 평가 검토하기 – 수정하기

첨삭 결과에서 수정하고 싶은 첨삭이 있다면 '연필 아이콘'을 누릅니다.
내용을 수정하고 나서 반드시 저장 버튼을 누릅니다. 첨삭 수정 후 저장 버튼을 누르지 않으면 최종 리포트에 반영되지 않습니다.

AI 평가 검토하기 – 삭제하기

첨삭 결과에서 불필요한 내용이라고 판단한 경우 첨삭 앞에 있는 '쓰레기통 아이콘'을 누릅니다. 화면에 취소선으로 표시되며 최종 리포트에 반영되지 않습니다. 첨삭 삭제 후 [취소] 버튼을 누르면 첨삭 내용이 다시 최종 리포트에 반영됩니다.

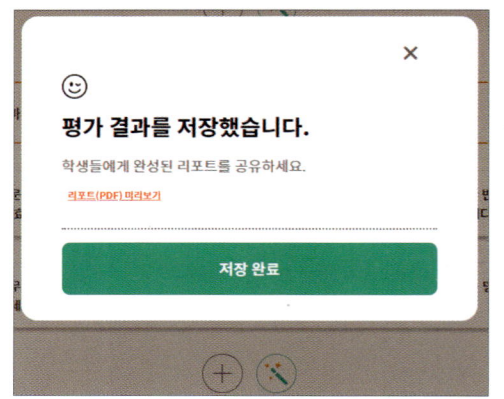

AI 평가 검토하기 – 저장하기

저장하기 버튼을 누르면 평가결과가 저장되며 "마이페이지 〉 평가관리"에서 확인할 수 있습니다.

리포트(PDF) 미리보기에서는 키위티에서 제공하는 리포트 형식을 미리 확인할 수 있습니다.

평가결과 리포트

리포트는 "마이페이지 〉 평가관리"에서 [PDF보기]로 볼 수 있으며 출력해서 학생들에게 제공할 수 있습니다.

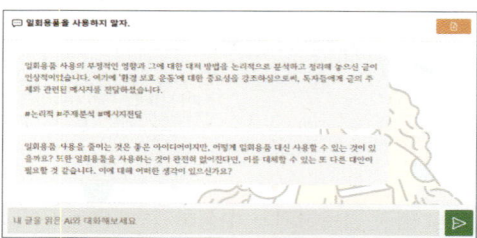

결과 활용

리포트 마지막 페이지의 '내 글 챗봇'을 활용할 수 있습니다. QR을 스마트 기기로 찍어 접속하거나 해당 영역을 클릭하여 '내 글 챗봇'으로 연결합니다. 평가받은 글을 읽은 챗봇이 글에 대한 질문을 건네며 더 생각해볼 거리를 제시하며, 챗봇과의 대화를 통해 사고력을 확장할 수 있습니다.

> **첨삭 내용 중에 // 표시는 무엇인가요?**
> 문단을 나누는 표시입니다. 글의 원활도를 AI가 감지하여 문단을 나눌 곳을 추천합니다.
> AI 추천이 정확하다면 // 기준으로 문단을 나누어 수정하면 학생들은 더 쉽게 이해할 수 있습니다. 문단을 나누는 수정을 하는 경우 [문단 나누기 추천] 이라는 문구를 넣어주시면 더욱 좋습니다.
>
> **마법봉(GPT) 기능을 이용할 때, 한번 더 확인할 점은?**
> GPT를 활용하여 문단 새로 쓰기, 총평 작성 등에 대한 아이디어를 얻을 수 있습니다.
> 종종 띄어쓰기가 틀리거나, 적절치 않은 표현이 생성되므로 생성된 문구를 다시 한번 확인해봅니다.

- 장점 및 실제 활용 사례
  - 키위티의 장점은 학생들의 글쓰기 능력을 객관적이고 정밀하게 분석하여 즉각적인 피드백을 제공한다는 점입니다. 이를 통해 학생은 자신의 글을 명확히 파악하고, 구체적인 개선 방향을 얻을 수 있습니다. 교사는 이러한 분석을 기반으로 더 효율적으로 학생 개별 지도를 할 수 있으며, 글쓰기 학습의 질을 향상시킬 수 있습니다.
  - 일일 글쓰기 과제: 학생들은 매일 다른 주제에 대해 글을 써보고, 키위티를 통해 피드백을 받습니다. 이를 통해 학생들은 다양한 주제에 대한 글쓰기 능력을 점진적으로 개선할 수 있습니다.
  - 자기 평가 활동: 학생들이 자신의 이전 글과 최근 글을 키위티로 분석하여, 자신의 글쓰기 발전 과정을 직접 평가하고 반성하는 활동을 할 수 있습니다.
  - 교사의 수업 준비: 교사는 키위티의 분석 결과를 활용하여 학급 전체의 글쓰기 수준을 파악하고, 약점을 보완하기 위한 수업 계획을 수립할 수 있습니다.

자작자작

- 분류: 글쓰기 피드백 AI코스웨어
- 특징: 초·중·고 대상, 글쓰기 중심 수업을 지원하기 위한 AI코스웨어이며, 글감 추천부터 생성형 AI 피드백, 디지털북 간편 생성까지 제공합니다.
- 관련교과: 〉국어, 사회 등
- 이용금액
 - 무료: 그룹 개설 및 글쓰기
 - 유료: AI피드백 및 추천 글감 제공, 교사 1계정당 월 250,000원

- 기능소개

로그인

구글 및 네이버 웨일 계정으로 회원가입 및 로그인이 가능합니다.

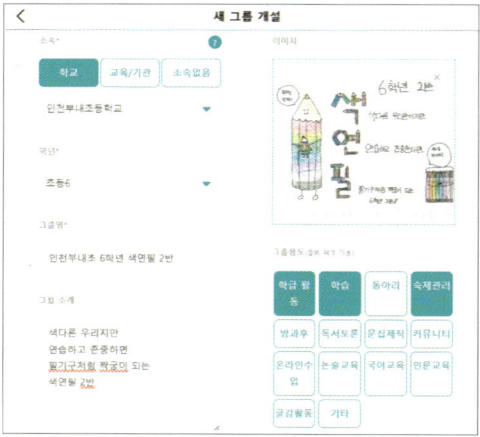

그룹 - 개설하기

회원 가입 후 첫 화면에서 그룹 개설을 누릅니다. 또는 화면 중앙의 그룹추가 버튼으로 언제든지 추가할 수 있습니다.

(모든 회원에게 1개의 기본 그룹이 제공되며 유료 회원은 무제한으로 제공됩니다.

기본 그룹은 10명까지 초대가 가능하며 유료 회원은 무제한으로 초대가 가능합니다.)

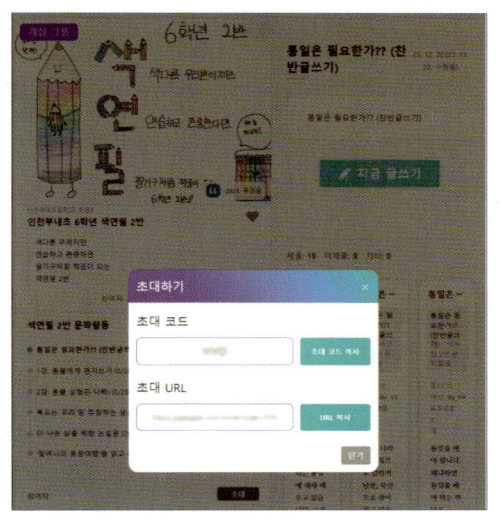

그룹 – 학생 초대하기

개설한 그룹으로 들어가 [초대]를 눌러 그룹 초대코드나 초대 URL을 복사하여 학생들에게 전달합니다.

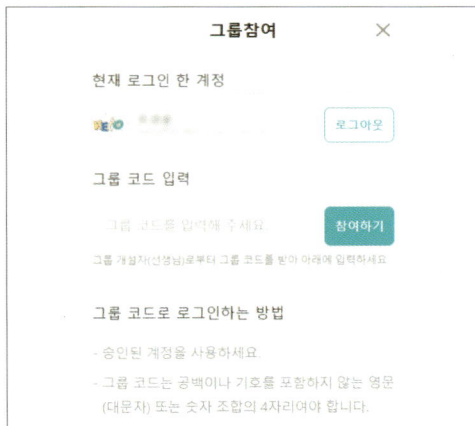

그룹 – 학생 참여하기

그룹을 개설하면 학생들에게 초대코드나 초대 URL을 전달하여 내가 만든 그룹으로 초대합니다.

이때 초대코드로 참여하려면 "자작자작 첫페이지 > 그룹추가 > 그룹참여하기"로 합니다.

그룹 – 참여학생 확인

그룹 홈의 왼쪽 하단에서 그룹에 참여한 학생들을 확인할 수 있습니다.

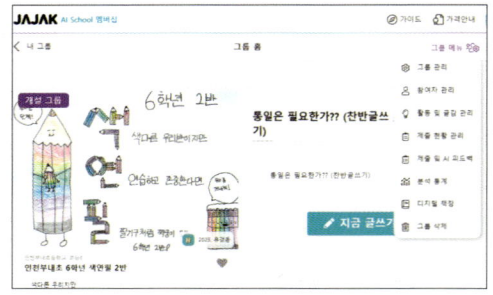

그룹 메뉴

오른쪽 상단의 [그룹 메뉴]를 눌러 그룹 정보 수정 / 참여자 / 글감 / AI 피드백 / 디지털 책장을 관리할 수 있습니다.

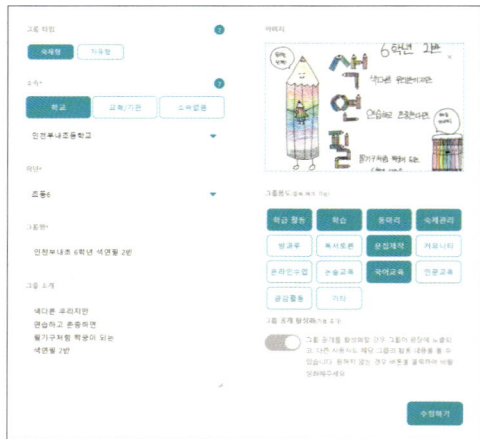

그룹 관리

그룹 타입, 소속, 학년, 그룹명, 그룹소개, 그룹 공개 활성화 등을 수정할 수 있습니다.

그룹 타입에서 숙제형은 하나의 글감에 하나의 글만 쓸 수 있고, 자유형은 하나의 글감에 여러 개의 글을 쓸 수 있습니다.

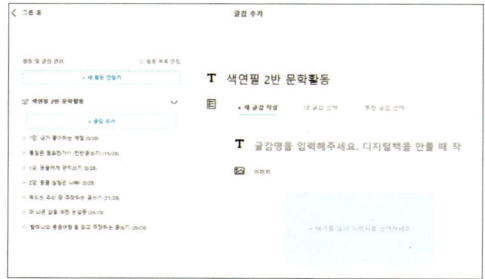

활동 및 글감관리

그룹 홈 > 오른쪽 상단의 그룹 메뉴 > 활동 및 글감 관리를 선택합니다.

[+ 새 활동 만들기]를 눌러 글감을 담을 카테고리를 생성합니다.

[+ 글감 추가]를 눌러 학생들이 작성할 새 글감을 등록합니다.

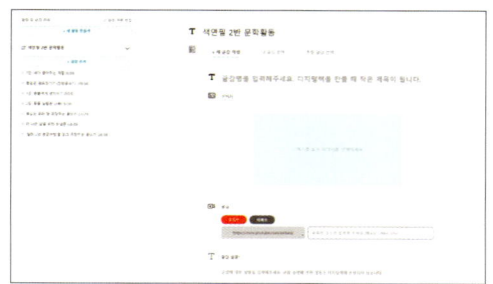

활동 및 글감관리 - 새 글감 작성

글감명, 이미지, 영상, 설명을 작성합니다. (1영상 / 1이미지 첨부 가능)

필수 글자 수/필수 단어/필수 문단 옵션을 확인 후 우측 하단의 [게시하기]를 누릅니다.

활동 및 글감관리 – 추천 글감 선택

[추천 글감 선택]을 선택합니다.

[+]버튼을 누르면 [선택된 추천 글감]에 담겨집니다. 우측 하단의 [추가하기]를 선택합니다.

> [교육/영상 글감 보기]를 누르면 영상이 포함된 교육적인 내용의 글감을 1강부터 30강까지 제시해 줍니다. 아침 글쓰기 시간을 활용하여 학생들과 함께 영상을 보고 글쓰기 활동을 해보는 것도 좋습니다.

활동 및 글감관리 – 글쓰기

글감이 등록되면, 그룹에서 확인할 수 있습니다. 글감 설명 하단의 [지금 글쓰기]를 누르면 학생이 글 작성 및 수정할 수 있습니다.

활동 및 글감관리 – 제출하기

작성한 글은 [맞춤법 검사]를 눌러 맞춤법 검사를 할 수 있으며, 글을 다 작성했으면 [제출하기]를 눌러 글을 제출합니다.

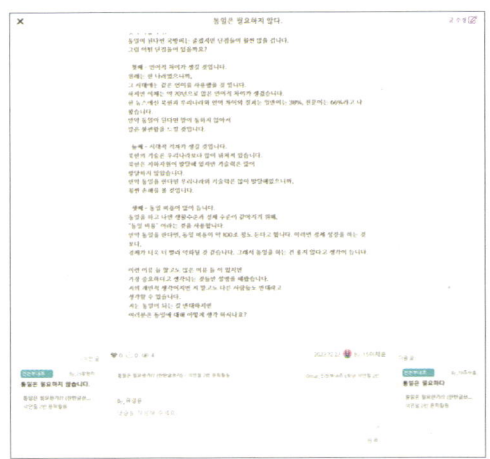

활동 및 글감관리 - 수정/댓글/좋아요

내가 쓴 글의 우측 상단 [글 수정] 버튼을 눌러 글을 고칠 수 있습니다.

다른 학생들의 글을 읽고 좋아요 및 댓글을 입력하면서 서로 상호작용할 수 있습니다.

제출 및 AI 피드백

그룹 홈 〉 오른쪽 상단의 그룹 메뉴 〉 제출 및 AI 피드백을 누릅니다.

해당 페이지에서는 학생들의 제출여부를 확인할 수 있습니다. [AI일괄분석]을 누르면 제출한 학생들의 글을 일괄 분석할 수 있고, [피드백공유]를 통해 분석한 내용을 학생들에게 공유할 수 있습니다.

[새 피드백]을 누르면 개별 피드백 페이지로 들어갑니다.

제출 및 AI 피드백

[분석하기]를 누르면 학생 글에 대한 분석이 시작됩니다. 종합 분석을 비롯한 모든 피드백 내용은 선생님이 수정·삭제 가능합니다. 분석 결과는 PDF/PNG로 다운로드 할 수 있습니다.

디지털 책 만들기

자작자작에서는 학생들의 글을 엮어서 디지털 책을 만들 수 있습니다.

그룹 홈 > 오른쪽 상단의 그룹 메뉴 > 디지털 책장을 누릅니다. 오른쪽 상단 [+디지털 책 만들기]를 누릅니다.

디지털 책 만들기

문집 사이즈 선택 후 하단의 [다음]을 눌러주세요.

시집형 _ 148X210mm, 글이 꽉 차보이는, 가장 인기있는 사이즈

신국판형 _ 152X225mm, 소설, 에세이 등 긴 글에 적합한 사이즈

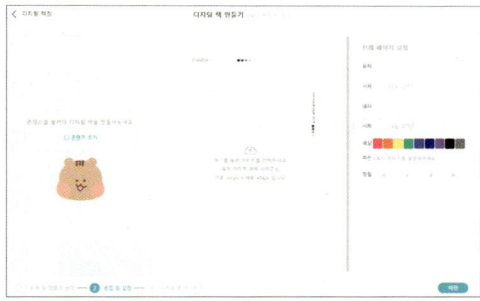

디지털 책 만들기

[콘텐츠 추가]를 눌러 내 그룹의 글을 불러옵니다.

불러온 글을 편집할 수 있으며, 표지 설정 및 전체 컬러 팔레트, 서체, 단락을 조정할 수 있습니다.

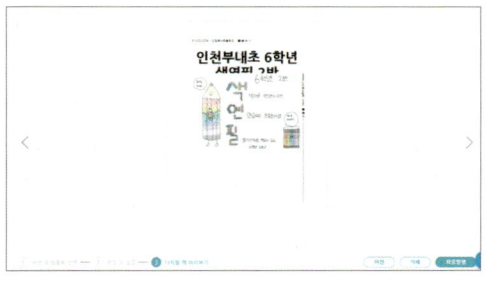

디지털 책 만들기

세부 설정이 완료되었다면, [최종발행]을 누릅니다.

문집이 정상 발행되었다면, [PDF 다운로드]를 눌러 파일로 내려받을 수 있습니다.

- 장점 및 실제 활용 사례
  - 자작자작은 학생 및 산출물 관리의 편리함, 다양한 글감 제공, 그리고 학생들의 글을 엮어 문집을 만들 수 있는 장점을 가지고 있습니다. 이를 통해 교사들은 학생들의 글쓰기 활동을 더욱 체계적으로 관리하고, 창의적이며 다양한 주제에 대한 학생들의 생각을 촉진할 수 있습니다. 또한, 학생들의 작품을 하나의 문집으로 모아, 학생들의 성장과 발전을 기록하는 소중한 자료로 활용할 수 있습니다.
  - 매일/매주 글쓰기 활동: 매일/매주 글쓰기 활동은 학생들이 매일 혹은 매 자유롭게 글쓰기를 실천하는 프로그램입니다. 이 과정에서 자작자작이 제공하는 다양한 추천 글감을 활용하여, 학생들은 자신의 생각과 창의력을 자유롭게 표현할 기회를 갖게 됩니다. 이 활동을 통해 학생들은 일상적이거나 특별한 주제에 대해 생각을 확장하고, 글쓰기를 통한 자기 표현 능력을 개발할 수 있습니다.
  - 독서록 작성 및 공유: 학생들이 읽은 책에 대해 독서록을 작성하고, 그 과정에서 각자의 독서 경험과 감상을 나누는 활동입니다. 이를 통해 학생들은 다양한 관점을 이해하고, 비판적 사고 능력을 키우며, 읽기와 글쓰기 능력을 동시에 발전시킬 수 있습니다. 서로의 독서록을 공유함으로써, 학생들은 같은 책을 읽고도 다양한 해석과 느낌을 가질 수 있음을 배우고, 소통과 공감 능력을 강화할 수 있습니다.

클래스팅AI

CLASSTING AI

- 분류: AI 맞춤형 학습 서비스
- 특징: 클래스팅AI는 쉬운 사용법과 정확한 학습 데이터 분석을 통해 공교육에 최적화된 서비스를 제공합니다. 학생 개별 맞춤형 코스웨어를 통해 정확한 진단 및 개인별 학습 경로를 제시하며, 초등학교부터 고등학교까지 전 학년 주요 과목 학습이 가능합니다. 학습 동기부여를 위한 실시간 학습 현황 및 성취도 변화 확인, 퀴즈배틀, 가정 연계 교육 지원 등 다양한 기능을 통해 학생들의 자기주도학습을 촉진하고 교육 효과를 극대화합니다.
- 관련교과: 전과목
- 이용금액
- 무료: 클래스 AI 평가 수학만 주 1회 배부
- 유료: 클래스 AI 평가 무제한 배부, AI 러닝 맞춤 학습 Full 버전(과목 및 문항 무제한) 단체구독은 클래스팅AI 홈페이지에서 견적문의

- 기능소개

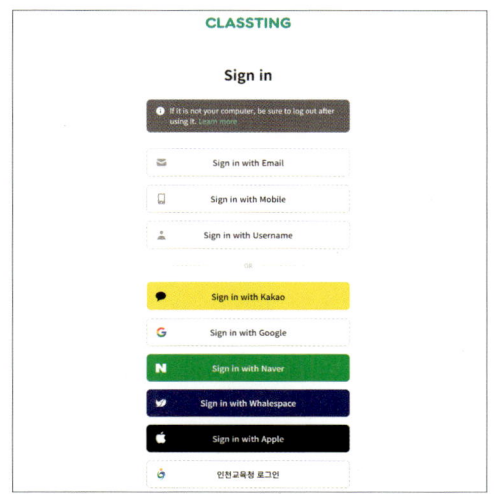

로그인
카카오, 구글 및 네이버 웨일 계정 등으로 회원가입 및 로그인이 가능합니다.

클래스 만들기

클래스팅AI를 사용하기 위해서는 먼저 클래스팅에서 클래스를 만들고 학생들을 초대해야 합니다. 클래스팅으로 들어가 [클래스 만들기]를 선택합니다.

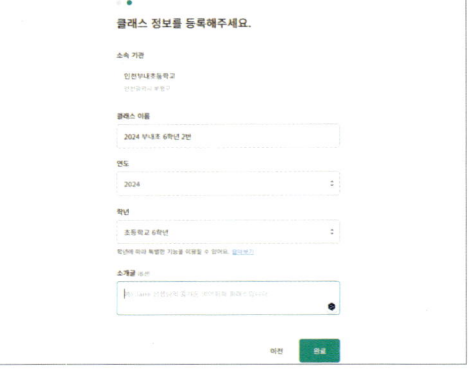

클래스 만들기

소속학교를 검색 후 선택합니다. 다음으로 클래스에 대한 정보를 등록하고 완료를 선택합니다. 마지막으로 클래스에서 사용할 내 프로필을 설정하고 완료를 선택합니다.

학생 초대

만든 클래스로 들어가 좌측 [구성원]을 누르고 [구성원 초대]를 누릅니다.

학생초대는 클래스코드, QR코드, SMS 초대로 할 수 있습니다.

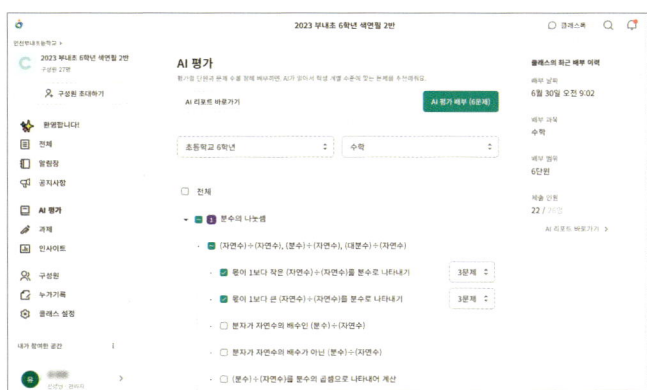

AI 평가

클래스에 학생들을 초대했으면 학생들에게 AI평가를 배부할 수 있습니다.

문제는 1차시에 최대 5문제이며 1~2차시 진도가 끝나고 배부하는 것이 좋습니다.

Part 04_AI코스웨어로 개별화 맞춤형 수업 만들기

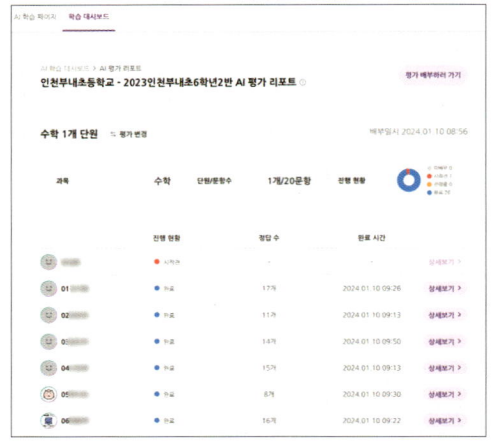
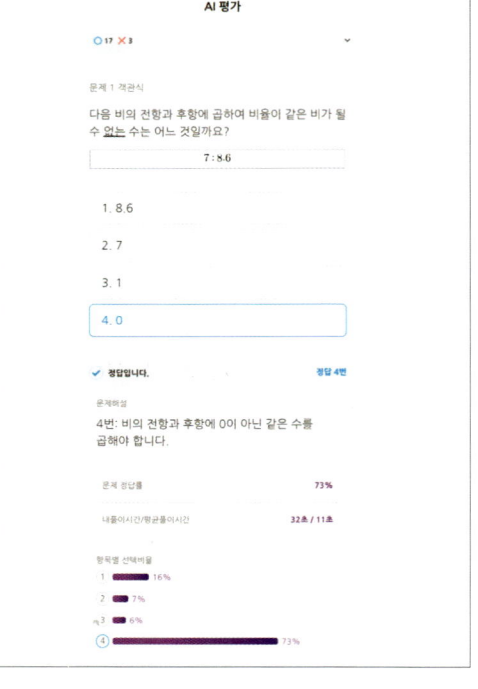

AI 평가결과 확인

평가결과는 AI러닝 〉 학습 대시보드에서 확인할 수 있습니다.

[상세보기]를 누르면 학생별로 푼 문제정보가 나옵니다.

AI 학습페이지

수학 외에도 국어, 과학, 사회 등의 과목 평가를 제공하고 있으며, 퀴즈배틀, 우리학교랭킹, 여정맵 등 다양한 기능을 통해 학생들의 자기주도학습을 촉진합니다.

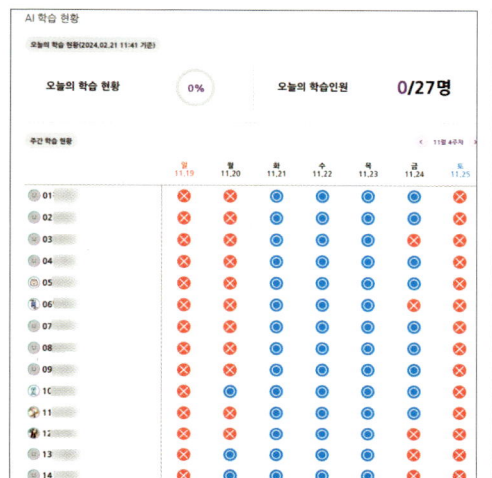
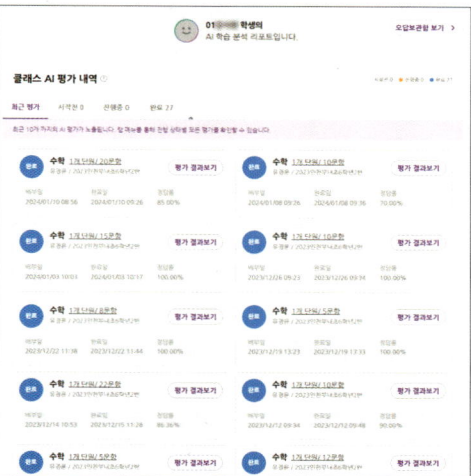

AI 학습페이지 - AI 학습현황

AI 학습페이지에서 학생들의 개별 학습현황을 파악하려면 [AI 학습현황]으로 들어갑니다. 학생들의 학습현황을 한눈에 볼 수 있고 학생이름을 선택하면 개별 학습현황도 볼 수 있습니다.

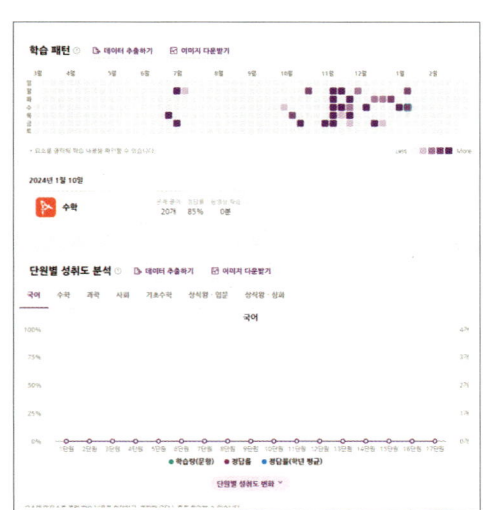
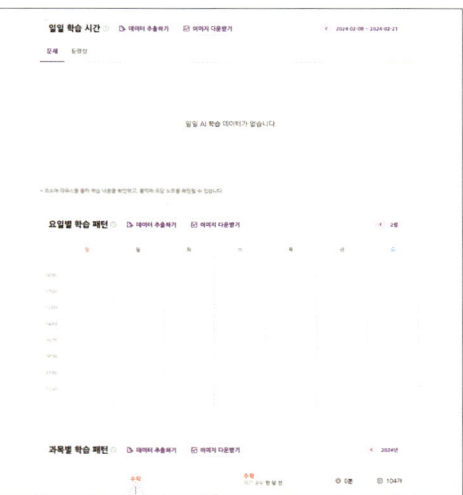

AI 학습페이지 - AI 학습현황

개별 학습현황에서는 클래스 AI평가 내역, 학습패턴, 단원별 성취도 분석, 일일 학습시간, 요일별 학습 패턴, 과목별 학습 패턴을 분석하여 제공합니다.

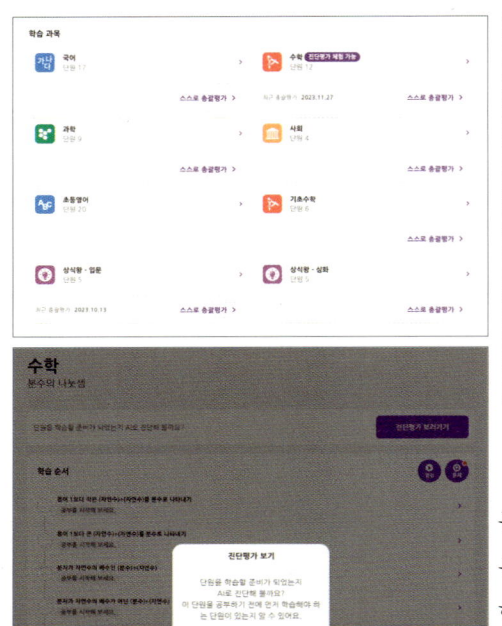

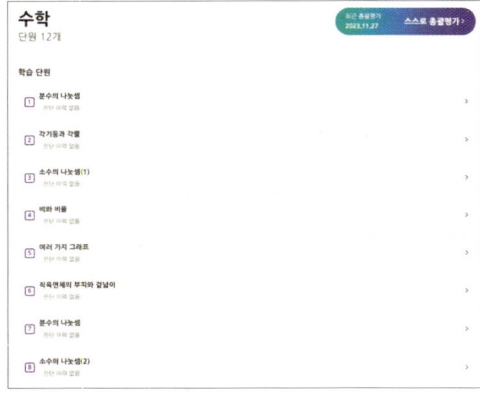

진단평가

수학의 경우 단원에 들어가기 앞서 학생들의 수준을 파악할 수 있는 진단평가를 제공합니다. AI 학습페이지 〉 학습과목 〉 수학에서 진단평가를 볼 단원을 선택하고 [진단평가 보러가기]를 누릅니다.

무료의 경우 1단원만 진단평가가 제공됩니다.

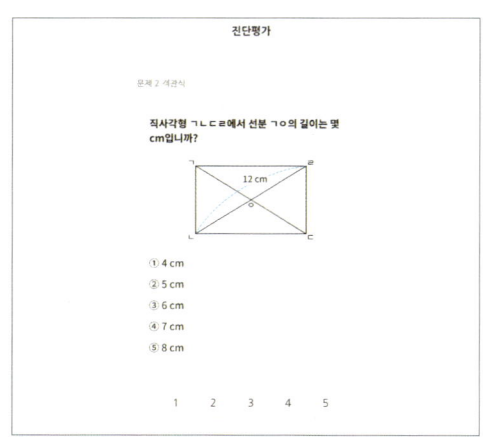

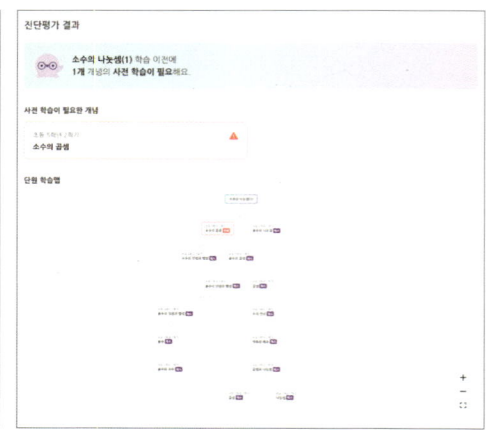

진단평가 결과

진단평가는 정답여부, 문제 푸는 속도 등으로 개념에 대한 이해도를 판단하며 평가가 끝나면 사전학습이 필요한 개념, 단원학습 맵으로 평가결과를 학생과 교사에게 제공합니다.

- 장점 및 실제 활용 사례
    - 클래스팅 AI는 클래스팅과의 연동을 통해 학생 관리가 편하고 수학뿐만 아니라 국어, 과학, 사회 등 다양한 과목에 대한 평가를 제공합니다. 퀴즈배틀, 우리학교랭킹, 여정맵 등 다양한 기능을 통해 학습을 더욱 재미있고 효과적으로 만들며, AI 분석을 기반으로 한 맞춤형 학습 제공 및 직관적인 UI로 학생들의 학습 현황을 한눈에 파악할 수 있습니다. 이러한 기능은 학생들이 스스로 학습하는 데 큰 도움이 됩니다.
    - 단원 시작 및 수업 마무리 활동: 단원을 시작할 때 진단평가를 실시하여 학생들의 수준을 파악할 수 있습니다. 이를 통해 교사는 학생들의 개별 학습 요구에 맞는 수업 계획을 세울 수 있습니다. 수업 마무리 활동으로는 AI 평가를 활용하여 학습한 내용을 복습하고 학생들의 이해도를 확인할 수 있습니다. 이 과정에서 학생들은 자신의 학습 성과를 구체적으로 파악하고, 교사는 학생들의 학습 진행 상황을 정확하게 평가할 수 있습니다.
    - 오답노트 작성 및 제출: 클래스팅 AI의 '오답 보관함' 기능을 통해 자신이 틀린 문제를 확인하고, 오답노트를 작성하여 제출합니다. 이 과정을 통해 학생들은 자신의 약점을 직접 파악하고, 개선을 위한 반복 학습을 할 수 있습니다. 오답노트 작성 및 제출은 학생 스스로 자신의 학습 상태를 점검하고, 자기주도적으로 학습하는 능력을 키우는 데 도움을 줍니다.

매쓰플랫

- 분류: AI 맞춤형 학습 서비스
- 특징: 개인 맞춤형 AI 수학 학습 프로그램 '매쓰플랫'은 초, 중, 고 교과 학습 콘텐츠 70만 개 이상의 문항 기반으로 개별 맞춤 학습과 취약 유형 파악, 오답 학습 관리에 용이하며 온, 오프라인 교수 학습 시 교사 편의성 증대와 학생 학습 실력 향상에 기여합니다.
- 관련교과: 수학
- 이용금액
  - 무료: 1개월 무료체험
  - 유료: 교사계정 1개당 Basic Plan 월 198,000원, Premium Plan 300,000원

  단체구독은 매쓰플랫 홈페이지에서 견적문의

- 기능소개

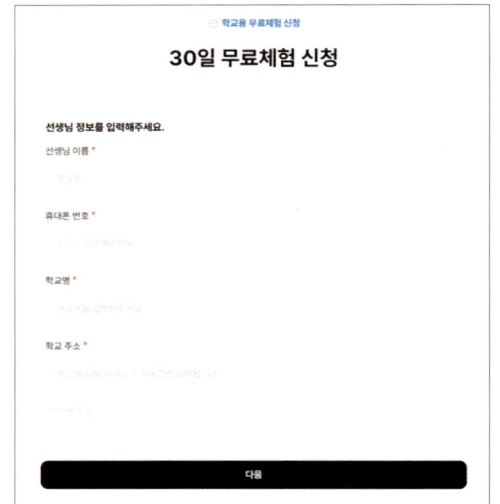 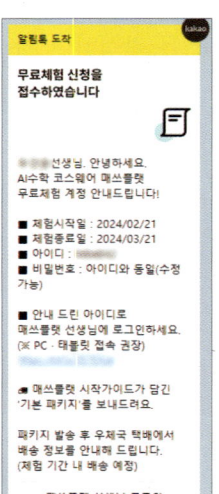 

로그인

30일 무료체험을 신청하면 카카오톡으로 교사 계정을 보내줍니다. 매쓰플랫에서 보내 준 아이디와 비밀번호로 로그인 하면 됩니다.

학생 관리

로그인을 하고 들어가면 다음과 같은 화면이 보이는데 먼저 [관리] 탭으로 들어가보면 학생 관리, 반 관리, 선생님 관리 등을 할 수 있습니다.

[학생 관리] 탭에서는 수업에 참여하는 모든 학생을 등록하고 여러 편의 기능을 통해 관리할 수 있습니다. 학생 등록은 학생 일괄 등록 또는 개별 등록 모두 가능합니다.

반 관리

반을 만들고 담임선생님과 소속 학생을 지정하여 효율적이고 편리하게 관리할 수 있습니다. 반을 만들 때 담임선생님을 선택해야 하는데 처음이라 담임선생님이 없는 경우 선생님관리 메뉴에서 선생님 등록 절차를 먼저 진행해야 합니다.

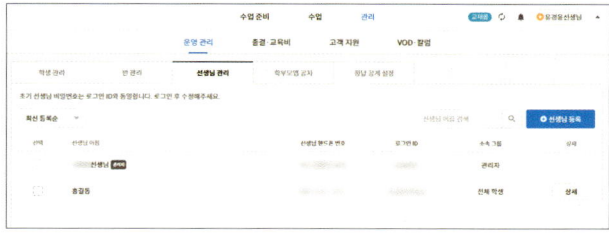

선생님 관리

선생님 아이디는 '관리자', '전체 학생' 선생님, '담당 학생' 선생님으로 나뉘며 각각 권한과 기능에 차이가 있습니다.

'관리자'는 학교 전체를 통합 관리할 수 있도록 모든 기능과 권한이 부여 됩니다. 또한 선생님 관리기능을 통해 선생님을 새롭게 추가/등록할 수 있습니다.

선생님 관리

다음 선택에 따라 선생님의 권한이 결정됩니다.

전체 학생: 학생/반 등록과 모든 학습지, 학생에 대한 확인, 수정, 삭제가 가능합니다.

담당 학생: 자신이 등록한 학습지만 확인 가능하며 담당 학생에 대한 관리, 학생/반 등록, 수정, 삭제가 불가능합니다.

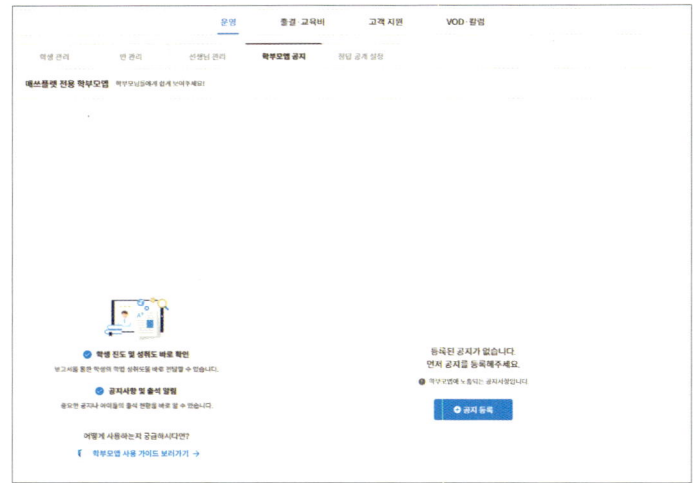

학부모 앱 공지, 정답 공개 설정

학부모 앱 관리에 공지와 학교 소식을 남기면 학부모 앱에서 확인이 가능합니다.

다음으로 학생 스스로 교재 및 학습지 채점을 할 수 있도록 정답과 해설 공개여부를 설정할 수 있습니다. 정답, 해설 공개여부는 학년, 학생별로 세부적인 설정을 지원합니다.

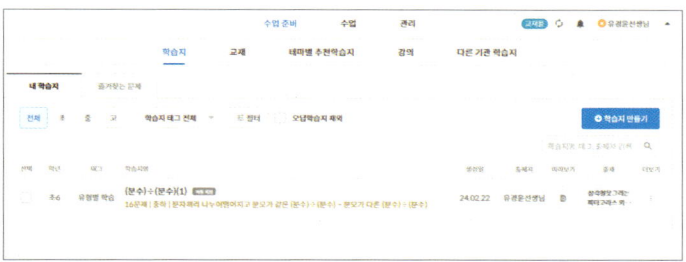

수업준비-학습지

학생의 진도에 맞춰 매쓰플랫 문제 은행의 문제를 단원별로 뽑아 제작하는 학습지입니다.

범위, 문항 수, 난이도 등 선생님이 선택한 조건에 맞춰 문제를 추천해 줍니다. 추천된 문제를 다른 문제로 교체, 순서 변경 등 자유롭게 편집할 수 있고 문제 배치 또한 가능합니다.

만들어진 학습지는 바로 출력하여 수업시간에 학생들에게 나눠줄 수 있고, 다운로드하여 이메일로 전송할 수도 있습니다. 생성된 학습지는 '출제하기' 기능을 통해 학생 개개인과 연결되며, 쉽고 빠르게 채점할 수 있습니다. 채점 결과를 바탕으로 학생의 성취도 및 취약 유형이 자동으로 분석되고, 오답 학습지를 만들 수 있습니다.

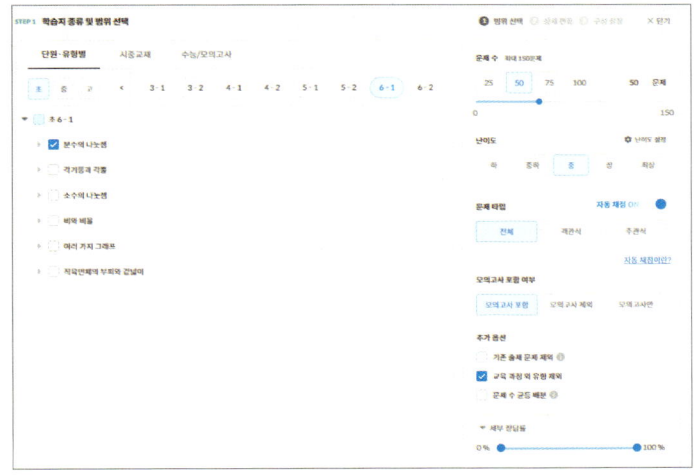

수업준비-학습지

[수업 준비] - [학습지]에 들어간 후, [내 학습지]에서 학습지 만들기 버튼을 누릅니다. 원하는 '학교급'과 '학년-학기'를 선택합니다. '학년-학기'는 중복 선택이 가능합니다. '단원', '유형'을 선택하여 출제 범위를 정합니다.

교육 과정 외 유형 제외 – 현재 교육과정이 아닌 문제들을 제외할 수 있습니다.
문제수 균등 배분 – 단원/유형별로 문제 수를 균등하게 분배합니다.
세부 정답률 – 추천될 문제들의 정답률 범위를 설정할 수 있습니다.
모든 선택이 끝났다면, 다음 단계 버튼을 눌러 다음 단계로 넘어갑니다.

> **" '시중교재 학습지'는 무엇인가요?**
> 매쓰플랫에서 지원하는 시중교재/교과서의 쌍둥이 문제, 유사 문제로 제작하는 학습지입니다. 즉, 원하는 페이지의 문제만 선택하여 난이도, 문항 수 조절을 통해 유사 유형 학습지를 만들 수 있습니다.
>
> **'쌍둥이 문제'는 무엇일까요?**
> 지원하는 시중교재 중 일부 핵심 교재에서 숫자만 바꾼 똑같은 난이도, 유형의 문제를 제공합니다. 이를 쌍둥이 문제라고 합니다.

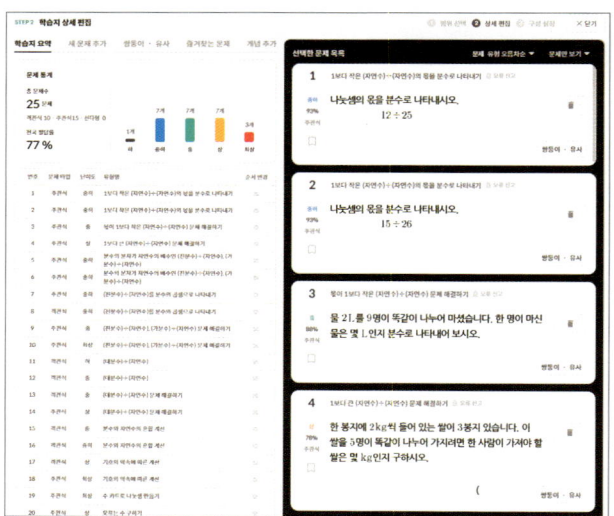

수업준비-학습지

선택된 문제 순서를 정렬할 수 있으며 보기설정을 통해 문제만 보기, 문제 + 정답, 문제 + 정답 + 해설 중에 선택할 수 있습니다. 그 외에 새 문제 추가, 유사문제 추가, 즐겨찾는 문제 등록 등을 할 수 있습니다.

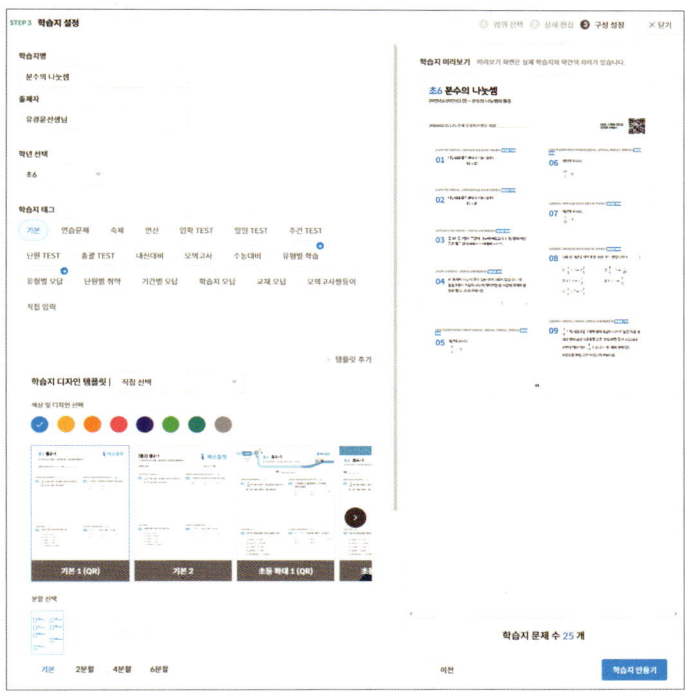

수업준비-학습지

다음으로 학습지 정보 및 디자인을 선택하고 [학습지 만들기]를 눌러 학습지를 생성합니다.

수업준비-학습지-내학습지

내 학습지는 선생님이 제작한 모든 학습지를 확인할 수 있는 화면입니다. 학습지에 대한 정보를 확인할 수 있으며 학습지를 다운로드 및 인쇄할 수 있습니다.

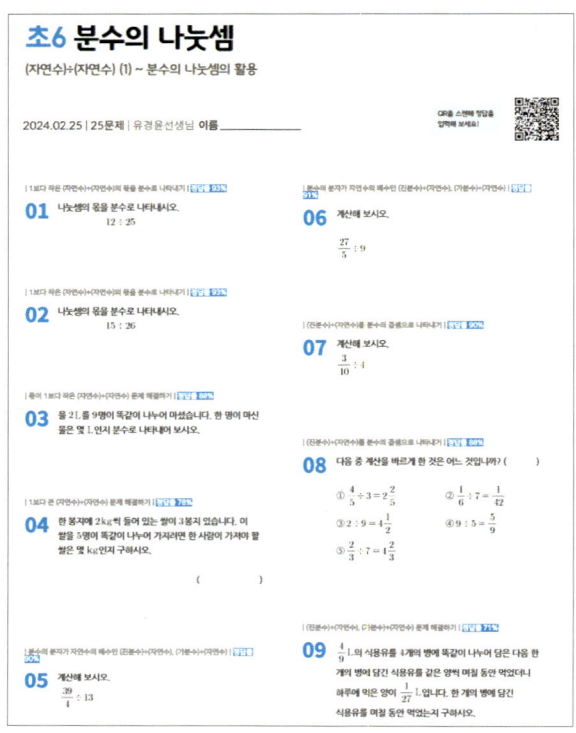

미리보기 버튼을 누르면 해당 학습지를 PDF로 미리보기가 가능합니다.

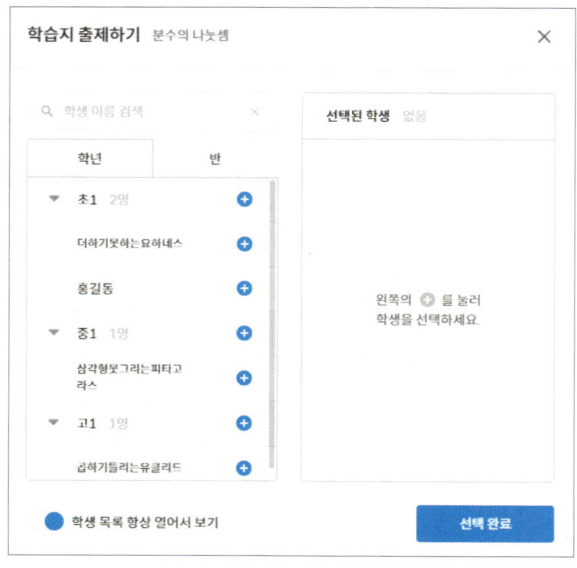

출제하기 버튼을 눌러 학생에게 학습지를 출제할 수 있습니다.

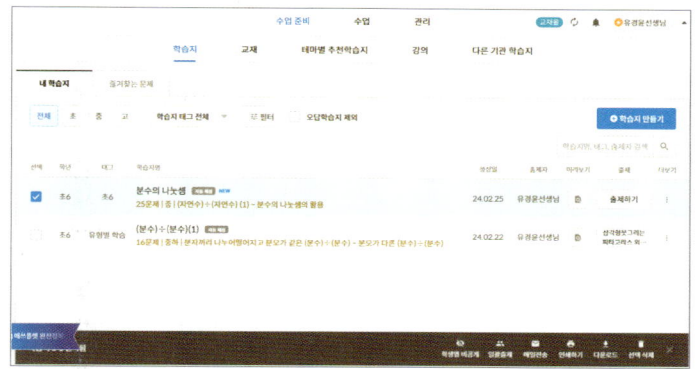

수업준비-학습지 인쇄하기

인쇄가 필요할 경우 노트북이나 컴퓨터로 매쓰플랫에 접속합니다. (태블릿의 경우 앱을 실행해 주세요.) [수업 준비] – [학습지] – [내 학습지]탭에 들어 옵니다. 학습지 목록 중 인쇄할 학습지를 선택합니다. (복수 선택 가능) 하단에 인쇄하기 버튼을 선택합니다.

수업준비-학습지 인쇄하기

다음으로 원하는 옵션을 선택하고 [인쇄하기] 버튼을 누르면 인쇄가 됩니다. 단, 학생 이름표시를 선택했을 경우 학생이름을 목록에서 선택해야 합니다.

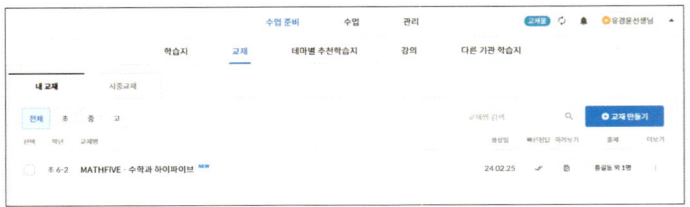

수업준비-교재

매쓰플랫이 제공하는 문제 은행에서 학기당 최대 600문제까지 선별하여 선생님만의 교재를 만들수 있습니다.

또한 효과적인 교재 활용을 위해 교재 목차 생성 기능과 가독성을 높인 다양한 교재 레이아웃, 표지 또한 지속적으로 업데이트되고 있습니다.

교재를 만들고 출제하는 방법은 학습지와 유사하므로 학습지 부분을 참고합니다.

수업-학습지-숙제내기

교사가 출제한 학습지 또는 교재를 숙제로 낼 수 있습니다.

학생은 학생/학부모 앱에서 숙제로 출제된 학습지를 확인하고 문제를 풀고 또한 직접 채점할 수 있습니다. 숙제내기 기능을 통해 학습지 또는 교재를 바로 학생에게 공유할 수 있고, 채점 시간을 줄일 수 있습니다. 또한 학습 내역에서 매일 매일 학생이 숙제로 어떤 학습지와 교재를 풀었는지 확인할 수 있습니다.

수업-학습지-숙제 채점하기

1. [수업] – [학년 또는 반]을 선택하고 전체 버튼을 선택한 뒤, [학습지]에 들어갑니다.
2. 채점하고 싶은 학습지의 채점 버튼을 선택합니다.
3. 채점 버튼의 제목으로 학습지 상태를 한 눈에 알 수 있습니다.
4. 채점 : 제출이 완료된 학습지이며, 채점 전 상태
5. 이어 채점 : 채점 중인 학습지
6. 점수 : 출제된 학생 모두 채점을 완료한 학습지

채점을 통해 학생들의 성취도 분석이 가능합니다. 오답 학습지를 만들어 오답 및 취약 관리를 할 수 있으며 보고서를 만들 수 있습니다.

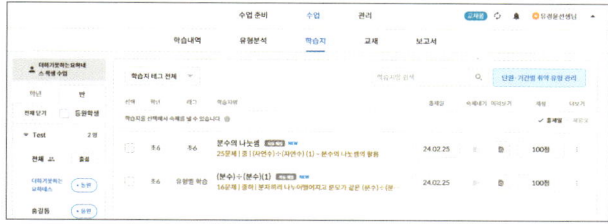

수업-학습지-단원·기간별 취약 유형 페이지

매쓰플랫에서 학습지 및 교재를 채점하면 채점 기록을 바탕으로 정답률에 따라 취약 유형을 분석하여 보여줍니다. 이를 통해서 단원 별로 취약한 유형을 확인할 수 있고 그 유형을 선택하여 오답 학습지를 만들 수 있습니다.

[수업] – 왼쪽의 학생 이름 버튼을 선택한 뒤, [학습지]에 들어갑니다.

우측 상단의 단원·기간별 취약유형 관리 버튼을 선택합니다.

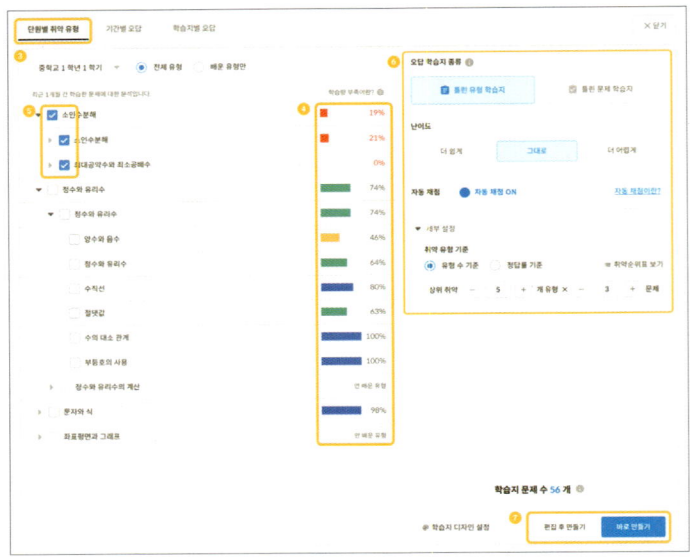

수업-학습지-단원·기간별 취약 유형 페이지

1. 왼쪽 상단의 단원별 취약 유형 탭을 누릅니다.
2. 단원 또는 유형의 정답률을 확인합니다.
3. 학습지 및 교재의 채점 기록이 모두 포함됩니다. (안 배운 유형 및 학습량 부족 단원 또는 유형은 선택할 수 없습니다.)
4. 오답 학습지를 만들 단원 또는 유형을 선택합니다.
5. 만들고 싶은 학습지에 맞춰 오답 학습지의 종류, 난이도, 세부 설정을 선택합니다.
6. 유형 수 기준 : 틀린 유형의 정답률을 기준으로 순위(정답률이 낮을수록 높은 순위)를 정한 후, 선택한 상위 n개의 유형에서 선택한 n개의 문제를 학습지에 추천합니다.
7. 정답률 기준 : 선택한 정답률 n% 이하의 유형에서 선택한 n개의 문제를 학습지에 추천합니다.
8. 자동 채점 ON 옵션 선택을 통해 자동 채점 학습지로 만들 수 있습니다. 편집 후 만들기 또는 바로 만들기를 눌러 학습지를 만듭니다.

   편집 후 만들기 : 학습지 만들기 2단계로 이동되어 오답 학습지에 포함될 문제를 확인 및 편집할 수 있습니다.

   바로 만들기 : '단원별 취약' 태그로 학습지가 바로 만들어지고 학생에게 자동으로 출제됩니다.

기간별 오답 및 학습지별 오답도 비슷한 방식으로 오답 학습지를 만들 수 있습니다.

수업-학습내역

한 학년이나 반의 학습 현황을 한눈에 볼 수 있습니다. 그룹에 속한 학생들이 학습지나 교재를 얼마나 풀었고 맞았는지를 확인할 수 있고, 숙제 완료 체크도 할 수 있습니다.

1. [수업]탭에 들어가 학습 내역을 확인하고 싶은 학년, 반의 전체 버튼을 누릅니다.
2. [학습내역]을 눌러 학습 내역에 들어갑니다. 오른쪽 상단의 날짜를 변경할 수 있습니다.
3. 기본 날짜는 지난 수업(오늘을 제외한 가장 최근에 채점한 날짜)로 설정되어 있습니다.

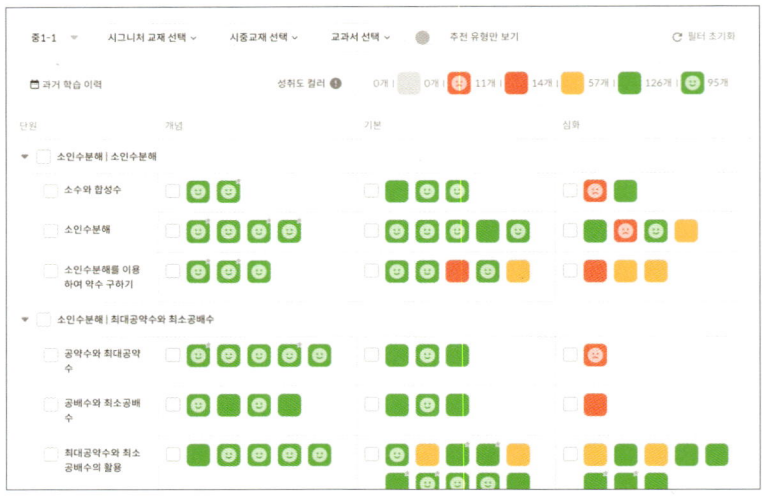

수업-유형분석

매쓰플랫 '유형분석'이란 학생의 학습 성취도를 분석하여, 학생의 학습 현황과 유형별 성취도를 시각화하여 알아보기 쉽게 표현한 시스템입니다.

매쓰플랫 로그인 ⇒ [수업] ⇒ [유형분석] ⇒ 학생 선택으로 확인할 수 있습니다.

유형분석은 다음과 같은 장점이 있습니다.

학생의 학습 현황(진도 등)을 한 눈에 파악하기에 용이합니다.

학생의 취약 유형과 강점을 쉽게 파악할 수 있습니다. 취약한 유형의 상세 정보(학생이 최근 푼 문제 등)을 확인할 수 있습니다. 원하는 유형을 선택해 바로 출제하여, 취약 유형 관리에 도움이 됩니다. 학생의 성취 현황을 과거와 현재로 비교하여, 학부모 상담 자료로 활용할 수 있습니다.

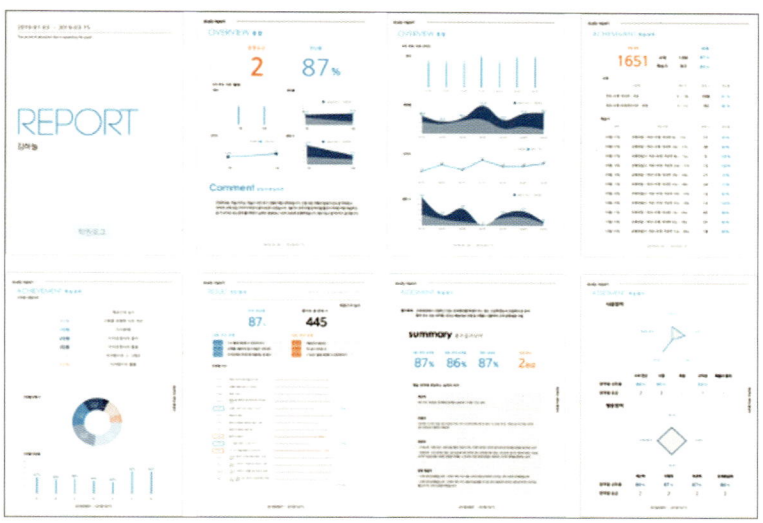

수업-보고서

매쓰플랫은 교재 및 학습지 채점 결과를 통해 다음과 같은 분석 결과를 제공합니다. 보고서는 학생 또는 부모님 상담 때 유용하게 활용할 수 있습니다.

내용영역별 프로그레스	행동 영역별 프로그레스	문제유형별/단원별 통계
수와 연산, 도형, 측정 등	계산력, 이해력, 추론력, 문제 해결력 등	학생 평균과의 비교, 난이도별 정답률 등

• 장점 및 실제 활용 사례

- 매쓰플랫은 70만 개 이상의 방대한 문항을 기반으로 학생 개개인의 학습 수준과 취약점을 정밀하게 파악하여 맞춤형 학습 경로를 제공합니다. 이를 통해 교사는 학생들의 학습 실력 향상과 기초 학력 저하 문제 해결에 큰 도움을 받을 수 있습니다. 교사의 편의성을 대폭 향상시킨 직관적인 UI/UX 디자인은 수업 준비 부담을 줄이며, 자동 채점 기능을 통해 피드백 과정을 간소화합니다. 또한 오답 학습지 생성과 분석 결과를 활용한 학생별 보고서 제작이 가능합니다. 이를 통해 학생들은 자신의 부족한 부분을 집중적으로 학습하며 개념 이해를 극대화할 수 있습니다. 교사는 매쓰플랫의 분석 기능을 이용해 학생별 학습 성과와 취약점을 정밀하게 파악하고, 이를 바탕으로 학부모 상담 시 깊이 있는 피드백과 학습 지도 방향을 제공할 수 있습니다.

- 차시나 단원 마무리로 학습지 제시: 수업이 끝날 때마다, 선생님은 매쓰플랫을 통해 해당 단원이나 차시에 맞는 학습지를 제작합니다. 이 학습지는 학생들에게 개별 맞춤형으로 제공되며, 학생들은 이를 통해 그날 배운 내용을 복습하고 자신의 이해도를 점검할 수 있습니다. 선생님은 매쓰플랫의 직관적인 UI/UX를 통해 필요한 단원, 문제 수, 난이도를 쉽게 설정하고, 학생들에게 적합한 학습 자료를 빠르게 준비할 수 있습니다.
- 학생들의 오답을 바탕으로 오답 학습지 생성: 오답이 발생한 학생들을 위해 선생님은 매쓰플랫을 사용하여 오답 문제와 유사한 문제들로 구성된 오답 학습지를 생성하였고, 학생들은 이를 통해 자신의 약점을 집중적으로 개선할 수 있었습니다. 결과적으로, 학생들은 개인별 맞춤 학습을 통해 수학 성적이 전반적으로 향상되었으며, 학습 격차를 줄이는 데 크게 기여하였습니다.

디딤

- 분류: 증강현실 실내운동 플랫폼
- 특징: 디딤은 바닥을 사용하여 신체활동을 합니다. 협동과 경쟁을 통한 게임으로 운동의 즐거움을 느낄 수 있습니다. 또한 운동량, 체력 등 운동 수행 능력과 건강 개선 효과에 대한 피드백을 제공합니다.
- 관련교과: 체육
- 이용금액

유료: 나라장터 22,000,000원

- 기능소개

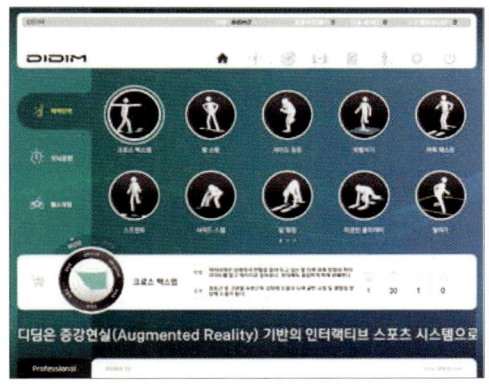

체력단련 콘텐츠

스프린트, 버핏테스트, 달리기, 런지 등 다양한 체력단련 콘텐츠를 제공하고 있으며 정확한 운동량 측정과 운동 기록의 변화를 확인할 수 있어서 체력단련에 도움을 줍니다.

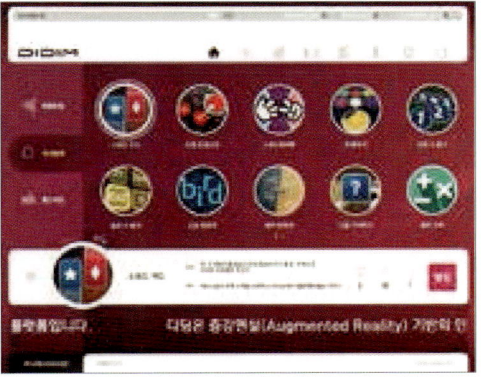

두뇌훈련 콘텐츠

사자성어, 산수, 도형찾기, 영단어 맞추기 등 사용자의 수준에 맞춰 문제를 풀 수 있는 콘텐츠를 제공합니다. 사용자의 수준에 맞게 문제를 풀어가면 기억력과 인지능력 향상에 도움을 줍니다.

헬스게임 콘텐츠

혼자 또는 여러 명이 함께 즐길 수 있도록 게임과 결합한 콘텐츠입니다. 흥미로운 소재와 짜릿한 경쟁을 통해 사회성 증진과 체력 향상에 도움을 주는 놀이 콘텐츠입니다.

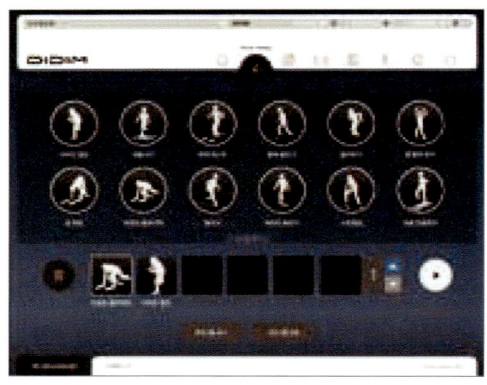

서킷 트레이닝

자신에게 맞는 운동을 선택하고 그것들을 하나의 순환 프로그램으로 조합하여 독창적인 맞춤형 운동으로 만들어서 수행할 수 있습니다.

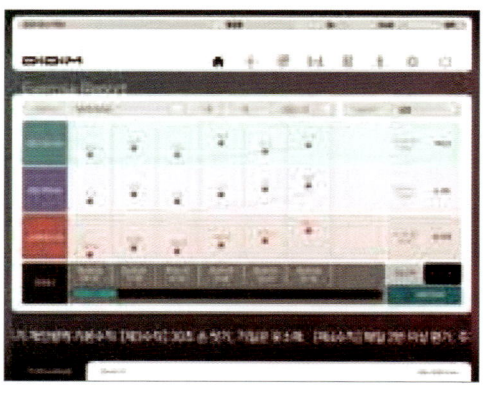

운동기록실

학생들의 운동시간, 운동량, 소모열량 등 운동정보를 기록함으로써, 장기적으로 운동량 및 체력향상 정도를 확인할 수 있습니다. (사전에 사용자 등록 및 선택이 필요합니다.)

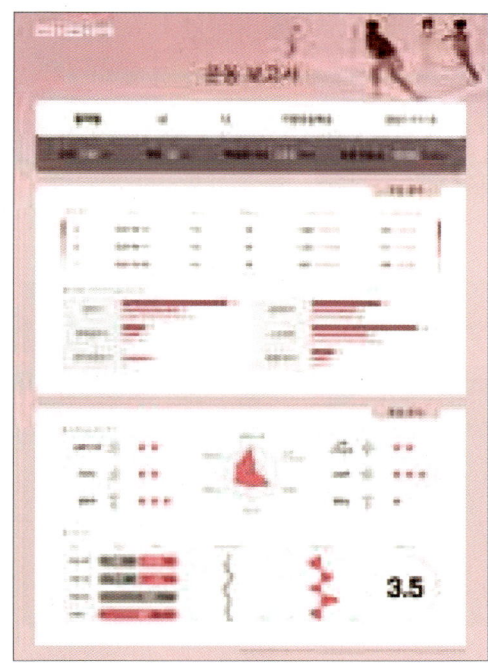

운동 보고서

학생들의 신체정보와 종목별 운동기록을 기반으로 종합적인 운동능력을 평가, 분석하여 알기 쉬운 인포그래픽 보고서로 제공합니다.

• 장점 및 실제 활용 사례
  - 디딤은 증강현실 기반 실내 운동 플랫폼으로, 교실이나 체육관 바닥에서 신체만으로 수행할 수 있는 다양한 프로그램을 제공합니다. 특히 교실체육 시간에 매우 유용하며, 언택트 운동 방식으로 학생들 간의 접촉을 줄이고 안전합니다. 협동 및 경쟁 게임을 통해 학생들이 즐겁게 운동할 수 있으며, 보행 분석과 같은 전문 기능으로 건강 상태를 체크할 수 있습니다. 이러한 장점은 학교에서 체육 활동의 질을 높이고 학생들의 건강한 생활 습관 형성에 기여할 수 있습니다.
  - 기초체력 증진 활동: 체육시간, 아침/점심시간을 활용한 유산소 운동을 통해 학생들의 심폐 지구력을 강화하고, 유연성 운동으로 근육의 유연성과 관절의 가동 범위를 늘릴 수 있습니다. 또한, 평형성 운동을 통해 학생들의 균형 감각을 향상시키며, 이는 전반적인 기초체력 증진에 기여합니다.
  - 건강체력평가(팝스): 기초체력 증진 활동 후, 디딤 플랫폼을 사용하여 학생들의 건

강 체력 평가를 진행할 수 있습니다. 디딤 플랫폼은 학생들이 수행한 운동의 데이터를 기록하고 분석하여, 개인별 맞춤 운동 보고서를 제공합니다. 이를 통해 학생들은 자신의 체력 수준과 건강 상태를 구체적으로 파악할 수 있으며, 교사는 이 데이터를 바탕으로 학생들의 체력 개선을 위한 추가적인 운동 프로그램을 계획하고 지도할 수 있습니다.

03 AI코스웨어 맞춤형 수업 / 교수학습과정안

03_1 AI코스웨어를 활용한 국어과 교수·학습 과정안

단원	6학년 2학기 국어 3. 타당한 근거로 글을 써요	차시	8~9/9
학습 주제	타당한 근거와 알맞은 자료를 활용해 논설문 쓰기	교과서	138~142쪽
학습 목표	더 나은 삶을 살기 위한 논설문을 쓸 수 있다.	학습 자료	노트북, ppt
성취 기준	뤼튼 트레이닝, 키위티, 자작자작		

수업의 흐름(시간)	수업단계 및 내용	교수 학습 활동	자료(▶) 및 유의점(※)
도입 (10분)	동기 유발	■ 더 나은 삶을 살기 위한 주장 고민하기 • 일상 속에서 불편함을 느끼는 점 찾기 – 일상 속에서 내가 느끼는 불편함 정리 – 논설문으로 써 보고 싶은 주제 정하기	▶ PPT
	학습 활동 안내	■ 학습 목표 확인하기 <mark>더 좋은 삶을 살기 위한 논설문을 쓸 수 있다.</mark> ■ 학습 활동 안내하기 활동1) 논설문 쓰기 활동2) 논설문 고쳐쓰기 활동3) 함께 읽고 이야기하기	
전개 (25분)	내용 생성 및 조직	■ 활동1) 논설문 쓰기 • 논설문 개요 작성하기 – 뤼튼 트레이닝 로그인을 하고 더 나은 삶을 살기 위한 논설문의 개요를 작성해 봅시다.	▶ 노트북 ▶ AI코스웨어 (뤼튼트레이닝)

전개 (25분)	표현하기	• 논설문 본문 작성하기 　- 개요를 바탕으로 본문을 작성해 봅니다. 이때 뤼튼 트레이닝에서 추천하는 자료나 질문들을 참고하여 작성해도 좋습니다. • 논설문 퇴고하기 　- 제목 추천 및 맞춤법 검사 기능, 체크리스트를 활용하여 글을 정리합니다.	
	개별 피드백	▣ 활동2) 논설문 고쳐쓰기 • 키위티로 논설문 피드백 받기 　- 선생님이 공유한 키위티 링크로 본인이 작성한 논설문을 제출합니다. • 피드백 참고하여 고쳐쓰기 　- 제출한 학생은 선생님이 보내준 피드백을 바탕으로 본인의 글을 고쳐 씁니다.	▶ AI코스웨어 (키위티)
	공유하기	▣ 활동3) 함께 읽고 이야기하기 • 자작자작에 논설문 올리기 　- 본인이 고쳐쓴 논설문을 자작자작에 올립니다. 　- 다 올린 학생들은 다른 친구들의 글을 읽고 좋아요 및 본인의 생각을 댓글로 달아줍니다. • 서로 이야기하기 　- 친구들이 쓴 논설문을 보고 든 생각이나 느낀 점을 이야기해봅시다.	▶ AI코스웨어 (자작자작)
정리 및 평가 (5분)	학습 정리 및 차시 안내	▣ 학습 정리 및 차시 안내 • 차시 정리하기 　- 더 좋은 삶을 살기 위한 논설문을 쓰면서 느낀 점은 무엇인가요? • 다음 시간에는 '여러 가지 매체 자료'에 대해 알아 봅시다.	

* 평가 계획

평가 내용		평가 기준	평가 방법 및 도구
타당한 근거와 알맞은 자료를 활용해 더 나은 삶을 살기 위한 논설문을 쓸 수 있다.	상	타당한 근거와 알맞은 자료를 활용하여 더 나은 삶을 살기 위한 논설문을 쓸 수 있다.	동료평가 체크리스트
	중	타당한 근거와 자료를 활용하여 더 나은 삶을 살기 위한 논설문을 쓸 수 있다.	
	하	근거와 자료를 활용하여 더 나은 삶을 살기 위한 논설문을 쓸 수 있다.	

03_2 AI코스웨어를 활용한 수학과 교수·학습 과정안

단원	6학년 2학기 수학 3. 소수의 나눗셈	차시	6/12
학습 주제	(자연수) ÷ (소수)의 계산 원리를 이해하고 계산하기	교과서	72~73쪽
학습 목표	(자연수) ÷ (소수)의 계산 원리를 이해하고 그 계산을 할 수 있다.	학습 자료	노트북, ppt
성취 기준	클래스팅AI(매쓰플랫, 캣츠로도 가능)		

수업의 흐름(시간)	수업단계 및 내용	교수 학습 활동	자료(▶) 및 유의점(※)
수업 전	사전진단	■ 단원 선수학습 진단평가 • 진단평가를 통한 학습수준 파악 및 수업설계 • 학생들의 부족한 부분에 대해 추가적인 지원을 통한 수업 결손 보충	▶ 클래스팅AI
도입 (10분)	동기 유발	■ 지난시간에 배운 내용 복습퀴즈 풀기 • 자릿수가 다른 소수의 나눗셈 퀴즈 – 지난시간에 배운 "자릿수가 다른 소수의 나눗셈" 퀴즈를 풀고 학생들의 학습 수준 파악합니다.	▶ PPT
	학습 활동 안내	■ 학습 목표 확인하기 (자연수) ÷ (소수)의 계산 원리를 이해하고 계산을 할 수 있다. ■ 학습 활동 안내하기 활동1) (자연수) ÷ (소수)의 계산 원리 알아보기 활동2) 배운 내용 확인하기 활동3) 오답 노트 작성하기	
전개 (25분)	맞춤형 학습	■ 활동1) (자연수) ÷ (소수)의 계산 원리 알아보기 • 교과서의 상황 이해하기 • 상황을 식으로 표현하고, 계산 방법 생각하기 • 6 ÷ 1.2를 세로로 계산하는 방법 탐구하기 – 6 ÷ 1.2를 세로로 어떻게 계산할 수 있는지 알아보고, 계산해 봅시다. • 6 ÷ 1.2를 세로로 계산하는 방법 정리하기 – 6 ÷ 1.2를 세로로 계산하는 방법을 이야기 해 봅시다.	▶ 교과서 ▶ PPT

전개 (25분)	맞춤형 평가	■ 활동2) 배운 내용 확인하기 • 클래스팅AI 평가 실시 – 클래스팅 AI에 선생님이 배부한 문제를 스스로 풀어봅시다 – 문제를 다 푼 학생들은 본인의 평가 결과를 확인합니다.	▶ 노트북 ▶ AI코스웨어 (클래스팅AI)
	개별 학습코칭	■ 활동3) 오답 노트 작성하기 • 오답 보관함에서 오답 확인 및 오답 노트 작성 – 오답 보관함에서 틀린 문제 확인하고 오답노트를 작성합니다. 선생님이나 모둠 친구의 도움을 받아도 좋습니다. – 작성한 오답 노트는 클래스룸에 올립니다. – 다 올린 학생들은 다른 친구들을 도와주거나 클래스팅AI 문제를 더 풉니다.	▶ AI코스웨어 (클래스팅AI) ▶ 구글클래스룸 ※교사는 학생들이 목표 성취도에 도달하였는지 확인하고 독려하기
정리 및 평가 (5분)	학습 정리 및 차시 안내	■ 학습 정리 및 차시 안내 • 오늘 배운 내용 정리하기 – (자연수) ÷ (소수)를 세로로 계산하는 방법을 이야기해 봅시다. • 다음 시간에는 '몫을 반올림하여 나타내기'에 대해 알아 봅시다.	

* 평가 계획

평가 내용		평가 기준	평가 방법 및 도구
(자연수) ÷ (소수)의 계산 원리를 이해하고 계산을 할 수 있다.	상	(자연수) ÷ (소수)의 계산 원리를 이해하고 주어진 문제를 정확하게 해결할 수 있다.	교사 관찰평가 AI코스웨어 활용 성취도 결과
	중	(자연수) ÷ (소수)의 계산 원리를 이해하고 주어진 문제를 해결할 수 있다.	
	하	(자연수) ÷ (소수)의 계산 원리를 이해할 수 있다.	

03_3 AI코스웨어를 활용한 체육과 교수·학습 과정안

단원	6학년 1학기 체육 1. 건강 (2) 운동체력	차시	14/23
학습 주제	순발력 기르기	교과서	72~73쪽
학습 목표	순발력을 기르는 운동 방법과 게임을 익혀 생활 속에서 꾸준히 실천할 수 있다.	학습 자료	매트, 줄자
성취 기준	디딤		

수업의 흐름(시간)	수업단계 및 내용	교수 학습 활동	자료(▶) 및 유의점(※)
도입 (5분)	동기 유발	■ 지난시간에 배운 내용 복습퀴즈 풀기 • 순발력이 필요한 상황 알아보기 – 순발력이 필요한 운동 상황에는 어떤 것이 있을까?	▶ PPT
	학습 활동 안내	■ 학습 목표 확인하기 순발력을 기르는 운동 방법과 게임을 익혀 생활 속에서 꾸준히 실천할 수 있다. ■ 학습 활동 안내하기 활동1) 나의 순발력 확인하기 활동2) 순발력을 기르는 운동 방법 배우기 활동3) 순발력 기르는 게임하기	
전개 (30분)	과제제시	■ 준비운동 ■ 활동1) 나의 순발력 확인하기 • 슬라이드 스텝 개수 측정하기 – 디딤으로 슬라이드 스텝 개수를 측정해 봅시다. – 모둠별로 개수를 기록합니다.	▶ AI코스웨어 (디딤) ※슬라이드 스텝 외에 순발력을 측정할 수 있는 다른 프로그램(멀리뛰기, 슬라이드 워크 등)을 해도 좋습니다.
	상호작용 및 탐색하기	■ 활동2) 순발력을 기르는 운동 방법 배우기 • 슬라이드 스텝 방법 배우기 – 측정결과를 바탕으로 모둠 내에서 서로 가르쳐 줄 짝을 정합니다. – 각자의 슬라이드 스텝을 보면서 서로의 자세를 확인하고 정확한 자세를 알려줍니다. – 정확한 자세를 확인하는게 어려운 경우 선생님에게 도움을 요청합니다. • 슬라이드 스텝 개수 재측정하기 – 디딤으로 슬라이드 스텝 개수를 다시 측정해 봅시다. – 짝은 서로 운동하는 모습을 보고 조언을 해줍니다.	▶ 매트, 줄자 ▶ AI코스웨어 (디딤)

전개 (30분)	적용하기	■ 활동3) 순발력 기르는 게임 하기 • '베토벤바이러스' 리듬게임 하기 – '베토벤바이러스' 리듬게임 시범을 보고 모둠별로 전략을 세웁니다. – 모둠에서 1명씩 나와 게임을 합니다. 모둠원들은 운동하는 모습을 보고 조언을 해 줍니다.	▶ AI코스웨어 (디딤) ※교사는 학생들이 잘 못했을 경우 모둠원들이 비난하지 않도록 사전에 이야기하기
정리 및 평가 (5분)	학습 정리 및 차시 안내	■ 정리운동 ■ 학습 정리 및 차시 안내 • 오늘 배운 내용 정리하기 – 순발력을 기르는 방법을 이야기 해봅시다. • 다음 시간에는 '멀리뛰기'로 순발력을 길러보겠습니다.	

＊ 평가 계획

평가 내용		평가 기준	평가 방법 및 도구
순발력을 기르는 운동 방법과 게임을 익혀 생활 속에서 꾸준히 실천하여 운동 체력을 기를 수 있다.	상	순발력을 기르는 운동 방법을 알고 이를 생활 속에서 꾸준하게 실천하여 운동 체력을 기를 수 있다.	동료평가, 교사평가
	중	순발력을 기르는 운동 방법을 알고 이를 생활 속에서 실천하여 운동 체력을 기를 수 있다.	
	하	순발력을 기르는 운동 방법을 알고 이를 생활 속에서 실천하려고 노력한다.	

03_4 마무리하기

AI코스웨어의 활용과 2025년 AI 디지털 교과서 도입은 교육 분야에 혁신적인 변화를 예고하고 있습니다. 이러한 기술의 발전은 교육을 개별화하고 맞춤화하는 방향으로 이끌며, 학생 한 명 한 명의 학습 스타일과 능력에 맞춘 교육을 가능하게 합니다. AI코스웨어를 통해 교사들은 학생들의 학습 진도와 이해도를 실시간으로 파악하고, 개별적인 피드백을 제공할 수 있게 되며, 이는 학생들의 학습 효과를 극대화할 수 있습니다.

또한, AI 디지털 교과서 도입은 교육 내용뿐만 아니라 교육 방법과 평가에 있어서도 큰 변화를 가져올 것입니다. AI 기술을 통해 교육 콘텐츠는 더욱 풍부하고 다양해질 것이며, 가상 현실과 증강 현실을 활용한 실습과 체험 학습이 일상화될 것입니다. 이는 학생들에게 보다 실질적이고 생동감 있는 학습 경험을 제공하며, 창의력과 문제 해결 능력을 키우는 데 크게 기여할 것입니다.

교사들은 이러한 변화에 발맞춰 자신의 역할을 재정의하고, AI 기술을 교육에 효과적으로 적용하는 방법을 모색해야 합니다. 이는 교사 개인의 전문성 개발뿐만 아니라 교육 기관 차원에서도 지속적인 연수와 지원이 필요함을 의미합니다. 교사와 학생, 학부모가 함께 AI 기술의 도입과 활용에 대해 이해하고, 적극적으로 참여하는 문화를 조성하는 것이 중요합니다.

미래 교육의 준비는 단순히 새로운 기술을 도입하는 것을 넘어, 교육의 본질을 이해하고 이를 기반으로 한 혁신적인 접근이 필요합니다. AI코스웨어의 활용과 AI 디지털 교과서 도입은 교육의 질을 높이고, 모든 학생에게 공평한 학습 기회를 제공하는 방향으로 나아가야 합니다. 이를 위해서는 기술적 준비뿐만 아니라 교육 철학과 목표에 대한 깊은 성찰과 논의가 수반되어야 할 것입니다.

마지막으로, AI코스웨어의 성공적인 활용과 미래 교육의 혁신은 교사, 학생, 학부모, 교육 기관, 그리고 기술 개발자 간의 긴밀한 협력과 소통을 필요로 합니다. 모두가 함께 노력하고 협력할 때, 우리는 더욱 효과적이고 혁신적인 미래 교육을 만들어 갈 수 있을 것입니다.

자작자작 2개월 무료 사용 쿠폰 사용 방법

자작자작 2개월 무료 이용 방법에 대한 가이드입니다.
아래 내용을 참조해서 자작자작 쿠폰을 등록한 후 자작자작 서비스를 이용할 수 있습니다.

- 쿠폰 사용 기간 : 2개월
- 쿠폰 제공 방식 : 쿠폰 번호 자동 생성 시스템입니다.
- 소비자가 쿠폰을 입력하는 시점부터 2개월간 사용 가능합니다.
- 책 구매자 QR 접속 〉 이메일 입력 〉 쿠폰 번호 자동 생성 및 수신

〉 도서 구매자 이메일 입력 화면으로 연결

〉 쿠폰번호 자동 생성 후 해당 이메일로 전달
* 자작자작 접속 사이트 주소와 함께 전달됨
* 형식 참조 [SCB38BU7]
* 쿠폰 입력 방법 안내

- 쿠폰 번호 수신 후 사용 방법

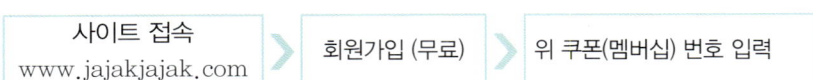

사이트 접속
www.jajakjajak.com 〉 회원가입 (무료) 〉 위 쿠폰(멤버십) 번호 입력

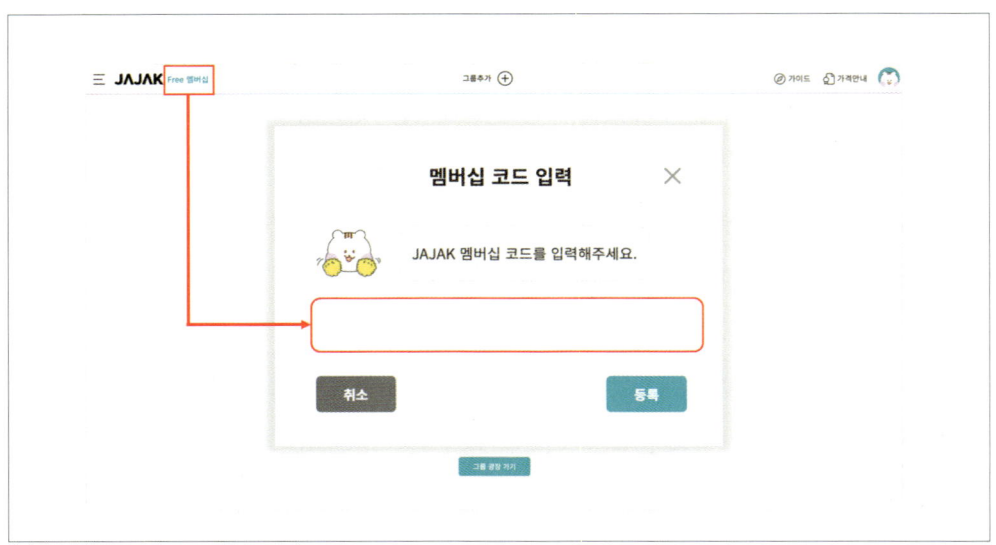

자작자작 쿠폰 사용 방법

자작자작 2개월 무료 이용 방법입니다.

❶ 아래 QR 코드 접속 후 기초 정보를 입력해주세요

❷ 입력해주신 이메일을 통해 [쿠폰 번호]를 발송해 드립니다.

❸ 자작자작 (www.jajakjajak.com) 접속 후 회원가입(로그인)을 해주세요.

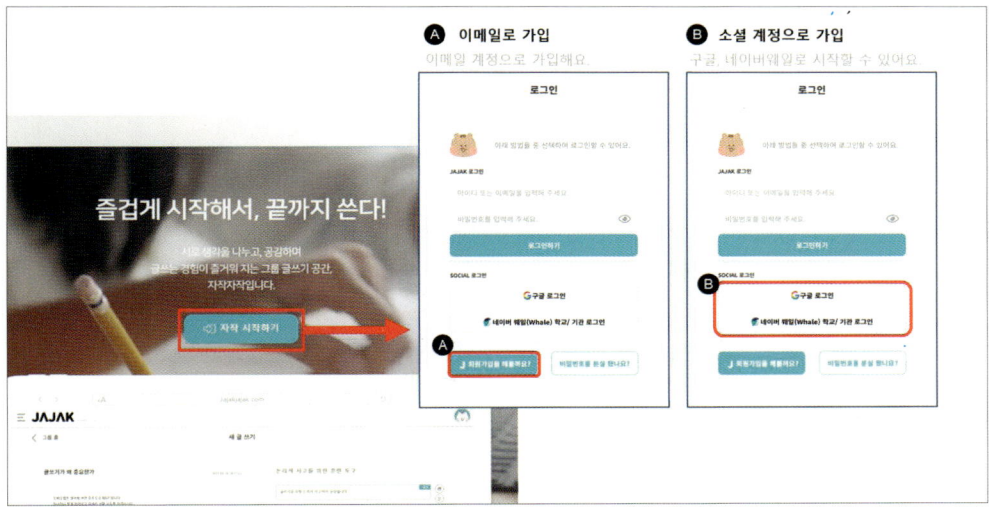

❹ 좌측 상단 JAJAK 로고 옆 멤버십 네임을 클릭해 주세요.

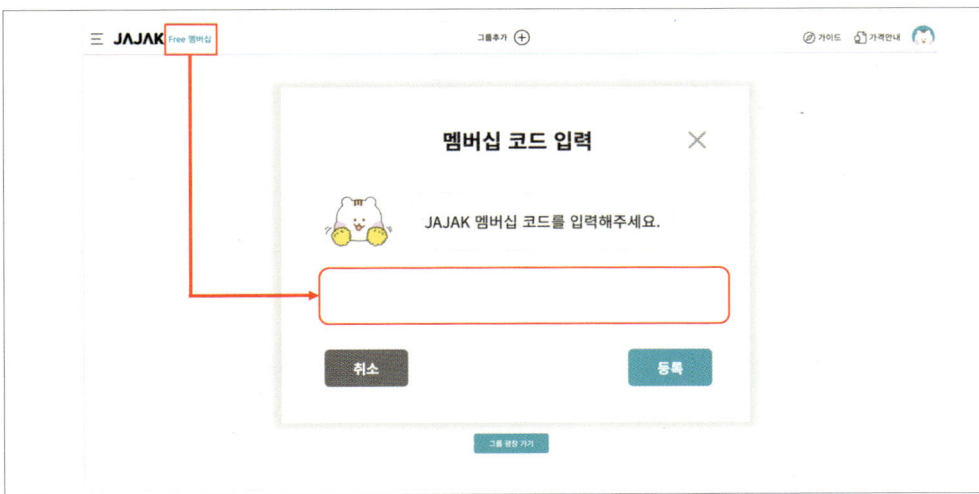

쿠폰 사용 방법은 다음과 같습니다.

* 본 쿠폰의 유효 기간은 2025년 5월31일까지입니다.
* 유효 기간 내에 사용 가능하며, 쿠폰(멤버십 인증 코드) 입력 시점부터 2개월 간 무료 이용 가능합니다.
* 본 쿠폰은 한 번만 사용 가능하며, 중복 사용은 불가능합니다.

[자작자작] 2개월 프리미엄 멤버십 무료 이용 쿠폰 번호 받기

· 쿠폰 관련 문의는 자작자작 고객센터에서 안내합니다.
  자작자작 고객센터 이메일 : cs@teampl100.com
  자작자작 고객센터 휴대폰 : 010-9717-4527
· 쿠폰 사용 중지 또는 변경이 책의 반품 및 환불 사유가 될 수 없음을 안내드립니다.